Versão Bíblica

NAA

Um minuto com a BÍBLIA

Publicações Pão Diário

Originally published in English under the title:
CSB One Minute Bible

Coordenação editorial: Adolfo A. Hickmann
Tradução: Giovana Caetano
Revisão: Adolfo A. Hickmann, Jordânia A. Siqueira, Lozane Winter, Marília P. Lara
Coordenação gráfica: Audrey Novac Ribeiro
Projeto gráfico e capa: Rebeka Werner
Diagramação: Ana Lazzarotto

Dados internacionais de Catalogação na Publicação (CIP)

Holman Bible Publishers
A Bíblia em um minuto
Tradução: Giovana Caetano, Curitiba/PR, Publicações Pão Diário
Título original: *CSB One Minute Bible*

1. Vida cristã 2. Leitura bíblica 3. Devocional 4. Espiritualidade

Publicações Pão Diário
Caixa Postal 9740
82620-981 Curitiba/PR, Brasil
publicacoes@paodiario.org
www.publicacoespaodiario.com.br
Telefone: (41) 3257-4028

Código: B8986 • ISBN: 978-65-5350-643-5

1ª edição 2025

Impresso na China

SUMÁRIO

INTRODUÇÃO AO DEVOCIONAL
A BÍBLIA EM UM MINUTO

Com muita frequência a Bíblia é chamada simplesmente de "o Livro". Essa descrição transmite a enorme influência que ela exerceu, primeiramente na civilização ocidental e, agora, no mundo inteiro. O direito, a literatura, a arquitetura, a pintura, a música, a moral e a religião foram áreas moldadas pela Bíblia. Ela segue como o livro mais vendido do mundo, com vendas superiores a 100 milhões de exemplares por ano, e também como o mais traduzido, pois já foi traduzida para mais de 1.000 línguas e dialetos.

Embora a Bíblia seja chamada de "o Livro", ela é, na verdade, uma coletânea de 66 livros escritos em um período de 1.600 anos por mais de 40 autores tão diversos quanto se possa imaginar. No entanto, a partir dessa diversidade de épocas, de lugares, de culturas e de estilos de escrita, surge o coerente tema da criação do Universo realizada por Deus.

Na última carta que Paulo escreveu, ele lembrou ao jovem Timóteo de que "toda a Escritura é inspirada por Deus". Deus mesmo supervisionou a escrita e a preservação desses textos para que tivessem Deus como seu autor, a salvação como seu fim e a verdade inerrante como seu conteúdo.

Pelo fato de a Bíblia ser a Palavra de Deus, ela tem suscitado, ainda hoje, a mesma hostilidade humana que os profetas de Deus e o Filho de Deus, Jesus Cristo, sofreram durante o ministério deles. Em 303 d.C., o imperador romano Diocleciano tentou destruir a Bíblia emitindo um decreto para que as igrejas e as Escrituras fossem queimadas.

Muitos manuscritos do Novo Testamento foram perdidos durante essa perseguição. Porém, apenas 25 anos após o ataque de Diocleciano à Bíblia, um novo imperador, Constantino, ordenou que 50 cópias das Escrituras fossem produzidas às custas do governo romano.

LENDO A BÍBLIA

Enaltecemos a Bíblia, mas, muitas vezes, paramos de lê-la. Talvez nossas primeiras tentativas de lê-la não tenham sido satisfatórias. Somos como alguém que se sente inspirado a começar a jogar golfe após assistir a um profissional dando uma grande tacada. Um jogador novato de golfe logo percebe que há um preço a ser pago para se jogar golfe com a habilidade dos profissionais. É preciso começar a treinar às melhores tacadas a fim de ver a bola atingir o buraco e, em seguida, desenvolver tal habilidade.

A Bíblia é um livro difícil por diversas razões. Em termos do seu número total de páginas, é um livro enorme. Ela possui o mesmo número de páginas que quatro livros de romance grandes. E, como já observamos, a Bíblia foi escrita em diferentes épocas, lugares, culturas e gêneros textuais por escritores com personalidades muito distintas. Começamos a ler uma passagem e logo nos sentimos como o oficial etíope a quem Filipe se dirigiu e perguntou: "'O senhor entende o que está lendo?'. Ele respondeu: 'Como poderei entender, se ninguém me explicar?'" (Atos 8:30-31).

Diante disso, *A Bíblia em um minuto* oferece a orientação necessária fornecendo diariamente uma porção das Escrituras que pode ser lida em um minuto a cada dia do ano. Isso é factível. As 366 porções das Escrituras que compõem este devocional foram cuidadosamente selecionadas para garantir ao leitor:

- Trechos relacionados aos principais acontecimentos na Bíblia
- Leituras sobre todos os principais assuntos e temas bíblicos
- Versículos que tratam das principais doutrinas cristãs
- Todas as passagens mais amadas das Escrituras

Assim, com apenas um minuto por dia, você pode examinar o cerne da Bíblia em um ano. Cada dia do ano, de 1º de janeiro a 31 de dezembro, está indicado na parte superior de cada página. Usando essa abordagem diária, se você perder uma semana, levará apenas 7 minutos para retornar ao ritmo certo da leitura. Se perder metade de um mês, poderá recuperar o atraso em apenas 15 minutos.

Embora esta proposta intencione guiá-lo por um plano de leitura de um ano, não se limite a começar em janeiro ou a ler uma página por dia. Ao consultar as referências bíblicas relacionadas na parte inferior de cada página, você poderá se aprofundar em um tópico que o direcionará para outros versículos bíblicos que aumentarão a sua compreensão do assunto abordado na leitura daquele dia. Há muitos textos relacionados em *A Bíblia em um minuto*, e você pode encontrá-los por meio do índice de referências bíblicas encontrado nas páginas 395-404. No entanto, recomendamos que você busque esses versículos em uma Bíblia a fim de que possa lê-los de forma mais abrangente e entender o contexto que envolve o trecho bíblico lido.

TÍTULOS POR TÓPICOS E ORGANIZAÇÃO

A Bíblia em um minuto começa com o primeiro versículo de Gênesis e termina com o último versículo de Apocalipse. As leituras seguem o fluxo geral da história bíblica, entrelaçadas com várias séries de tópicos, como duas semanas para a Páscoa em abril e uma semana para as mães, em maio. (Um extenso sumário precede esta introdução). Algumas leituras reproduzem passagens inteiras das Escrituras, como o Salmo 2, em 22 de dezembro. Muitas vezes, várias trechos são combinados a fim de demonstrar toda a extensão do ensino bíblico sobre um determinado tópico.

Por exemplo, em 1º de janeiro, Gênesis 1:1-2 apresenta unicamente a Bíblia em si e a criação. João 1:1-5 apresenta a Jesus, a Palavra, por meio de quem todas as coisas foram criadas. O Salmo 148:1-6 é um convite para louvar o Senhor como o Criador. O dia 2 de janeiro continua o relato da criação com mais cinco textos que ampliam o tema luz.

Blocos de textos, de diferentes passagens bíblicas, são separados por um espaço completo; as referências das Escrituras são listadas no final de cada leitura. A versão bíblica utilizada em *A Bíblia em um minuto* é a Nova Almeida Atualizada da Sociedade Bíblica do Brasil.

As 700 porções selecionadas e as 1.800 referências relacionadas foram escolhidas para representar os principais temas bíblicos dispostos ao longo dos 66 livros da Bíblia. Isso foi feito cuidadosamente a fim de garantir que cada passagem bíblica n'*A Bíblia em um minuto* tenha o mesmo sentido que se encontra no texto completo da Bíblia Sagrada.

Cada mês é introduzido por uma seleção de citações que discorrem sobre a importância da Bíblia. São 33 citações que abarcam renomados líderes internacionais nos cenários da política e religião, e também figuras célebres das artes e do conhecimento científico e ciências humanas.

INFORMAÇÕES ADICIONAIS

A Bíblia em um minuto se propõe a guiar você por uma visão geral da Bíblia em leituras diárias de um minuto. Logo após a última leitura, há dois índices diferentes: o de assuntos e o de referências bíblicas. No índice de assuntos estão listados mais de 450 importantes tópicos, que podem ser encontrados nas páginas 405-412. Com esse recurso, você pode encontrar todas as referências sobre conforto, salvação ou nomes de Deus encontradas em *A Bíblia em um minuto*. Se você quiser estudar qualquer palavra mais detalhadamente, recomendamos o *Dicionário Bíblico Unger* (Sociedade Bíblica do Brasil, 2017). Já no índice de referências bíblicas, mencionado acima, pode-se localizar todos os textos bíblicos transcritos em *A Bíblia em um minuto*.

Por fim, quatro mapas fornecem uma visão geral da geografia dos tempos bíblicos (consulte as páginas 413 a 416). Para obter mais informações sobre o cenário geográfico da Bíblia, recomendamos o *Atlas bíblico* (Publicações Pão Diário, 2025) ou o *Atlas Histórico e Geográfico da Bíblia* (Sociedade Bíblica do Brasil, 2011).

INTRODUÇÃO À
NOVA ALMEIDA ATUALIZADA

A Sociedade Bíblica do Brasil (SBB) apresentou, no dia 8 de novembro de 2017, a conclusão de um trabalho de fôlego, abrangendo a revisão de uma das traduções mais lidas e queridas pelos cristãos brasileiros, a Almeida Revista e Atualizada (ARA). A revisão, que recebeu o nome de Nova Almeida Atualizada (NAA), é fruto de quatro anos de trabalho.

Publicada com exclusividade pela SBB, a Almeida Revista e Atualizada atravessou 60 anos sem ter sido submetida a uma revisão mais profunda. A recomendação das Sociedades Bíblicas Unidas (SBU), aliança mundial da qual a SBB faz parte, é que isso seja feito a cada 25 anos. O trabalho de revisão, capitaneado pela SBB, contou com a colaboração das igrejas cristãs, que puderam se manifestar tanto no lançamento do projeto, em 2012, como, mais efetivamente, a partir da edição experimental do Novo Testamento, Salmos e Provérbios, em 2016, já com o texto revisado.

Os parâmetros da revisão foram definidos em conjunto com especialistas da SBB e representantes de diferentes denominações cristãs. A tradução é fiel aos textos originais, sendo baseada nas edições mais recentes dos textos bíblicos nas línguas originais (hebraico, aramaico e grego). Seu texto é ideal para uso na igreja, para ler em voz alta, bem como para leitura, memorização e estudo pessoal. O estilo segue a norma padrão do português culto escrito no Brasil nos dias de hoje.

Assim, a Nova Almeida Atualizada tem linguagem atualizada sem abdicar do vocabulário e sintaxe eruditos, riqueza de estilos literários, além de legibilidade e sonoridade. Todos esses predicados, tão apreciados pelo leitor de Almeida, continuam presentes na Nova Almeida Atualizada.

Texto extraído do site da SBB.

Disponível em: www.sbb.org.br/nova-almeida-atualizada

JANEIRO

*"Bendito Senhor,
que fizeste com que a tua Santa Palavra
se escrevesse para nossa instrução;*

*Permite que a possamos [...]
ouvir, ler, ponderar, aprender
e assimilar interiormente...".*

Livro da oração comum

CRIAÇÃO: NO PRINCÍPIO...

No princípio, Deus criou os céus e a terra.

A terra era sem forma e vazia; havia trevas sobre a face do abismo, e o Espírito de Deus se movia sobre as águas.

No princípio era o Verbo, e o Verbo estava com Deus, e o Verbo era Deus. Ele estava no princípio com Deus. Todas as coisas foram feitas por ele, e, sem ele, nada do que foi feito se fez. A vida estava nele e a vida era a luz dos homens. A luz resplandece nas trevas, e as trevas não prevaleceram contra ela.

Aleluia!
Louvem o SENHOR do alto dos céus,
louvem o SENHOR nas alturas.
Louvem o Senhor,
todos os seus anjos;
louvem-no, todos os seus
exércitos celestiais.
Louvem o SENHOR, sol e lua;
louvem-no,
todas as estrelas luzentes.
Louvem o SENHOR, céus dos céus
e as águas que estão
acima do firmamento.
Louvem o nome do SENHOR,
pois ele deu uma ordem,
e foram criados.
Ele os estabeleceu
para todo o sempre;
fixou-lhes uma ordem
que não será mudada.

Referências: Gênesis 1:1-2; João 1:1-5; Salmo 148:1-6

Textos relacionados: Salmos 102:25-28; 139:13-18; Provérbios 8; Isaías 40:12-31; 45:18-25; Hebreus 11:1-3

CRIAÇÃO: HAJA LUZ!

Então Deus disse:

—Haja luz!

E houve luz. E Deus viu que a luz era boa e fez separação entre a luz e as trevas. Deus chamou à luz "dia" e chamou às trevas "noite". Houve tarde e manhã, o primeiro dia.

Tu, SENHOR,
és a minha lâmpada;
o SENHOR derrama luz
nas minhas trevas.

O SENHOR é a minha luz
e a minha salvação;
de quem terei medo?
O SENHOR é a fortaleza
da minha vida;
a quem temerei?

De novo, Jesus lhes falou, dizendo:

—Eu sou a luz do mundo. Quem me segue não andará nas trevas; pelo contrário, terá a luz da vida.

Nunca mais haverá qualquer maldição. Nela estará o trono de Deus e do Cordeiro. Os seus servos o adorarão, contemplarão a sua face, e na sua testa terão gravado o nome dele. Então já não haverá noite.

Referências: Gênesis 1:3-5; 2 Samuel 22:29; Salmo 27:1; João 8:12; Apocalipse 22:3-5

Textos relacionados: Levítico 24:1-4; Jó 24:13-17; 38:8-20; João 3:19-21; 1 João 1:5-8

CRIAÇÃO: O CÉU ACIMA

E Deus disse:

—Haja um firmamento no meio das águas e separação entre águas e águas.

E Deus fez o firmamento e a separação entre as águas debaixo do firmamento e as águas acima do firmamento. E assim aconteceu. E Deus chamou ao firmamento "céus". Houve tarde e manhã, o segundo dia.

Os céus proclamam a glória de Deus,
e o firmamento anuncia as obras das suas mãos.
Um dia discursa a outro dia, e uma noite revela conhecimento a outra noite.
Não há linguagem, nem há palavras, e deles não se ouve nenhum som.

Eu te darei graças entre os povos;
cantarei louvores a ti entre as nações.
Pois a tua misericórdia se eleva até os céus,
e a tua fidelidade, até as nuvens.
Sê exaltado, ó Deus, acima dos céus;
e em toda a terra brilhe a tua glória.

O Senhor fez a terra pelo seu poder.
Com a sua sabedoria, estabeleceu o mundo;
e, com a sua inteligência, estendeu os céus.
Quando ele faz soar a sua voz,
logo há tumulto de águas no céu,
e nuvens sobem das extremidades da terra
Ele cria os relâmpagos para a chuva
e dos seus depósitos faz sair o vento.

Referências: Gênesis 1:6-8; Salmos 19:1-3; 57:9-11; Jeremias 10:12-13

Textos relacionados: 1 Crônicas 16:23-31; Jó 38:22-38; Salmo 102:25-28; Atos 1:1-12

CRIAÇÃO: TERRAS E MARES, PLANTAS E ÁRVORES

E Deus disse:

—Ajuntem-se as águas debaixo dos céus num só lugar, e apareça a porção seca.

E assim aconteceu. Deus chamou à porção seca “terra” e ao ajuntamento de águas chamou “mares”. E Deus viu que isso era bom. E Deus disse:

—Que a terra produza relva, ervas que deem semente e árvores frutíferas que deem fruto segundo a sua espécie, cuja semente esteja no fruto sobre a terra.

E assim aconteceu. E a terra produziu relva, ervas que davam semente segundo a sua espécie e árvores que davam fruto, cuja semente estava nele, conforme a sua espécie. E Deus viu que isso era bom. Houve tarde e manhã, o terceiro dia.

Por que não me temem?”
— diz o SENHOR.
“Por que não tremem
diante de mim?
Pois fui eu que pus a areia
como limite do mar,
limite perpétuo,
que ele não irá ultrapassar.
Ainda que se levantem
as suas ondas,
elas não prevalecerão;
ainda que bramem,
não passarão daquele limite.

Fazes crescer a relva
para os animaise as plantas
que o ser humano
cultiva,
para que da terra
tire o seu alimento:
o vinho, que alegra o coração,
o azeite, que lhe dá brilho ao rosto,
e o pão, que lhe sustém as forças.

Referências: Gênesis 1:9-13; Jeremias 5:22; Salmo 104:14-15

Textos relacionados: Jó 12:7-12; 38:8-11; Salmo 104; Apocalipse 20:11–21:4; 22:1-3

CRIAÇÃO: SOL, LUA E ESTRELAS

E Deus disse:

—Que haja luzeiros no firmamento dos céus, para fazerem separação entre o dia e a noite; e sejam eles para sinais, para estações, para dias e anos. E sirvam de luzeiros no firmamento dos céus, para iluminar a terra.

E assim aconteceu. Deus fez os dois grandes luzeiros: o maior para governar o dia, e o menor para governar a noite; e fez também as estrelas. E os colocou no firmamento dos céus para iluminarem a terra, para governarem o dia e a noite e fazerem separação entre a luz e as trevas. E Deus viu que isso era bom. Houve tarde e manhã, o quarto dia.

Não vi nenhum santuário na cidade, porque o seu santuário é o Senhor, o Deus Todo-Poderoso, e o Cordeiro. A cidade não precisa do sol nem da lua para lhe dar claridade, pois a glória de Deus a ilumina, e o Cordeiro é a sua lâmpada. As nações andarão mediante a sua luz, e os reis da terra lhe trazem a sua glória. Os seus portões jamais se fecharão de dia, pois nela não haverá noite. E lhe trarão a glória e a honra das nações. Nela não entrará nada que seja impuro, nem o que pratica abominação e mentira, mas somente os inscritos no Livro da Vida do Cordeiro.

Referências: Gênesis 1:14-19; Apocalipse 21:22-27

Textos relacionados: Neemias 9:5-6; Jó 9:1-9; Salmos 19:1-6; 104:19-23; Provérbios 4:18-19; Efésios 5:8-16

CRIAÇÃO: TODAS AS CRIATURAS, GRANDES E PEQUENAS

E Deus disse:

—Que as águas sejam povoadas de enxames de seres vivos; e as aves voem sobre a terra, sob o firmamento dos céus.

Assim Deus criou as grandes criaturas marinhas e todos os seres vivos que se movem, os quais povoam as águas, segundo as suas espécies; e todas as aves, segundo as suas espécies. E Deus viu que isso era bom. E Deus os abençoou, dizendo:

—Sejam fecundos, multipliquem-se e encham as águas dos mares; e, na terra, se multipliquem as aves.

Houve tarde e manhã, o quinto dia.

Que variedade, SENHOR,
nas tuas obras!
Fizeste todas elas com sabedoria;
a terra está cheia das tuas riquezas.
Eis o mar vasto, imenso,
no qual se movem seres sem conta,
animais pequenos e grandes.
Por ele transitam os navios
e o Leviatã que formaste
para nele brincar.
Todos esperam de ti
que lhes dês de comer
a seu tempo.
Se lhes dás, eles o recolhem;
se abres a mão,
eles se fartam de bens.

Referências: Gênesis 1:20-23; Salmo 104:24-28

Textos relacionados: Salmos 104:11-18; 148:7-12; Mateus 6:25-33; 10:29-31; Apocalipse 5:11-13

CRIAÇÃO: ANIMAIS AOS MILHARES

E Deus disse:

—Que a terra produza seres vivos, conforme a sua espécie: animais domésticos, animais que rastejam e animais selvagens, segundo a sua espécie.

E assim aconteceu. E Deus fez os animais selvagens, segundo a sua espécie, e os animais domésticos, conforme a sua espécie, e todos os animais que rastejam sobre a terra, segundo a sua espécie. E Deus viu que isso era bom.

Não o repreendo
pelos seus sacrifícios,
nem pelos holocaustos que você
continuamente me oferece.
Não aceitarei novilhos
da sua casa,
nem bodes dos seus apriscos.
Pois são meus
todos os animais do bosque
e o gado aos milhares
sobre as montanhas.
Conheço todas as aves
dos montes,
e são meus todos os animais
que vivem no campo.

"Se eu tivesse fome,
não teria necessidade
de dizê-lo a você,
pois meu é o mundo
e a sua plenitude.
Acaso como eu carne de touros?
Ou bebo sangue de cabritos?
Ofereça a Deus
sacrifício de ações de graças
e cumpra os seus votos
para com o Altíssimo.
Invoque-me no dia da angústia;
eu o livrarei,
e você me glorificará."

Referências: Gênesis 1:24-25; Salmo 50:8-15

Textos relacionados: Gênesis 9:1-3; Salmo 8; Provérbios 12:10; Isaías 11:1-10; 65:17-25

CRIAÇÃO: HUMANIDADE, IMAGEM DE DEUS

E Deus disse:

—Façamos o ser humano à nossa imagem, conforme a nossa semelhança. Tenha ele domínio sobre os peixes do mar, sobre as aves dos céus, sobre os animais domésticos, sobre toda a terra e sobre todos os animais que rastejam pela terra.

Assim Deus criou o ser humano à sua imagem, à imagem de Deus o criou; homem e mulher os criou. E Deus os abençoou e lhes disse:

—Sejam fecundos, multipliquem-se, encham a terra e sujeitem-na. Tenham domínio sobre os peixes do mar, sobre as aves dos céus e sobre todo animal que rasteja pela terra.

E Deus disse ainda:

—Eis que lhes tenho dado todas as ervas que dão semente e se acham na superfície de toda a terra e todas as árvores em que há fruto que dê semente; isso servirá de alimento para vocês. E para todos os animais da terra, todas as aves dos céus e todos os animais que rastejam sobre a terra, em que há fôlego de vida, toda erva verde lhes servirá de alimento.

E assim aconteceu. Deus viu tudo o que havia feito, e eis que era muito bom. Houve tarde e manhã, o sexto dia.

Referências: Gênesis 1:26-31

Textos relacionados: Gênesis 2:4-25; 9:6-7; Salmo 8; 1 Coríntios 6:1-4; 2 Coríntios 4:4-6; Colossenses 1:9-20; 3:5-10

CRIAÇÃO: DEUS DESCANSA

Assim, pois, foram acabados os céus e a terra e tudo o que neles há. E, havendo Deus terminado no sétimo dia a sua obra, que tinha feito, descansou nesse dia de toda a obra que tinha feito. E Deus abençoou o sétimo dia e o santificou; porque nele descansou de toda a obra que, como Criador, tinha feito.

—Lembre-se do dia de sábado, para o santificar.

Porque em seis dias o SENHOR fez os céus e a terra, o mar e tudo o que neles há e, ao sétimo dia, descansou; por isso o SENHOR abençoou o dia de sábado e o santificou.

Aconteceu que, num sábado, Jesus atravessava as searas, e os seus discípulos, ao passar, começaram a colher espigas. Então os fariseus disseram a Jesus:

—Olhe! Por que eles estão fazendo o que não é lícito aos sábados?

Ele lhes respondeu:

—Vocês nunca leram o que Davi fez quando se viu em necessidade e teve fome, ele e os seus companheiros? Como entrou na Casa de Deus, no tempo do sumo sacerdote Abiatar, e comeu os pães da proposição, os quais só aos sacerdotes era lícito comer, e ainda deu esses pães aos seus companheiros?

E Jesus acrescentou:

—O sábado foi estabelecido por causa do homem, e não o homem por causa do sábado. Assim, o Filho do Homem é senhor também do sábado.

Referências: Gênesis 2:1-3; Êxodo 20:8,11; Marcos 2:23-28

Textos relacionados: Êxodo 16:11-30; Salmo 62:1-5; Mateus 11:25-30; Marcos 6:30-32; Hebreus 4:1-4

ADÃO E EVA: O PRIMEIRO HOMEM E A PRIMEIRA MULHER

Então o SENHOR Deus formou o homem do pó da terra e lhe soprou nas narinas o fôlego de vida, e o homem se tornou um ser vivente.

O SENHOR Deus tomou o homem e o colocou no jardim do Éden para o cultivar e o guardar. E o SENHOR Deus ordenou ao homem:

—De toda árvore do jardim você pode comer livremente, mas da árvore do conhecimento do bem e do mal você não deve comer; porque, no dia em que dela comer, você certamente morrerá.

O SENHOR Deus disse ainda:

—Não é bom que o homem esteja só; farei para ele uma auxiliadora que seja semelhante a ele.

Para o homem não se achava uma auxiliadora que fosse semelhante a ele.

Então o SENHOR Deus fez cair um pesado sono sobre o homem, e este adormeceu. Tirou-lhe uma das costelas e fechou o lugar com carne. E da costela que havia tirado do homem, o SENHOR Deus formou uma mulher e a levou até ele. E o homem disse:

"Esta, afinal, é osso dos meus ossos
e carne da minha carne;
será chamada varoa,
porque do varão foi tirada."

Por isso, o homem deixa pai e mãe e se une à sua mulher, tornando-se os dois uma só carne. Ora, um e outro, o homem e a sua mulher, estavam nus e não se envergonhavam.

Referências: Gênesis 2:7,15-18,20-25

Textos relacionados: Gênesis 1:26-29; Mateus 19:1-12; Marcos 10:1-12; 1 Coríntios 6:15–7:40

GOVERNANTES DA CRIAÇÃO DE DEUS

Ó SENHOR, Senhor nosso,
como é magnífico o teu nome
em toda a terra!
Pois puseste nos céus
a tua majestade.
Da boca de pequeninos
e crianças de peito
suscitaste força, por causa
dos teus adversários,
para fazeres emudecer o inimigo
e o vingador.
Quando contemplo os teus céus,
obra dos teus dedos,
e a lua e as estrelas
que estabeleceste,
que é o homem,
para que dele te lembres?
E o filho do homem,
para que o visites?
Fizeste-o, no entanto,
por um pouco,
menor do que Deus
e de glória e de honra o coroaste.
Deste-lhe domínio
sobre as obras da tua mão
e sob seus pés tudo lhe puseste:
ovelhas e bois, todos,
e também os animais do campo;
as aves do céu,
os peixes do mar
e tudo o que percorre
as veredas dos mares.
Ó SENHOR, Senhor nosso,
como é magnífico o teu nome
em toda a terra!

Referências: Salmo 8

Textos relacionados: Gênesis 1–2; Mateus 21:16; Hebreus 2:5-9

A QUEDA DA HUMANIDADE

Mas a serpente, mais astuta que todos os animais selvagens que o SENHOR Deus tinha feito, disse à mulher:

—É verdade que Deus disse: "Não comam do fruto de nenhuma árvore do jardim"?

A mulher respondeu à serpente:

—Do fruto das árvores do jardim podemos comer, mas do fruto da árvore que está no meio do jardim, Deus disse: "Vocês não devem comer dele, nem tocar nele, para que não venham a morrer."

Então a serpente disse à mulher:

—É certo que vocês não morrerão. Porque Deus sabe que, no dia em que dele comerem, os olhos de vocês se abrirão e, como Deus, vocês serão conhecedores do bem e do mal.

Vendo a mulher que a árvore era boa para se comer, agradável aos olhos e árvore desejável para dar entendimento, tomou do seu fruto e comeu; e deu também ao marido, e ele comeu. Então os olhos de ambos se abriram; e, percebendo que estavam nus, costuraram folhas de figueira e fizeram cintas para si.

Ao ouvirem a voz do SENHOR Deus, que andava no jardim quando soprava o vento suave da tarde, o homem e a sua mulher se esconderam da presença do SENHOR Deus, entre as árvores do jardim.

Referências: Gênesis 3:1-8

Textos relacionados: Ezequiel 28:13-19; Romanos 5:12-19; 1 Timóteo 2:11-15; Tiago 1:12-15

DEUS JULGA O PRIMEIRO PECADO

E o SENHOR Deus chamou o homem e lhe perguntou:

—Onde você está?

Ele respondeu:

—Ouvi a tua voz no jardim, e, porque estava nu, tive medo, e me escondi.

Deus perguntou:

—Quem lhe disse que você estava nu? Você comeu da árvore da qual ordenei que não comesse?

Então o homem disse:

—A mulher que me deste para estar comigo, ela me deu da árvore, e eu comi.

Então o SENHOR Deus disse à mulher:

—Que é isso que você fez?

A mulher respondeu:

—A serpente me enganou, e eu comi.

Então o SENHOR Deus disse à serpente:

—Por causa do que você fez, você é maldita entre todos os animais domésticos e entre todos os animais selvagens. Você rastejará sobre o seu ventre e comerá pó todos os dias da sua vida. Porei inimizade entre você e a mulher, entre a sua descendência e o descendente dela. Este lhe ferirá a cabeça, e você lhe ferirá o calcanhar.

E à mulher ele disse:

—Aumentarei em muito os seus sofrimentos na gravidez; com dor você dará à luz filhos. O seu desejo será para o seu marido, e ele a governará.

Referências: Gênesis 3:9-16

Textos relacionados: Deuteronômio 32:1-6; Romanos 3:9-18; Apocalipse 12:9; 20:1-3,7-15; 22:1-3

DEUS EXPULSA ADÃO E EVA DO ÉDEN

E a Adão disse:

—Por ter dado ouvidos à voz de sua mulher e comido da árvore que eu havia ordenado que não comesse, maldita é a terra por sua causa; em fadigas você obterá dela o sustento durante os dias de sua vida. Ela produzirá também espinhos e ervas daninhas, e você comerá a erva do campo. No suor do seu rosto você comerá o seu pão, até que volte à terra, pois dela você foi formado; porque você é pó, e ao pó voltará.

E o homem deu à sua mulher o nome de Eva, por ser a mãe de todos os seres humanos. O SENHOR Deus fez roupas de peles, com as quais vestiu Adão e sua mulher.

Então o SENHOR Deus disse:

—Eis que o homem se tornou como um de nós, conhecedor do bem e do mal. É preciso impedir que estenda a mão, tome também da árvore da vida, coma e viva eternamente.

Por isso o SENHOR Deus o lançou fora do jardim do Éden, para cultivar a terra da qual havia sido tomado. E, depois de lançar fora o homem, Deus colocou querubins a leste do jardim do Éden e uma espada flamejante que se movia em todas as direções, para guardar o caminho da árvore da vida.

Porque, assim como, em Adão, todos morrem, assim também todos serão vivificados em Cristo.

Referências: Gênesis 3:17-24; 1 Coríntios 15:22

Textos relacionados: Gênesis 18:16-33; Salmo 50; Romanos 8:18-25; Apocalipse 22

MORTE EM ADÃO, VIDA EM CRISTO

Portanto, assim como por um só homem entrou o pecado no mundo, e pelopecado veio a morte, assim também a morte passou a toda a humanidade, porque todos pecaram. Porque antes de a lei ser dada havia pecado no mundo, mas o pecado não é levado em conta quando não há lei. No entanto, a morte reinou desde Adão até Moisés, mesmo sobre aqueles que não pecaram à semelhança da transgressão de Adão, o qual prefigurava aquele que havia de vir.

Mas o dom gratuito não é como a ofensa. Porque, se muitos morreram pela ofensa de um só, muito mais a graça de Deus e o dom pela graça de um só homem, Jesus Cristo, foram abundantes sobre muitos! O dom, entretanto, não é como no caso em que somente um pecou. Porque o julgamento derivou de uma só ofensa, para a condenação; mas a graça deriva de muitas ofensas, para a justificação. Se a morte reinou pela ofensa de um e por meio de um só, muito mais os que recebem a abundância da graça e o dom da justiça reinarão em vida por meio de um só, a saber, Jesus Cristo.

Porque o salário do pecado é a morte, mas o dom gratuito de Deus é a vida eterna em Cristo Jesus, nosso Senhor.

Referências: Romanos 5:12-17; 6:23

Textos relacionados: Gênesis 3; Romanos 5:18–6:23; Efésios 2:1-10; Colossenses 3:1-17

CAIM E ABEL: O PRIMEIRO HOMICÍDIO

Adão teve relações com Eva, a sua mulher. Ela ficou grávida e deu à luz Caim. Então ela disse:

—Adquiri um varão com o auxílio do SENHOR.

Depois, deu à luz Abel, irmão de Caim. Abel foi pastor de ovelhas, e Caim foi agricultor. Aconteceu que, ao fim de um certo tempo, Caim trouxe do fruto da terra uma oferta ao SENHOR. Abel, por sua vez, trouxe das primícias do seu rebanho e da gordura deste. O SENHOR se agradou de Abel e de sua oferta, mas de Caim e de sua oferta não se agradou. Caim ficou muito irritado e fechou a cara. Então o SENHOR lhe disse:

—Por que você anda irritado? E por que essa cara fechada? Se fizer o que é certo, não é verdade que você será aceito? Mas, se não fizer o que é certo, eis que o pecado está à porta, à sua espera. O desejo dele será contra você, mas é necessário que você o domine.

Caim disse a Abel, seu irmão:

—Vamos ao campo.

Estando eles no campo, Caim se levantou contra Abel, o seu irmão, e o matou.

O SENHOR disse a Caim:

—Onde está Abel, o seu irmão?

Ele respondeu:

—Não sei; por acaso sou o guardador do meu irmão?

E o SENHOR disse:

—O que foi que você fez? A voz do sangue do seu irmão clama da terra a mim. E agora você é maldito sobre a terra, cuja boca se abriu para receber da sua mão o sangue do seu irmão. Quando você cultivar o solo, ele não lhe dará a sua força; você será fugitivo e errante pela terra.

Referências: Gênesis 4:1-12

Textos relacionados: Êxodo 20:13; Mateus 5:21-26; Hebreus 11:4; 1 João 3:11-12

NOÉ: UM HOMEM JUSTO

São estas as gerações de Noé.

Noé era homem justo e íntegro entre os seus contemporâneos; Noé andava com Deus. Gerou três filhos: Sem, Cam e Jafé.

A terra estava corrompida à vista de Deus e cheia de violência. Deus olhou para a terra, e eis que estava corrompida; porque todos os seres vivos haviam corrompido o seu caminho na terra. Então Deus disse a Noé:

—Resolvi acabar com todos os seres humanos, porque a terra está cheia de violência por causa deles. Eis que os destruirei juntamente com a terra.

—Faça uma arca de tábuas de cipreste. Nela você fará compartimentos e a revestirá com betume por dentro e por fora.

Porque vou trazer um dilúvio de águas sobre a terra para destruir todo ser em que há fôlego de vida debaixo dos céus; tudo o que há na terra será destruído. Mas com você estabelecerei a minha aliança, e você entrará na arca, você e os seus filhos, a sua mulher, e as mulheres dos seus filhos. De todos os seres vivos, você fará entrar na arca dois de cada espécie, macho e fêmea, para conservá-los vivos com você.

Leve com você todo tipo de comida e armazene-a com você; isso será para alimento, a você e a eles. Foi o que Noé fez. Conforme tudo o que Deus lhe havia ordenado, assim ele fez.

Referências: Gênesis 6:9-14,17-19,21-22

Textos relacionados: Salmo 29:36; Hebreus 11:1-7; 1 Pedro 3:18-22

O DILÚVIO

Noé tinha seiscentos anos de idade quando as águas do dilúvio inundaram a terra. Por causa das águas do dilúvio, Noé entrou na arca, ele com os seus filhos, a sua mulher e as mulheres dos seus filhos. Dos animais puros, dos animais impuros, das aves e de todo animal que rasteja sobre a terra, entraram para junto de Noé, na arca, de dois em dois, macho e fêmea, como Deus havia ordenado a Noé. E aconteceu que, depois de sete dias, vieram sobre a terra as águas do dilúvio.

No ano seiscentos da vida de Noé, aos dezessete dias do segundo mês, nesse dia romperam-se todas as fontes do grande abismo, e as comportas dos céus se abriram.

O dilúvio durou quarenta dias sobre a terra. As águas subiram e elevaram a arca sobre a terra. As águas prevaleceram e aumentaram muito na terra; a arca, porém, flutuava sobre as águas. As águas prevaleceram excessivamente sobre a terra e cobriram todos os altos montes que havia debaixo do céu.

Assim, foram exterminados todos os seres que havia sobre a face da terra: as pessoas e os animais, os seres que rastejam e as aves dos céus foram extintos da terra; ficou somente Noé e os que com ele estavam na arca.

Pela fé, Noé, divinamente instruído a respeito de acontecimentos que ainda não se viam e sendo temente a Deus, construiu uma arca para a salvação de sua família. Assim, ele condenou o mundo e se tornou herdeiro da justiça que vem da fé.

Referências: Gênesis 7:6-11,17-19,23; Hebreus 11:7

Textos relacionados: Salmo 93; Naum 1:1-8; Mateus 24:36-42; Lucas 17:26-36; 2 Pedro 2:4-9

APÓS O DILÚVIO

Então Deus se lembrou de Noé e de todos os animais selvagens e de todos os animais domésticos que estavam com ele na arca. Deus fez soprar um vento sobre a terra, e as águas começaram a baixar.

Quarenta dias depois, Noé abriu a janela que tinha feito na arca e soltou um corvo, o qual, tendo saído, ia e voltava, até que se secaram as águas sobre a terra. Depois, Noé soltou uma pomba para ver se as águas já tinham diminuído na superfície da terra. Mas a pomba, não achando lugar para pousar os pés, voltou para junto de Noé, na arca; porque as águas ainda cobriam a terra.

Noé esperou mais sete dias e de novo soltou a pomba fora da arca. À tarde, ela voltou a ele, trazendo no bico uma folha nova de oliveira. Assim Noé entendeu que as águas tinham baixado sobre a terra.

Saiu, pois, Noé, com os seus filhos, a sua mulher e as mulheres dos seus filhos.

Noé levantou um altar ao SENHOR e, tomando de animais puros e de aves puras, ofereceu holocaustos sobre o altar. E o SENHOR aspirou o aroma agradável e disse consigo mesmo:

—Nunca mais vou amaldiçoar a terra por causa das pessoas, porque é mau o desígnio íntimo do ser humano desde a sua mocidade. Também nunca mais vou destruir todos os seres vivos, como fiz desta vez.

Referências: Gênesis 8:1,6-9,10-11,18,20-21

Textos relacionados: Gênesis 9; 2 Pedro 3:1-14; Apocalipse 21:1-4

DEUS CHAMA ABRÃO

O SENHOR disse a Abrão:

—Saia da sua terra, da sua parentela e da casa do seu pai e vá para a terra que lhe mostrarei. Farei de você uma grande nação, e o abençoarei, e engrandecerei o seu nome. Seja uma bênção! Abençoarei aqueles que o abençoarem e amaldiçoarei aquele que o amaldiçoar. Em você serão benditas todas as famílias da terra.

Partiu, pois, Abrão, como o SENHOR lhe havia ordenado. E Ló foi com ele. Abrão tinha setenta e cinco anos quando saiu de Harã. Abrão levou consigo a sua mulher Sarai, o seu sobrinho Ló, todos os bens que haviam adquirido e as pessoas que lhes foram acrescentadas em Harã. Partiram para a terra de Canaã e lá chegaram. Abrão atravessou a terra até Siquém, até o carvalho de Moré. Nesse tempo os cananeus habitavam essa terra.

O SENHOR apareceu a Abrão e lhe disse:

—Darei esta terra à sua descendência.

Ali Abrão edificou um altar ao SENHOR, que lhe tinha aparecido.

Referências: Gênesis 12:1-7

Textos relacionados: Salmo 67; Atos 7:2-5; Hebreus 6:13-16; 11:8-10

DEUS PROMETE UM FILHO A ABRÃO

Depois destes acontecimentos, a palavra do SENHOR veio a Abrão, numa visão, dizendo:

—Não tenha medo, Abrão, eu sou o seu escudo, e lhe darei uma grande recompensa.

Abrão respondeu:

—Senhor DEUS, que me darás, se continuo sem filhos e o herdeiro da minha casa é o damasceno Eliézer?

Abrão continuou:

—Tu não me deste descendência, e um servo nascido na minha casa será o meu herdeiro.

E eis que a palavra do SENHOR veio a ele, dizendo:

—Esse não será o seu herdeiro. Pelo contrário, aquele que será gerado por você, esse será o seu herdeiro.

Então o SENHOR levou-o para fora e disse:

—Olhe para os céus e conte as estrelas, se puder contá-las.

E lhe disse:

—Assim será a sua posteridade.

Abrão creu no SENHOR, e isso lhe foi atribuído para justiça.

E as palavras "lhe foi atribuído" foram escritas não somente por causa dele, mas também por nossa causa, visto que a nós igualmente nos será atribuído, a saber, a nós que cremos naquele que ressuscitou dentre os mortos a Jesus, nosso Senhor, o qual foi entregue por causa das nossas transgressões e ressuscitou para a nossa justificação.

Referências: Gênesis 15:1-6; Romanos 4:23-25

Textos relacionados: Gênesis 21:1-5; Romanos 4; Gálatas 3:1-9

ISMAEL E ISAQUE: OS FILHOS DE ABRAÃO

Ora, Sarai, mulher de Abrão, não lhe dava filhos. Mas tinha uma serva egípcia, chamada Agar. Então Sarai disse a Abrão:

—Eis que o Senhor me impediu de dar à luz filhos. Tome, pois, a minha serva; talvez assim eu possa ter filhos por meio dela.

E Abrão concordou com o plano de Sarai. Então Sarai, mulher de Abrão, tomou Agar, sua serva egípcia, e a deu por mulher a Abrão, seu marido, depois que ele já estava morando durante dez anos na terra de Canaã. Ele teve relações com Agar, e ela ficou grávida.

Agar deu à luz um filho a Abrão; e Abrão chamou de Ismael o filho que Agar lhe deu. Abrão tinha oitenta e seis anos, quando Agar lhe deu à luz Ismael.

O SENHOR visitou Sara, como tinha dito, e cumpriu o que lhe havia prometido. Sara ficou grávida e deu à luz um filho a Abraão na sua velhice, no tempo determinado, de que Deus lhe havia falado. Ao filho que lhe nasceu, que Sara lhe dera à luz, Abraão deu o nome de Isaque. Abraão circuncidou o seu filho Isaque, quando ele tinha oito dias, segundo Deus lhe havia ordenado. Abraão tinha cem anos quando lhe nasceu Isaque, seu filho.

Pela fé, também, a própria Sara, apesar de não poder ter filhos e já ser idosa, recebeu poder para ser mãe, pois considerou fiel aquele que lhe havia feito a promessa.

Referências: Gênesis 16:1-4,15-16; 21:1-5; Hebreus 11:11

Textos relacionados: Gênesis 21:6-21; Atos 7:1-8; Romanos 4; Gálatas 4:22-31

ABRAÃO OFERECE ISAQUE COMO SACRIFÍCIO

Depois dessas coisas, Deus pôs Abraão à prova e lhe disse:

—Abraão!

Este lhe respondeu:

—Eis-me aqui!

Deus continuou:

—Pegue o seu filho, seu único filho, Isaque, a quem você ama, e vá à terra de Moriá. Ali, ofereça-o em holocausto, sobre um dos montes, que eu lhe mostrar.

Chegaram ao lugar que Deus lhe havia indicado. Ali Abraão edificou um altar, arrumou a lenha sobre ele, amarrou Isaque, seu filho, e o deitou no altar, em cima da lenha. E, estendendo a mão, pegou a faca para sacrificar o seu filho. Mas do céu o Anjo do SENHOR o chamou:

—Abraão! Abraão!

Ele respondeu:

—Eis-me aqui!

Então lhe disse:

—Não estenda a mão sobre o menino e não faça nada a ele, pois agora sei que você teme a Deus, porque não me negou o seu filho, o seu único filho.

Abraão ergueu os olhos e viu atrás de si um carneiro preso pelos chifres entre os arbustos. Abraão pegou o carneiro e o ofereceu em holocausto, em lugar de seu filho. E Abraão deu àquele lugar o nome de "O SENHOR Proverá". Daí dizer-se até o dia de hoje: "No monte do SENHOR se proverá."

Nisto consiste o amor: não em que nós tenhamos amado a Deus, mas em que ele nos amou e enviou o seu Filho como propiciação pelos nossos pecados.

Referências: Gênesis 22:1-2,9-14; 1 João 4:10

Textos relacionados: Gênesis 22:15-19; João 3:16; Romanos 8:31-39; Hebreus 11:17-19

ESAÚ E JACÓ: FILHOS DE ISAQUE

São estas as gerações de Isaque, filho de Abraão. Abraão gerou Isaque. Ele tinha quarenta anos quando tomou por esposa Rebeca, filha de Betuel, o arameu de Padã-Arã, e irmã de Labão, o arameu.

Isaque orou ao SENHOR por sua mulher, porque ela era estéril. O SENHOR ouviu as orações dele, e Rebeca, a mulher de Isaque, ficou grávida. Os filhos lutavam no ventre dela. Então ela disse: "Por que isso está acontecendo comigo?" E ela foi consultar o SENHOR. E o SENHOR lhe respondeu:

"Duas nações estão no seu ventre,
dois povos, nascidos de você,
se dividirão:
um povo será mais forte
do que o outro,
e o mais velho
servirá o mais moço."

Cumpridos os dias para que desse à luz, eis que havia gêmeos no seu ventre. Nasceu o primeiro, ruivo, todo revestido de pelo; por isso, deram-lhe o nome de Esaú. Depois, nasceu o irmão. Com a mão segurava o calcanhar de Esaú, e por isso lhe deram o nome de Jacó. Isaque tinha sessenta anos quando Rebeca deu à luz.

Cresceram os meninos. Esaú tornou-se perito caçador, homem do campo; Jacó, porém, era homem pacato e morava em tendas. Isaque amava Esaú, porque se saboreava de sua caça; Rebeca, porém, amava Jacó.

Referências: Gênesis 25:19-28

Textos relacionados: 1 Samuel 1; Malaquias 1:1-5; Romanos 9

ESAÚ VENDE SUA HERANÇA A JACÓ

Jacó tinha feito um ensopado, quando Esaú, exausto, veio do campo e lhe disse:

—Por favor, me deixe comer um pouco da coisa vermelha, essa coisa vermelha aí, pois estou exausto. (Por isso deram-lhe o nome de Edom.)

Jacó respondeu:

—Primeiro me venda o seu direito de primogenitura.

Ele respondeu:

—Estou morrendo de fome; de que me vale o direito de primogenitura?

Então Jacó disse:

—Primeiro jure.

Esaú jurou e vendeu o seu direito de primogenitura a Jacó. E Jacó deu a Esaú pão e o ensopado de lentilhas; ele comeu e bebeu, levantou-se e saiu. Assim, Esaú desprezou o seu direito de primogenitura.

O Senhor diz:

—Eu sempre os amei.

Mas vocês perguntam:

—Como é que nos amaste?

E o Senhor responde:

—Esaú era irmão de Jacó, mas eu amei Jacó e desprezei Esaú. Fiz dos montes de Edom uma desolação e dei a sua herança aos chacais do deserto.

E cuidem para que não haja nenhum impuro ou profano, como foi Esaú, o qual, por um prato de comida, vendeu o seu direito de primogenitura. Vocês sabem também que, posteriormente, querendo herdar a bênção, foi rejeitado, pois não achou lugar de arrependimento, embora, com lágrimas, o tivesse buscado.

Referências: Gênesis 25:29-34; Malaquias 1:2-3; Hebreus 12:16-17

Textos relacionados: Gênesis 27–36; Salmo 60; Obadias

JOSÉ, O SONHADOR: O FILHO FAVORITO DE JACÓ

Quando José tinha dezessete anos, apascentava os rebanhos com os seus irmãos. Sendo ainda jovem, acompanhava os filhos de Bila e os filhos de Zilpa, mulheres de seu pai; e trazia más notícias deles a seu pai.

Ora, Israel amava mais José do que todos os seus outros filhos, porque era filho da sua velhice; e mandou fazer para ele uma túnica talar de mangas compridas. Quando os seus irmãos viram que o pai o amava mais do que todos os outros filhos, odiaram-no e já não podiam falar com ele de forma pacífica.

José teve um sonho e o contou aos seus irmãos; por isso, o odiaram ainda mais. Ele lhes disse:

—Peço que ouçam o sonho que tive. Sonhei que estávamos amarrando feixes no campo, e eis que o meu feixe se levantou e ficou em pé, enquanto os feixes de vocês o rodeavam e se inclinavam diante do meu.

José teve ainda outro sonho, que ele contou aos seus irmãos, dizendo:

—Sonhei também que o sol, a lua e onze estrelas se inclinavam diante de mim.

Quando José contou esse sonho ao pai e aos seus irmãos, o pai o repreendeu, dizendo:

—Que sonho é esse que você teve? Você está querendo dizer que eu, a sua mãe e os seus irmãos iremos e nos inclinaremos até o chão diante de você?

Os irmãos tinham inveja dele; o pai, no entanto, guardou aquilo no coração.

Referências: Gênesis 37:2-7,9-11

Textos relacionados: Gênesis 28:10-19; 41:1-45; Joel 2:28-32; Mateus 1:18-2:22

JACÓ LEVA A SUA FAMÍLIA PARA O EGITO

Então lhe deu a aliança da circuncisão. Assim, Abraão gerou Isaque e o circuncidou no oitavo dia; e Isaque gerou Jacó, e Jacó gerou os doze patriarcas.

—Os patriarcas, invejosos de José, venderam-no para ser levado para o Egito. Mas Deus estava com ele e o livrou de todas as suas aflições, concedendo-lhe também graça e sabedoria diante de Faraó, rei do Egito, que o constituiu governador daquela nação e de toda a casa real. Depois houve fome e grande sofrimento em todo o Egito e em Canaã, e nossos pais não achavam o que comer. Mas, quando Jacó ouviu que no Egito havia trigo, mandou, pela primeira vez, os nossos pais até lá. Na segunda vez, José se fez reconhecer pelos seus irmãos, e o Faraó veio a conhecer a família de José. Então José mandou chamar Jacó, seu pai, e toda a sua parentela, isto é, setenta e cinco pessoas. Jacó foi para o Egito, e ali morreu ele e também os nossos pais.

Jacó viveu na terra do Egito dezessete anos. Assim, os dias de Jacó, os anos da sua vida, foram cento e quarenta e sete.

Referências: Atos 7:8-15; Gênesis 47:28

Textos relacionados: Gênesis 37–50; Salmo 46; Mateus 8:5-13; Marcos 12:24-27

JOSÉ: DEUS TORNOU O MAL EM BEM

Vendo os irmãos de José que seu pai já era morto, disseram:

—É possível que José tenha ódio de nós; certamente nos retribuirá todo o mal que lhe fizemos.

Por isso, mandaram dizer a José:

—O seu pai, antes de morrer, ordenou o seguinte: "É isto que vocês dirão a José: 'Perdoe, por favor, a transgressão dos seus irmãos e o pecado que cometeram, porque eles lhe fizeram mal.'" Agora pedimos que perdoe a transgressão dos servos do Deus de seu pai.

Ao ouvir estas palavras, José chorou. Depois, vieram também os seus irmãos, prostraram-se diante dele e disseram:

—Eis-nos aqui; somos seus servos.

Mas José respondeu:

—Não tenham medo; será que eu estou no lugar de Deus? Vocês, na verdade, planejaram o mal contra mim; porém Deus o tornou em bem, para fazer, como estão vendo agora, que se conserve a vida de muita gente. Portanto, não tenham medo; eu sustentarei vocês e os seus filhos.

E assim José os consolou e lhes falou ao coração.

José disse a seus irmãos:

—Eu vou morrer em breve. Mas Deus certamente visitará vocês e fará com que saiam desta terra para ir à terra que jurou dar a Abraão, a Isaque e a Jacó.

Sabemos que todas as coisas cooperam para o bem daqueles que amam a Deus, daqueles que são chamados segundo o seu propósito.

Referências: Gênesis 50:15-21,24; Romanos 8:28

Textos relacionados: Gênesis 37–50; Êxodo 1; 13:17-19; Josué 24:32; Salmo 105:7-25; Hebreus 11:21-22

JÓ: ÍNTEGRO E RETO

Havia um homem na terra de Uz cujo nome era Jó. Este homem era íntegro e reto, temia a Deus e se desviava do mal.

Tinha sete mil ovelhas, três mil camelos, quinhentas juntas de bois e quinhentas jumentas. Também tinha muitíssima gente a seu serviço, de maneira que este homem era o maior de todos os do Oriente.

Num dia em que os filhos de Deus vieram apresentar-se diante do SENHOR, veio também Satanás entre eles. Então o SENHOR perguntou a Satanás:

—De onde você vem?

Satanás respondeu ao SENHOR:

—De rodear a terra e passear por ela.

E o SENHOR disse a Satanás:

—Você reparou no meu servo Jó? Não há ninguém como ele na terra. Ele é um homem íntegro e reto, que teme a Deus e se desvia do mal.

Então Satanás respondeu ao SENHOR:

—Será que é sem motivo que Jó teme a Deus? Não é verdade que tu mesmo puseste uma cerca ao redor dele, da sua casa e de tudo o que ele tem? Abençoaste a obra de suas mãos, e os seus bens se multiplicaram na terra. Mas estende a tua mão e toca em tudo o que ele tem, para ver se ele não blasfema contra ti na tua face.

Então o SENHOR disse a Satanás:

—Você pode fazer o que quiser com tudo o que ele tem; só não estenda a mão contra ele.

Então Satanás saiu da presença do SENHOR.

Referências: Jó 1:1,3,6-12

Textos relacionados: Jó 28; Provérbios 1:7; 8:13; 9:10; Filipenses 2:14-15; 1 Pedro 5:8-11

JÓ PERDE A RIQUEZA E OS FILHOS

Um dia, quando os filhos e as filhas de Jó comiam e bebiam vinho na casa do irmão mais velho, veio um mensageiro a Jó e lhe disse:

—Os bois estavam lavrando e as jumentas estavam pastando junto a eles. De repente, os sabeus atacaram e levaram tudo. Mataram os servos a fio de espada. Só eu consegui escapar, para trazer a notícia.

Enquanto este ainda falava, veio outro mensageiro e disse:

—Fogo de Deus caiu do céu e queimou as ovelhas e os servos, destruindo todos eles. Só eu consegui escapar, para trazer a notícia.

Enquanto este ainda falava, veio outro mensageiro e disse:

—Os caldeus se dividiram em três bandos, atacaram os camelos e os levaram embora. Mataram os servos a fio de espada. Só eu consegui escapar, para trazer a notícia.

Também este ainda falava quando veio outro e disse:

—Os seus filhos e as suas filhas estavam comendo e bebendo vinho na casa do irmão mais velho. De repente, eis que se levantou um vento muito forte do lado do deserto e bateu contra os quatro cantos da casa. Ela caiu sobre os jovens, e eles morreram. Só eu consegui escapar, para trazer a notícia.

Então Jó se levantou, rasgou o seu manto, rapou a cabeça, prostrou-se em terra e adorou. E disse:

—Nu saí do ventre de minha mãe e nu voltarei. O SENHOR o deu e o SENHOR o tomou; bendito seja o nome do SENHOR!

Em tudo isto Jó não pecou, nem atribuiu a Deus falta alguma.

Referências: Jó 1:13-22

Textos relacionados: Habacuque 3:17-19; 1 Tessalonicenses 5:16-18; Apocalipse 7:13-17

JÓ PERDE A SAÚDE

Num dia em que os filhos de Deus vieram apresentar-se diante do SENHOR, veio também Satanás entre eles apresentar-se diante do SENHOR. Então o SENHOR perguntou a Satanás:

—De onde você vem?

Satanás respondeu ao SENHOR:

—De rodear a terra e passear por ela.

E o SENHOR disse a Satanás:

—Você reparou no meu servo Jó? Não há ninguém como ele na terra. Ele é um homem íntegro e reto, que teme a Deus e se desvia do mal. Ele ainda conserva a sua integridade, embora você me incitasse contra ele, para destruí-lo sem motivo.

Então Satanás respondeu ao SENHOR:

—Pele por pele! Um homem é capaz de dar tudo o que tem pela sua vida. Mas estende a tua mão e toca nos ossos e na carne dele, para ver se ele não blasfema contra ti na tua face.

Então o SENHOR disse a Satanás:

—Você pode fazer com ele o que quiser; mas poupe-lhe a vida.

Então Satanás saiu da presença do SENHOR e feriu Jó com tumores malignos, desde a planta do pé até o alto da cabeça.

Jó, sentado em cinza, pegou um caco de barro para com ele raspar as feridas. Então a mulher dele disse:

—Você ainda conserva a sua integridade? Amaldiçoe a Deus e morra!

Mas Jó respondeu:

—Você fala como uma doida. Temos recebido de Deus o bem; por que não receberíamos também o mal?

Em tudo isto Jó não pecou com os seus lábios.

Referências: Jó 2:1-10

Textos relacionados: Jó 19:25-27; Provérbios 11:2-6; Filipenses 3:7-11

FEVEREIRO

Um bom conhecimento bíblico
vale mais do que uma educação superior.
Theodore Roosevelt (1858–1919)
Presidente norte-americano

O homem de um livro só é sempre formidável;
mas quando esse livro é a Bíblia, ele é inabalável.
William Mackergo Taylor (1829–95)
Clérigo escocês

O SOFRIMENTO É UMA PUNIÇÃO?

Quando três amigos de Jó ouviram que todo este mal havia caído sobre ele, vieram, cada um do seu lugar: Elifaz, o temanita, Bildade, o suíta, e Zofar, o naamatita. Tinham combinado ir juntos condoer-se dele e consolá-lo. De longe eles levantaram os olhos e não o reconheceram. Então ergueram a voz e choraram. E cada um, rasgando o seu manto, lançava pó ao ar sobre a cabeça. Sentaram-se com ele no chão durante sete dias e sete noites. E ninguém lhe disse uma só palavra, pois viam que a dor era muito grande.

Então Elifaz, o temanita,
tomou a palavra e disse:
Pense bem: será que algum
inocente já chegou a perecer?
E onde os retos foram destruídos?
Segundo eu tenho visto,
os que lavram a iniquidade
e semeiam o mal,
isso mesmo eles colhem.
Com o hálito de Deus perecem;
e com o sopro da sua ira
são consumidos.

Quanto a mim,
eu buscaria a Deus
e a ele entregaria a minha causa.

Bem-aventurado é aquele
a quem Deus disciplina!
Portanto, não despreze a disciplina
do Todo-Poderoso.
Porque ele faz a ferida
e ele mesmo a faz sarar;
ele fere, e as suas mãos curam.

Veja bem!
Isto é o que investigamos, e assim é.
Ouça e medite nisso para o seu bem.

Referências: Jó 2:11-13; 4:1,7-9; 5:8,17-18,27

Textos relacionados: Jó 4-5; 8; 11; 15; 18; 20; 22; 25; 32-37; Hebreus 12:5-11

JÓ INSISTE EM SUA INOCÊNCIA

Então Jó respondeu:
“Até quando vocês vão me atormentar
e me esmagar com as suas palavras?
Já dez vezes vocês me insultaram
e não se envergonham de me injuriar.
Se eu tivesse realmente cometido algum erro,
isso interessaria somente a mim.
Se vocês querem se engrandecer contra mim
e usam a minha vergonha como argumento contra mim,
então saibam que Deus foi injusto comigo
e me cercou com a sua rede”.
“Eis que clamo: ‘Violência!’, mas não sou ouvido;
grito: ‘Socorro!’, porém não há justiça.

Jó continuou em sua fala, dizendo:
“Tão certo como vive Deus, que me tirou o direito,
o Todo-Poderoso, que amargurou a minha alma,
enquanto eu puder respirar e o sopro de Deus estiver
nas minhas narinas, nunca os meus lábios falarão injustiça,
nem a minha língua pronunciará engano.
Longe de mim que eu dê razão a vocês!
Até morrer, nunca abrirei mão da minha integridade.
À minha justiça me apegarei e não a largarei;
a minha consciência não me acusará
em toda a minha vida”.

Referências: Jó 19:1-7; 27:1-6

Textos relacionados: Jó 3; 6-7; 9-10; 12-14; 16-17; 19; 21; 23-24; 26-31; Salmo 7; Lucas 18:1-8

DEUS RESPONDE A JÓ

Então, do meio de um redemoinho, o SENHOR respondeu a Jó e disse:

"Quem é este que obscurece os meus planos com palavras sem conhecimento?

Cinja os lombos como homem, pois eu lhe farei perguntas, e você me responderá".

"Onde você estava, quando eu lancei os fundamentos da terra?
Responda, se você tem entendimento.
Quem determinou as medidas da terra, se é que você o sabe?
Ou quem estendeu sobre ela uma linha de medir?
Sobre o que estão firmadas as suas bases
ou quem lhe assentou a pedra angular,
quando as estrelas da alva, juntas, alegremente cantavam,
e todos os filhos de Deus gritavam de alegria?"

O SENHOR disse mais a Jó: "Será que alguém que usa de censuras
poderá discutir com o Todo-Poderoso?
Que responda a isso aquele que critica Deus!".
Então Jó respondeu ao SENHOR e disse:
"Sou indigno. Que te responderia eu?
Ponho a mão sobre a minha boca.
Uma vez falei, e não direi mais nada;
aliás, duas vezes, porém não prosseguirei".
Então o SENHOR, do meio de um redemoinho, respondeu a Jó e disse:
"Cinja os lombos como homem, pois eu lhe farei perguntas,
e você me responderá. Será que você está querendo
anular a minha justiça? Ou me condenará, para se justificar?".

Referências: Jó 38:1-7; 40:1-8

Textos relacionados: Jó 38–41; Salmo 30; Habacuque 1:1–2:1; Romanos 9–10

DEUS JUSTIFICA E RESTAURA JÓ

Então Jó respondeu ao SENHOR e disse:

"Bem sei que tudo podes, e nenhum dos teus planos pode ser frustrado.

Tu perguntaste: 'Quem é este que, sem conhecimento, encobre os meus planos?'

Na verdade, falei do que eu não entendia, coisas que são maravilhosas
demais para mim, coisas que eu não conhecia.
Disseste: 'Escute, porque eu vou falar; farei perguntas, e você me responderá.'
Eu te conhecia só de ouvir, mas agora os meus olhos te veem.
Por isso, me abomino e me arrependo no pó e na cinza".

Depois que o SENHOR falou estas palavras a Jó, o SENHOR disse também a Elifaz, o temanita:

—A minha ira se acendeu contra você e contra os seus dois amigos, porque vocês não falaram a meu respeito o que é reto, como o meu servo Jó falou. Agora peguem sete novilhos e sete carneiros, e vão até o meu servo Jó, e ofereçam holocaustos em favor de vocês. O meu servo Jó orará por vocês, e eu aceitarei a intercessão dele, para que eu não os trate segundo a falta de juízo de vocês. Porque vocês não falaram a meu respeito o que é reto, como o meu servo Jó falou.

Então Elifaz, o temanita, Bildade, o suíta, e Zofar, o naamatita, foram e fizeram o que o SENHOR lhes havia ordenado; e o SENHOR aceitou a oração de Jó.

O SENHOR restaurou a sorte de Jó, quando este orou pelos seus amigos, e o SENHOR lhe deu o dobro de tudo o que tinha tido antes.

Referências: Jó 42:1-10

Textos relacionados: Salmo 17:37; Mateus 5:1-6; Tiago 5:11

AS BEM-AVENTURANÇAS: OS POBRES DE ESPÍRITO

Ao ver as multidões, Jesus subiu ao monte. Ele se assentou e os seus discípulos se aproximaram dele. Então ele passou a ensiná-los.

Jesus disse:

—Bem-aventurados os pobres em espírito, porque deles é o Reino dos Céus.

Sacrifício agradável a Deus é o espírito quebrantado; coração quebrantado e contrito, não o desprezarás, ó Deus.

Porque assim diz o Alto, o Sublime, que habita a eternidade e cujo nome é Santo:

"Habito no alto e santo lugar, mas habito também com o contrito e abatido de espírito, para vivificar o espírito dos abatidos e vivificar o coração dos contritos".

Meus irmãos, vocês não podem ter fé em nosso Senhor Jesus Cristo, o Senhor da glória, e ao mesmo tempo tratar as pessoas com parcialidade. Porque, se entrar na sinagoga de vocês um homem com anéis de ouro nos dedos, vestindo roupa luxuosa, e entrar também um pobre muito malvestido, e vocês derem um tratamento especial ao que está vestido com a roupa luxuosa, dizendo: "Você, sente-se aqui no lugar de honra", e disserem ao pobre: "Você, fique em pé" ou "Sente-se ali, abaixo do estrado dos meus pés", será que vocês não estarão fazendo distinção entre vocês mesmos e julgando as pessoas com critérios errados?

Escutem, meus amados irmãos. Por acaso Deus não escolheu os que para o mundo são pobres para serem ricos em fé e herdeiros do Reino que ele prometeu aos que o amam?

Referências: Mateus 5:1-3; Salmo 51:17; Isaías 57:15; Tiago 2:1-5

Textos relacionados: Jó 34:17-19; Isaías 57:15-19; 66:2; Lucas 6:20; Atos 10:34-35; Efésios 6:5-9

AS BEM-AVENTURANÇAS: OS QUE CHORAM

Bem-aventurados os que choram,
porque serão consolados.

O Espírito do SENHOR Deus está sobre mim, porque o SENHOR me ungiu
para pregar boas-novas aos pobres,
enviou-me a curar os quebrantados de coração,
a proclamar libertação aos cativos
e a pôr em liberdade os algemados,
a apregoar o ano aceitável do SENHOR
e o dia da vingança do nosso Deus,
a consolar todos os que choram
e a pôr sobre os que choram em Sião
uma coroa em vez de cinzas,
óleo de alegria em vez de pranto,
manto de louvor em vez de espírito angustiado.
Eles serão chamados carvalhos de justiça,
plantados pelo SENHOR para a sua glória.

Então ouvi uma voz forte que vinha do trono e dizia:

—Eis o tabernáculo de Deus com os seres humanos. Deus habitará com eles. Eles serão povos de Deus, e Deus mesmo estará com eles e será o Deus deles. E lhes enxugará dos olhos toda lágrima. E já não existirá mais morte, já não haverá luto, nem pranto, nem dor, porque as primeiras coisas passaram.

Referências: Mateus 5:4; Isaías 61:1-3; Apocalipse 21:3-4

Textos relacionados: Neemias 8:1-12; Eclesiastes 3:1-8; Salmo 119:49-50; Lucas 6:21; 2 Coríntios 1:3-7; 7:8-11

AS BEM-AVENTURANÇAS: OS MANSOS

Bem-aventurados os mansos, porque herdarão a terra.

Não se irrite por causa dos malfeitores,
nem tenha inveja dos que praticam a iniquidade.
Pois em breve eles secarão como a relva
e murcharão como a erva verde.
Confie no SENHOR e faça o bem; habite na terra
e alimente-se da verdade.
Agrade-se do SENHOR,
e ele satisfará os desejos do seu coração.
Entregue o seu caminho ao SENHOR,
confie nele, e o mais ele fará.
Fará com que a sua justiça sobressaia como a luz
e que o seu direito brilhe como o sol ao meio-dia.
Descanse no SENHOR e espere nele;
não se irrite por causa daquele
que prospera em seu caminho,
por causa do que realiza
os seus maus desígnios.
Deixe a ira, abandone o furor; não se irrite;
certamente isso acabará mal.
Porque os malfeitores serão exterminados,
mas os que esperam no SENHOR possuirão a terra.
Mais um pouco de tempo, e já não existirão os ímpios;
você procurará no lugar onde eles estavam
e não os encontrará.
Mas os mansos herdarão a terra
e terão alegria na abundância de paz.

Referências: Mateus 5:5; Salmo 37:1-11

Textos relacionados: Salmos 25:12-13; 37:12-40; Mateus 11:25-30; 2 Coríntios 10:1-5; Gálatas 5:19-23

AS BEM-AVENTURANÇAS: OS QUE TÊM FOME DE JUSTIÇA

Bem-aventurados os que têm fome
e sede de justiça, porque serão saciados.

Assim como a corça suspira pelas correntes das águas,
assim, por ti, ó Deus, suspira a minha alma.
A minha alma tem sede de Deus, do Deus vivo.
Quando irei e me apresentarei diante da face de Deus?

Jesus respondeu:

—Quem beber desta água voltará a ter sede, mas aquele que beber da água que eu lhe der nunca mais terá sede. Pelo contrário, a água que eu lhe der será nele uma fonte a jorrar para a vida eterna.

Jesus respondeu:

—Eu sou o pão da vida. Quem vem a mim jamais terá fome, e quem crê em mim jamais terá sede.

No último dia, o grande dia da festa, Jesus se levantou e disse em voz alta:

—Se alguém tem sede, venha a mim e beba. Quem crer em mim, como diz a Escritura, do seu interior fluirão rios de água viva.

Isso ele disse a respeito do Espírito que os que nele cressem haviam de receber; pois o Espírito até aquele momento não tinha sido dado, porque Jesus ainda não havia sido glorificado.

Referências: Mateus 5:6; Salmo 42:1-2; João 4:13-14; 6:35; 7:37-39

Textos relacionados: Salmos 107:1-9; 146; Isaías 55:1-2; Lucas 6:21; Apocalipse 7:16-17; 22:17

AS BEM-AVENTURANÇAS: OS MISERICORDIOSOS

Bem-aventurados os misericordiosos,
porque alcançarão misericórdia.

Então o SENHOR, o Deus de vocês, não os abandonará, porque é Deus misericordioso, nem os destruirá, nem se esquecerá da aliança que jurou aos pais de vocês.

A ti, que habitas nos céus, elevo os olhos!
Como os olhos dos servos estão atentos
às mãos dos seus senhores, e os olhos da serva,
à mão de sua senhora, assim os nossos olhos estão atentos
ao SENHOR, nosso Deus, até que tenha compaixão de nós.
Tem compaixão de nós, SENHOR, tem compaixão,
pois estamos saturados de tanto desprezo.
A nossa alma está saturada da zombaria dos arrogantes
e do desprezo dos soberbos.

Ele já mostrou a você o que é bom;
e o que o SENHOR pede de você?
Que pratique a justiça, ame a misericórdia
e ande humildemente com o seu Deus.

Assim, falem e vivam como pessoas que serão julgadas pela lei da liberdade. Porque o juízo é sem misericórdia sobre quem não usou de misericórdia. A misericórdia triunfa sobre o juízo.

Referências: Mateus 5:7; Deuteronômio 4:31; Salmo 123; Miqueias 6:8; Tiago 2:12-13

Textos relacionados: Salmo 6; Oseias 6:6; Miqueias 7:18-19; Zacarias 7:9-10; Lucas 6:27-38; 10:25-37; Judas 20-23

AS BEM-AVENTURANÇAS: OS LIMPOS DE CORAÇÃO

Bem-aventurados os limpos de coração,
porque verão a Deus.

Quem subirá ao monte do SENHOR?
Quem há de permanecer no seu santo lugar?
O que é limpo de mãos e puro de coração,
que não entrega a sua alma à falsidade,
nem faz juramentos com a intenção de enganar.
Este receberá do SENHOR a bênção
e a justiça do Deus da sua salvação.

Cria em mim, ó Deus, um coração puro
e renova dentro de mim um espírito inabalável.

Fuja das paixões da mocidade. Siga a justiça, a fé, o amor e a paz com os que, de coração puro, invocam o Senhor.

Portanto, meus irmãos, tendo ousadia para entrar no Santuário, pelo sangue de Jesus, pelo novo e vivo caminho que ele nos abriu por meio do véu, isto é, pela sua carne, e tendo um grande sacerdote sobre a casa de Deus, aproximemo-nos com um coração sincero, em plena certeza de fé, tendo o coração purificado de má consciência e o corpo lavado com água pura.

Referências: Mateus 5:8; Salmos 24:3-5; 51:10; 2 Timóteo 2:22; Hebreus 10:19-22

Textos relacionados: 2 Crônicas 30:13-20; Provérbios 20:5-11; Marcos 7:1-23; Hebreus 3; 12:14-29

AS BEM-AVENTURANÇAS: OS PACIFICADORES

Bem-aventurados os pacificadores,
porque serão chamados filhos de Deus.

Venham, meus filhos, e escutem;
eu lhes ensinarei o temor do Senhor.
Quem de vocês ama a vida
e quer longevidade para ver o bem?
Refreie a língua do mal e os lábios de falarem
palavras enganosas.
Afaste-se do mal e pratique o bem;
procure a paz e empenhe-se por alcançá-la.

Observe aquele que é íntegro e reto;
porque o futuro dele será de paz.
Quanto aos transgressores, serão todos destruídos;
a descendência dos ímpios será exterminada.

"Mas para os ímpios não há paz", diz o SENHOR.

Se possível, no que depender de vocês, vivam em paz com todas as pessoas.

Mas a sabedoria lá do alto é, primeiramente, pura; depois, pacífica, gentil, amigável, cheia de misericórdia e de bons frutos, imparcial, sem fingimento.

Referências: Mateus 5:9; Salmos 34:11-14; 37:37-38; Isaías 48:22; Romanos 12:18; Tiago 3:17

Textos relacionados: Isaías 9:6-7; João 1:1-13; Romanos 8:9-23;
Gálatas 3:26–4:7; 1 João 3:1-11

AS BEM-AVENTURANÇAS:
OS PERSEGUIDOS POR CAUSA DA JUSTIÇA

Bem-aventurados os perseguidos por causa da justiça,
porque deles é o Reino dos Céus.

Bem-aventurados são vocês quando, por minha causa, os insultarem e os perseguirem, e, mentindo, disserem todo mal contra vocês. Alegrem-se e exultem, porque é grande a sua recompensa nos céus; pois assim perseguiram os profetas que viveram antes de vocês.

Mas o SENHOR está comigo como um poderoso guerreiro.
Por isso, os meus perseguidores tropeçarão e não vencerão.
Ficarão muito envergonhados por causa do seu fracasso;
sofrerão afronta perpétua, que jamais será esquecida.

Porque isto é agradável a Deus, que alguém suporte tristezas, sofrendo injustamente, por motivo de sua consciência para com Deus. Pois que glória há, se, pecando e sendo castigados por isso, vocês o suportam com paciência? Se, entretanto, quando praticam o bem, vocês são igualmente afligidos e o suportam com paciência, isto é agradável a Deus. Porque para isto mesmo vocês foram chamados, pois também Cristo sofreu no lugar de vocês, deixando exemplo para que vocês sigam os seus passos.

Por isso, sinto prazer nas fraquezas, nos insultos, nas privações, nas perseguições, nas angústias, por amor de Cristo. Porque, quando sou fraco, então é que sou forte.

Referências: Mateus 5:10-12; Jeremias 20:11; 1 Pedro 2:19-21; 2 Coríntios 12:10

Textos relacionados: Jó 36:15-17; Isaías 53; 1 Pedro 1:3-9; 4:12-19

AMOR INCONDICIONAL

Quem nos separará do amor de Cristo? Será a tribulação, ou a angústia, ou a perseguição, ou a fome, ou a nudez, ou o perigo ou a espada? Como está escrito:

"Por amor de ti, somos entregues à morte continuamente;
fomos considerados como ovelhas para o matadouro".

Em todas estas coisas, porém, somos mais que vencedores, por meio daquele que nos amou. Porque eu estou bem certo de que nem a morte, nem a vida, nem os anjos, nem os principados, nem as coisas do presente, nem do porvir, nem os poderes, nem a altura, nem a profundidade, nem qualquer outra criatura poderá nos separar do amor de Deus, que está em Cristo Jesus, nosso Senhor.

E nós conhecemos o amor e cremos neste amor que Deus tem por nós.

Deus é amor, e aquele que permanece no amor permanece em Deus, e Deus permanece nele. Nisto o amor é aperfeiçoado em nós, para que, no Dia do Juízo, mantenhamos confiança; pois, assim como ele é, também nós somos neste mundo. No amor não existe medo; pelo contrário, o perfeito amor lança fora o medo. Porque o medo envolve castigo, e quem teme não é aperfeiçoado no amor.

Nós amamos porque ele nos amou primeiro.

Referências: Romanos 8:35-39; 1 João 4:16-19

Textos relacionados: Deuteronômio 7:7-11; 10:14-15; João 3:16-19; Romanos 5:8-11; Efésios 2:4-10

O AMOR É MAIOR

Ainda que eu fale as línguas dos homens e dos anjos, se não tiver amor, serei como o bronze que soa ou como o címbalo que retine.

Ainda que eu tenha o dom de profetizar e conheça todos os mistérios e toda a ciência; ainda que eu tenha tamanha fé, a ponto de transportar montes, se não tiver amor, nada serei.

E ainda que eu distribua todos os meus bens entre os pobres e ainda que entregue o meu próprio corpo para ser queimado, se não tiver amor, isso de nada me adiantará.

O amor é paciente e bondoso. O amor não arde em ciúmes, não se envaidece, não é orgulhoso, não se conduz de forma inconveniente, não busca os seus interesses, não se irrita, não se ressente do mal. O amor não se alegra com a injustiça, mas se alegra com a verdade. O amor tudo sofre, tudo crê, tudo espera, tudo suporta.

O amor jamais acaba.

Agora, pois, permanecem a fé, a esperança e o amor, estes três; porém o maior deles é o amor.

Ponha-me como selo sobre o seu coração,
como selo sobre o seu braço, porque o amor é tão forte
como a morte, e o ciúme é tão duro como a sepultura.
As suas chamas são chamas de fogo,
são labaredas enormes.

Maridos, que cada um de vocês ame a sua esposa, como também Cristo amou a igreja e se entregou por ela.

Referências: 1 Coríntios 13:1-8,13; Cântico dos cânticos 8:6; Efésios 5:25

Textos relacionados: Deuteronômio 6:1-5; Salmo 136; João 15:9-17; 1 João 3

ISRAELITAS OPRIMIDOS NO EGITO

São estes os nomes dos filhos de Israel que entraram com Jacó no Egito, cada um com a sua família: Rúben, Simeão, Levi e Judá, Issacar, Zebulom e Benjamim, Dã, Naftali, Gade e Aser. Todos os descendentes diretos de Jacó foram setenta; José, porém, já estava no Egito. Com o tempo morreram José, todos os seus irmãos e toda aquela geração. Mas os filhos de Israel foram fecundos, aumentaram muito, se multiplicaram e se tornaram extremamente fortes, de maneira que a terra se encheu deles.

Nesse meio-tempo, levantou-se um novo rei sobre o Egito, que não havia conhecido José. Ele disse ao seu povo:

—Eis que o povo dos filhos de Israel é mais numeroso e mais forte do que nós. Vejam! Precisamos usar de astúcia para com esse povo, para que não se multiplique, e para evitar que, em caso de guerra, ele se alie aos nossos inimigos, lute contra nós e saia da terra.

E os egípcios puseram sobre eles feitores de obras, para os afligir com trabalhos pesados. E assim os israelitas construíram para Faraó as cidades-celeiros de Pitom e Ramessés. Mas quanto mais os afligiam, tanto mais se multiplicavam e tanto mais se espalhavam, de maneira que os egípcios se inquietavam por causa dos filhos de Israel. Então os egípcios, com tirania, escravizaram os filhos de Israel.

Então Faraó deu ordem a todo o seu povo, dizendo:

—Joguem no rio Nilo todos os meninos hebreus que nascerem; quanto às meninas, deixem viver.

Referências: Êxodo 1:1-13,22

Textos relacionados: Salmo 105:23-25; Atos 7:9-34; 1 Coríntios 7:21-23; Gálatas 3:26-28

O NASCIMENTO DE MOISÉS

Um homem da casa de Levi casou com uma mulher da mesma tribo. A mulher ficou grávida e deu à luz um filho. Vendo que o menino era bonito, escondeu-o durante três meses. Não podendo, porém, escondê-lo por mais tempo, pegou um cesto de junco, tapou os buracos com betume e piche e, pondo nele o menino, largou o cesto no meio dos juncos à beira do rio. A irmã do menino ficou de longe, para ver o que ia acontecer com ele.

A filha de Faraó desceu para se banhar no rio, e as moças que tinham vindo com ela passeavam pela margem. Quando ela viu o cesto no meio dos juncos, mandou que uma das criadas fosse buscá-lo. Abrindo o cesto, viu a criança; e eis que o menino chorava. Ela teve compaixão dele e disse:

—Este é um menino dos hebreus.

Então a irmã do menino perguntou à filha de Faraó:

—Quer que eu vá chamar uma das hebreias para que sirva de ama e crie esta criança para a senhora?

A filha de Faraó respondeu:

—Vá.

A moça foi e chamou a mãe do menino. Então a filha de Faraó disse à mulher:

—Leve este menino e amamente-o para mim; eu darei um salário para você.

A mulher pegou o menino e o criou. Quando o menino já era grande, ela o levou à filha de Faraó, da qual ele passou a ser filho. Esta lhe deu o nome de Moisés e disse:

—Porque das águas o tirei.

Referências: Êxodo 2:1-10

Textos relacionados: Isaías 49:13-19; Atos 7:20-22; Hebreus 11:23

MOISÉS FOGE DO EGITO

Naqueles dias, sendo Moisés já homem feito, saiu para visitar os seus irmãos e viu o trabalho pesado que faziam. Viu também que certo egípcio espancava um hebreu, um do seu povo. Olhou para todos os lados e, vendo que não havia ali ninguém, matou o egípcio e escondeu o corpo na areia. Moisés saiu no dia seguinte, e eis que dois hebreus estavam brigando. Então perguntou ao culpado:

—Por que você está espancando o seu próximo?

O homem respondeu:

—Quem pôs você por príncipe e juiz sobre nós? Está querendo me matar, como matou aquele egípcio?

Moisés ficou com medo e pensou: "Com certeza já descobriram o que eu fiz".

Informado desse caso, Faraó quis matar Moisés; porém Moisés fugiu da presença de Faraó e foi morar na terra de Midiã.

Chegando lá, sentou-se junto a um poço.

Decorridos muitos dias, o rei do Egito morreu. Os filhos de Israel gemiam por causa da sua escravidão. Eles clamaram, e o seu clamor chegou até Deus. Deus ouviu o gemido deles e lembrou-se da sua aliança com Abraão, com Isaque e com Jacó. E Deus viu os filhos de Israel e atentou para a situação deles.

Enviou ao seu povo a redenção; estabeleceu para sempre a sua aliança; santo e tremendo é o seu nome.

Referências: Êxodo 2:11-15,23-25; Salmo 111:9

Textos relacionados: Números 32:23; Atos 7:23-29; Hebreus 11:24-27

O SENHOR APARECE A MOISÉS

Moisés apascentava o rebanho de Jetro, o seu sogro, sacerdote de Midiã. E, levando o rebanho para o lado oeste do deserto, chegou a Horebe, o monte de Deus. Ali o Anjo do SENHOR lhe apareceu numa chama de fogo, no meio de uma sarça. Moisés olhou, e eis que a sarça estava em chamas, mas não se consumia. Então disse consigo mesmo:

—Vou até lá para ver essa grande maravilha. Por que a sarça não se queima?

Quando o SENHOR viu que ele se aproximava para ver, Deus, do meio da sarça, o chamou e disse:

—Moisés! Moisés!

Ele respondeu:

—Eis-me aqui!

Deus continuou:

—Não se aproxime! Tire as sandálias dos pés, porque o lugar em que você está é terra santa.

Disse mais:

—Eu sou o Deus de seu pai, o Deus de Abraão, o Deus de Isaque e o Deus de Jacó.

Moisés escondeu o rosto, porque teve medo de olhar para Deus.

Então o SENHOR continuou:

—Certamente vi a aflição do meu povo, que está no Egito, e ouvi o seu clamor por causa dos seus feitores. Conheço o sofrimento do meu povo. Por isso desci a fim de livrá-lo das mãos dos egípcios e para fazê-lo sair daquela terra e levá-lo para uma terra boa e ampla, terra que mana leite e mel.

Eu o enviarei a Faraó, para que você tire do Egito o meu povo, os filhos de Israel.

Referências: Êxodo 3:1-8,10

Textos relacionados: Isaías 6; Atos 7:30-35; Apocalipse 15:2-4

O SENHOR REVELA SEU NOME A MOISÉS

Então Moisés perguntou a Deus:

—Quem sou eu para ir a Faraó e tirar do Egito os filhos de Israel?

Deus respondeu:

—Eu estarei com você. E este será o sinal de que eu o enviei: depois que você tiver tirado o povo do Egito, vocês adorarão a Deus neste monte.

Moisés disse para Deus:

—Eis que, quando eu for falar com os filhos de Israel e lhes disser: "O Deus dos seus pais me enviou a vocês", eles vão perguntar: "Qual é o nome dele?". E então o que lhes direi?

Deus disse a Moisés:

—Eu Sou O Que Sou.

Disse mais:

—Assim você dirá aos filhos de Israel: "Eu Sou me enviou a vocês".

Deus disse ainda mais a Moisés:

—Assim você dirá aos filhos de Israel: "O Senhor, o Deus dos seus pais, o Deus de Abraão, o Deus de Isaque e o Deus de Jacó, me enviou a vocês. Este é o meu nome eternamente, e assim serei lembrado de geração em geração".

Deus falou a Moisés e lhe disse:

—Eu sou o Senhor. Apareci a Abraão, a Isaque e a Jacó como o Deus Todo-Poderoso; mas pelo meu nome, O Senhor, não lhes fui conhecido.

Referências: Êxodo 3:11-15; 6:2-3

Textos relacionados: Êxodo 20:7; João 6:35; 8:12,58; 10:7,11; 11:25; 14:6; 15:1; Apocalipse 1:8

OS NOMES DE DEUS: Senhor

O Senhor é também
alto refúgio para o oprimido,
refúgio nas horas de angústia.
Em ti, pois, confiam
os que conhecem o teu nome,
porque tu, Senhor,
não desamparas os que te buscam.

Não tome o nome do Senhor, seu Deus, em vão, porque o Senhor não terá por inocente o que tomar o seu nome em vão.

Porque proclamarei o nome do Senhor. Louvem a grandeza do nosso Deus. Eis a Rocha! Suas obras são perfeitas, porque todos os seus caminhos são juízo. Deus é fidelidade, e nele não há injustiça; é justo e reto.

Deem graças ao Senhor, invoquem o seu nome;
tornem conhecidos entre os povos os seus feitos.
Cantem a Deus, cantem louvores a ele;
falem de todas as suas maravilhas.
Gloriem-se no seu santo nome;
alegre-se o coração dos que buscam o Senhor.

Torre forte é o nome do Senhor; o justo corre para ela e está seguro.

Não há ninguém semelhante a ti, ó Senhor!
Tu és grande, e grande é o poder do teu nome.

Referências: Salmo 9:9-10; Êxodo 20:7; Deuteronômio 32:3-4; 1 Crônicas 16:8-10; Provérbios 18:10; Jeremias 10:6

Textos relacionados: Êxodo 15:1-3; Isaías 42:5-9; Colossenses 3:16-17; Hebreus 13:15

OS NOMES DE DEUS: SENHOR DEUS

Portanto, grandioso és tu, ó Senhor DEUS, porque não há ninguém semelhante a ti, e não há outro Deus além de ti, segundo tudo o que nós mesmos temos ouvido. Quem há como o teu povo, como Israel, gente única na terra, a quem Deus foi resgatar para ser o seu povo? Fizeste para ti mesmo um nome e fizeste por teu povo estas grandes e tremendas coisas, para a tua terra, diante do teu povo, que resgataste do Egito, desterrando as nações e os seus deuses. Estabeleceste o teu povo de Israel por teu povo para sempre e tu, ó SENHOR, te fizeste o seu Deus.

O nosso Deus é o Deus libertador; com DEUS, o Senhor, está o escaparmos da morte.

Pois tu és a minha esperança, Senhor DEUS,
a minha confiança desde a minha mocidade.

Os que se afastam de ti certamente perecerão;
tu destróis todos os que são infiéis para contigo.
Quanto a mim, bom é estar perto de Deus;
faço do Senhor DEUS o meu refúgio,
para proclamar todas as suas obras.

Referências: 2 Samuel 7:22-24; Salmo 68:20; 71:5; 73:27-28

Textos relacionados: Isaías 50:4-11; Ezequiel 36; Atos 4:23-35; Efésios 5:19-20

OS NOMES DE DEUS: REI DA GLÓRIA

Levantem as suas cabeças, ó portas!
Levantem-se, ó portais eternos,
para que entre o Rei da glória.
Quem é o Rei da glória?
O SENHOR, forte e poderoso,
o SENHOR, poderoso nas batalhas.
Levantem as suas cabeças, ó portas!
Levantem-se, ó portais eternos,
para que entre o Rei da glória.
Quem é esse Rei da glória?
O SENHOR dos Exércitos, ele é o Rei da glória.

Vi como que um mar de vidro, misturado com fogo, e também os que venceram a besta, a sua imagem e o número do seu nome. Eles estavam em pé junto ao mar de vidro, tendo harpas que lhes foram dadas por Deus. E entoavam o cântico de Moisés, servo de Deus, e o cântico do Cordeiro, dizendo:

"Grandes e admiráveis são as tuas obras,
Senhor Deus, Todo-Poderoso!
Justos e verdadeiros são os teus caminhos,
ó Rei das nações!
Quem não temerá
e não glorificará o teu nome, ó Senhor?
Pois só tu és santo.
Por isso, todas as nações virão
e se prostrarão diante de ti,
porque os teus atos de justiça
se fizeram manifestos".

Referências: Salmo 24:7-10; Apocalipse 15:2-4

Textos relacionados: 1 Samuel 17:39-51; Salmo 46; Isaías 54:5

OS NOMES DE DEUS: TODO-PODEROSO

Por isso, vocês que têm
entendimento, me escutem:
longe de Deus o praticar ele a maldade,
e longe do Todo-Poderoso o cometer injustiça.
Pois Deus retribui ao homem segundo as suas obras
e paga a cada um conforme o seu caminho.
Na verdade, Deus não pratica o mal;
o Todo-Poderoso não perverte o direito.

Quanto ao Todo-Poderoso,
não o podemos compreender.
Ele é grande em poder,
porém não perverte o juízo
e a plenitude da justiça.
Por isso, as pessoas o temem;
ele não olha para os que se julgam sábios.

Aquele que habita no esconderijo do Altíssimo
e descansa à sombra do Onipotente
diz ao SENHOR: "Tu és o meu refúgio e a minha fortaleza,
o meu Deus, em quem confio".
Pois ele livrará você do laço do passarinheiro
e da peste perniciosa.
Ele o cobrirá com as suas penas,
e, sob as suas asas, você estará seguro;
a sua verdade é proteção e escudo.

"Eu sou o Alfa e o Ômega", diz o Senhor Deus, "aquele que é, que era e que há de vir, o Todo-Poderoso".

Referências: Jó 34:10-12; 37:23-24; Salmo 91:1-4; Apocalipse 1:8

Textos relacionados: Gênesis 17:1; 28:3; 35:11; 43:14; 48:3; 49:25; Êxodo 6:2-4; Apocalipse 4:1-8; 15:2-4; 21:22-27

OS NOMES DE DEUS: SENHOR DOS SENHORES

Pois o SENHOR, o Deus de vocês, é o Deus dos deuses e o Senhor dos senhores, o Deus grande, poderoso e temível, que não trata as pessoas com parcialidade, nem aceita suborno. Ele faz justiça aos órfãos e às viúvas e ama os estrangeiros, dando-lhes comida e roupa.

Ó SENHOR, Senhor nosso,
como é magnífico o teu nome
em toda a terra!

Se com a boca você confessar Jesus como Senhor e em seu coração crer que Deus o ressuscitou dentre os mortos, você será salvo. Porque com o coração se crê para a justiça e com a boca se confessa para a salvação. Pois a Escritura diz: "Todo aquele que nele crê não será envergonhado". Porque não há distinção entre judeu e grego, uma vez que o mesmo é o Senhor de todos, rico para com todos os que o invocam.

Portanto, assim como vocês receberam Cristo Jesus, o Senhor, continuem a viver nele, estando enraizados e edificados nele, e confirmados na fé, como foi ensinado a vocês, crescendo em ação de graças.

Referências: Deuteronômio 10:17-18; Salmos 8:9; 90:1-2;
Romanos 10:9-13; Colossenses 2:6-7

Textos relacionados: Jó 28; Salmos 8; 86; 110; Daniel 9:1-19; Filipenses 2:5-11

OS NOMES DE DEUS: ALTÍSSIMO

Deus é o nosso refúgio e fortaleza,
socorro bem presente nas tribulações.
Portanto, não temeremos,
ainda que a terra se transtorne
e os montes se abalem no seio dos mares;
ainda que as águas tumultuem e espumejem
e na sua fúria os montes estremeçam.
Há um rio, cujas correntes alegram a cidade de Deus,
o santuário das moradas do Altíssimo.
Deus está no meio dela; jamais será abalada.
Deus a ajudará desde o romper da manhã.
Bramam nações, reinos se abalam.
Deus faz ouvir a sua voz, e a terra se dissolve.
O SENHOR dos Exércitos está conosco;
o Deus de Jacó é o nosso refúgio.

Batam palmas, todos os povos;
aclamem a Deus com vozes de júbilo.
Pois o SENHOR Altíssimo é tremendo,
é o grande rei de toda a terra.

Bom é render graças ao SENHOR
e cantar louvores ao teu nome, ó Altíssimo,
anunciar de manhã a tua misericórdia
e, durante as noites, a tua fidelidade.

Pois me alegraste, SENHOR, com os teus feitos;
exultarei nas obras das tuas mãos.
Como são grandes, SENHOR, as tuas obras!
Os teus pensamentos, que profundos!

Referências: Salmos 46:1-7; 47:1-2; 92:1-2,4-5

Textos relacionados: Gênesis 14:18-24; Salmos 7; 9:1-2; 91; Lucas 1:26-38

OS NOMES DE DEUS: CRIADOR

Lembre-se do seu Criador nos dias da sua mocidade, antes que venham os dias maus, e cheguem os anos em que você dirá: "Não tenho neles prazer". Lembre-se do Criador antes que se escureçam o sol, a lua e as estrelas, e as nuvens voltem depois da chuva. Lembre-se dele antes do dia em que tremerem os guardas da casa, os seus braços, e se curvarem os homens que no passado eram fortes, as suas pernas, e cessarem os moedores da sua boca, por já serem poucos, e se escurecerem os que olham pelas janelas, os seus olhos. Faça isso antes que as portas da rua se fechem e o ruído das pedras do moinho se torne difícil de ouvir; quando você se levantar à voz das aves, e todas as harmonias, filhas da música, começarem a desaparecer; quando você tiver medo do que é alto e se espantar no caminho; quando florescer como a amendoeira, e o gafanhoto lhe for um peso; e quando você perder o apetite. Porque o ser humano vai à morada eterna, e os pranteadores andarão rodeando pela praça. Lembre-se do seu Criador, antes que se rompa o fio de prata, e se despedace o copo de ouro, e se quebre o cântaro junto à fonte, e se desfaça a roda junto ao poço.

Referências: Eclesiastes 12:1-7

Textos relacionados: Gênesis 1; 14:18-24; Eclesiastes 12:9-14; Isaías 40:27-31; Apocalipse 4:11

OS NOMES DE DEUS:
ETERNO DEUS; REI ETERNO

Por que, então, você diz, ó Jacó, e você fala, ó Israel:
"O meu caminho está encoberto ao SENHOR,
e o meu direito passa despercebido ao meu Deus"?
Será que você não sabe, nem ouviu que o eterno Deus,
o SENHOR, o Criador dos confins da terra,
nem se cansa, nem se fatiga?
A sabedoria dele é insondável.
Ele fortalece o cansado e multiplica as forças
ao que não tem nenhum vigor.
Os jovens se cansam e se fatigam, e os moços, de exaustos, caem,
mas os que esperam no SENHOR renovam as suas forças,
sobem com asas como águias, correm e não se cansam,
caminham e não se fatigam.

Esta palavra é fiel e digna de toda aceitação: que Cristo Jesus veio ao mundo para salvar os pecadores, dos quais eu sou o principal. Mas, por esta mesma razão, me foi concedida misericórdia, para que, em mim, que sou o principal pecador, Cristo Jesus pudesse mostrar a sua completa longanimidade, e eu servisse de modelo para todos os que hão de crer nele para a vida eterna. Assim, ao Rei eterno, imortal, invisível, Deus único, honra e glória para todo o sempre. Amém!

Referências: Isaías 40:27-31; 1 Timóteo 1:15-17

Textos relacionados: Deuteronômio 33:27; Salmo 90:1-2; Romanos 16:25-27; Hebreus 9:14

OS NOMES DE DEUS: SANTO

Contudo, tu és santo,
entronizado entre os louvores
de Israel.
Nossos pais confiaram em ti;
confiaram, e tu os livraste.
A ti clamaram e escaparam;
confiaram em ti
e não foram envergonhados.

O temor do SENHOR é o princípio da sabedoria;
conhecer o Santo é ter entendimento.
Porque por mim se multiplicarão
os seus dias, e aumentarão os anos de sua vida.
Se você é sábio, é sábio para si mesmo;
se é zombador, só você sofrerá as consequências.

Quanto ao nosso Redentor, SENHOR dos Exércitos é o seu nome, o Santo de Israel.

E apareceu na sinagoga um homem possuído de um espírito de demônio imundo, o qual gritou em alta voz:

—Ah! O que você quer conosco, Jesus Nazareno? Você veio para nos destruir? Sei muito bem quem você é: o Santo de Deus!

Mas Jesus o repreendeu, dizendo:

—Cale-se e saia desse homem.

O demônio, depois de o ter jogado no chão no meio de todos, saiu daquele homem sem lhe fazer mal. Todos ficaram admirados e comentavam entre si:

—Que palavra é esta? Pois, com autoridade e poder, ele ordena aos espíritos imundos, e eles saem.

Referências: Salmo 22:3-5; Provérbios 9:10-12; Isaías 47:4; Lucas 4:33-36

Textos relacionados: Salmo 16; Isaías 40:25-31; 54:5; Atos 2:22-39

OS NOMES DE DEUS: JUIZ

Mas o SENHOR permanece no seu trono eternamente,
trono que erigiu para julgar.
Ele mesmo julga o mundo com justiça;
julgará os povos com retidão.

Ó SENHOR, Deus das vinganças, ó Deus das vinganças, resplandece.
Levanta-te, ó juiz da terra, e dá aos soberbos o castigo
que eles merecem.

Do tronco de Jessé sairá um rebento,
e das suas raízes brotará um renovo.
Repousará sobre ele o Espírito do SENHOR,
o Espírito de sabedoria e de entendimento,
o Espírito de conselho e de fortaleza,
o Espírito de conhecimento e de temor do SENHOR.
Ele terá o seu prazer no temor do SENHOR.
Não julgará segundo a aparência,
nem decidirá pelo que ouviu dizer,
mas julgará com justiça os pobres
e decidirá com equidade
a favor dos mansos da terra.
Castigará a terra com a vara de sua boca
e com o sopro dos seus lábios matará o perverso.
O cinto dele será a justiça, e a verdade será a faixa na cintura.

Porque o SENHOR é o nosso juiz, o SENHOR é o nosso legislador,
o SENHOR é o nosso Rei; ele nos salvará.

Referências: Salmos 9:7-8; 94:1-2; Isaías 11:1-5; 33:22

Textos relacionados: Juízes 11:27; Salmos 7; 82; 96; João 5:25-30; Atos 10:34-43; Tiago 4:11-12; Apocalipse 19:11-16

MARÇO

Toda a história humana, conforme descrita na Bíblia, pode ser resumida em uma frase: "Deus em busca do homem".

Abraham Joshua Heschel (1907–72)

Teólogo norte-americano

Fiquei deslumbrado com a revelação da verdade e obtive respostas completas para estas perguntas: Qual é o significado de minha vida? E qual o significado da vida de outras pessoas?

Liev Tolstói (1828–1910)

Escritor russo (sobre o seu estudo dos Evangelhos)

A oração, por sua vez, precisa ser sustentada pela leitura das Sagradas Escrituras.

François Fénelon (1651–1715)

Bispo católico francês

OS NOMES DE DEUS: REI

O SENHOR governa os dilúvios;
como rei, o SENHOR governa
para sempre.
O SENHOR dá força ao seu povo,
o SENHOR abençoa o seu povo
com paz.
Eu sou o SENHOR,
o Santo Deus de vocês,
o Criador de Israel e o seu Rei.

Então Pilatos perguntou a Jesus:
—Você é o rei dos judeus?
Jesus respondeu:
—O senhor está dizendo isso.

Vi o céu aberto, e eis um cavalo branco. O seu cavaleiro se chama Fiel e Verdadeiro e julga e combate com justiça. Os seus olhos são como chama de fogo; na cabeça dele há muitos diademas; tem um nome escrito que ninguém conhece, a não ser ele mesmo. Está vestido com um manto encharcado de sangue, e o seu nome é "Verbo de Deus". Os exércitos do céu o seguiam, montados em cavalos brancos e vestidos de linho finíssimo, branco e puro. Da sua boca sai uma espada afiada, para com ela ferir as nações. Ele mesmo as regerá com cetro de ferro e ele mesmo é o que pisa o lagar do vinho do furor da ira do Deus Todo-Poderoso. No seu manto e na sua coxa está escrito um nome: "REI DOS REIS E SENHOR DOS SENHORES".

Referências: Salmo 29:10-11; Isaías 43:15; Lucas 23:3; Apocalipse 19:11-16

Textos relacionados: Salmos 47; 95:1-7; Isaías 44:6-8; Jeremias 10:6-10; Mateus 21:1-5; 1 Timóteo 1:17; 6:15

OS NOMES DE DEUS: PODEROSO

"Você era uma cidade abandonada e odiada,
um lugar onde não passava ninguém,
mas eu farei de você uma glória eterna,
uma alegria de geração em geração.
Você mamará o leite das nações
e se alimentará ao peito dos reis;
e saberá que eu sou o SENHOR,
o seu Salvador, o seu Redentor,
o Poderoso de Jacó."

Então Maria disse:
"A minha alma engrandece
ao Senhor, e o meu espírito se alegrou em Deus, meu Salvador,
porque ele atentou para a humildade da sua serva.
Pois, desde agora, todas as gerações
me considerarão bem-aventurada,
porque o Poderoso me fez grandes coisas.
Santo é o seu nome.
A sua misericórdia vai de geração em geração
sobre os que o temem.
Agiu com o seu braço valorosamente;
dispersou os que, no coração,
alimentavam pensamentos soberbos.
Derrubou dos seus tronos os poderosos
e exaltou os humildes.
Encheu de bens os famintos e despediu vazios os ricos.
Amparou Israel, seu servo,
a fim de lembrar-se da sua misericórdia
a favor de Abraão e de sua descendência,
para sempre, como havia prometido aos nossos pais".

Referências: Isaías 60:15-16; Lucas 1:46-55

Textos relacionados: Josué 22:22; Salmos 50; 132; Isaías 49:24-26; Marcos 14:60-62

OS NOMES DE DEUS: REDENTOR

Porque eu sei que o meu
Redentor vive
e por fim se levantará sobre a terra.
Depois, revestido este meu corpo
da minha pele, em minha carne
verei a Deus.
Eu o verei por mim mesmo,
os meus olhos o verão, e não outros;
de saudade o meu coração
desfalece dentro de mim.

Quem há que possa discernir
as suas próprias faltas?
Absolve-me das que me são ocultas.
Também da soberba
guarda o teu servo;
que ela não me domine.
Então serei irrepreensível
e ficarei livre de grande transgressão.
As palavras dos meus lábios
e o meditar do meu coração
sejam agradáveis na tua presença,
SENHOR, rocha minha e redentor meu!

Assim diz o SENHOR,
o Rei e Redentor de Israel,
o SENHOR dos Exércitos:
"Eu sou o primeiro
e eu sou o último,
e além de mim não há Deus.
Quem, assim como eu,
fez predições desde que estabeleci o
mais antigo povo?
Que o declare e o exponha
diante de mim!
Que esse anuncie as coisas futuras,
as coisas que hão de vir!
Não fiquem apavorados,
nem tenham medo.
Por acaso não revelei e
anunciei isso a vocês
muito tempo atrás?
Vocês são as minhas testemunhas.
Será que há outro Deus além de mim?
Não, não há outra Rocha
que eu conheça".

Referências: Jó 19:25-27; Salmo 19:12-14; Isaías 44:6-8

Textos relacionados: Isaías 44:24-28; 54; Lucas 24:13-36; Gálatas 4:4-5; Tito 2:11-14

OS NOMES DE DEUS: REFÚGIO

O SENHOR é também
alto refúgio para o oprimido,
refúgio nas horas de angústia.
Em ti, pois, confiam
os que conhecem o teu nome,
porque tu, SENHOR,
não desamparas os que te buscam.

Ouve, ó Deus, a minha súplica;
atende à minha oração.
Desde os confins da terra
clamo por ti, no abatimento
do meu coração.
Leva-me para a rocha
que é alta demais para mim;
pois tu tens sido o meu refúgio
e uma torre forte contra o inimigo.

Que eu possa habitar
no teu tabernáculo
para sempre e abrigar-me
no esconderijo
das tuas asas.

Ó SENHOR, minha força
e minha fortaleza,
meu refúgio no dia da angústia,
a ti virão as nações
desde os confins da terra
e dirão: "Nossos pais herdaram
só mentiras e coisas vãs,
em que não há proveito.
Será que o ser humano pode fazer
os seus próprios deuses?
Esses não são deuses de verdade!".

—Portanto, eis que lhes farei conhecer, sim, desta vez lhes farei conhecer a minha força e o meu poder. E saberão que o meu nome é SENHOR.

Referências: Salmos 9:9-10; 61:1-4; Jeremias 16:19-21

Textos relacionados: 2 Samuel 22:3; 31; Salmos 46; 59:16-17; 71; 91

OS NOMES DE DEUS: ROCHA

"Inclinem os ouvidos, ó céus, e falarei;
e ouça a terra as palavras da
minha boca.
Goteje a minha doutrina como a chuva,
destile a minha palavra como o orvalho,
como chuvisco sobre a relva
e como gotas de água sobre a erva."
"Porque proclamarei
o nome do SENHOR.
Louvem a grandeza do nosso Deus.
Eis a Rocha! Suas obras são perfeitas,
porque todos os seus caminhos
são juízo. Deus é fidelidade,
e nele não há injustiça; é justo e reto."

Então Ana orou assim:
"O meu coração exulta no SENHOR.
A minha força está exaltada no SENHOR.
A minha boca se ri dos meus inimigos,
porque me alegro na tua salvação.
Ninguém é santo como o SENHOR,
porque não há outro além de ti,
e não há rocha como o nosso Deus".

O SENHOR é a minha rocha,
a minha fortaleza, o meu libertador;
o meu Deus, o meu rochedo
em que me refugio; o meu escudo,
a força da minha salvação,
o meu alto refúgio.
Invoco o SENHOR, digno de ser louvado,
e serei salvo dos meus inimigos.

Referências: Deuteronômio 32:1-4; 1 Samuel 2:1-2; Salmo 18:2-3

Textos relacionados: Deuteronômio 32; 2 Samuel 22; Salmo 62; Romanos 9:30-33; 1 Coríntios 10:1-4; 1 Pedro 2:1-8

OS NOMES DE DEUS: SALVADOR

Por que você está abatida,
ó minha alma?
Por que se perturba
dentro de mim?
Espere em Deus,
pois ainda o louvarei,
a ele, meu auxílio
e Deus meu.

"Vocês são as minhas testemunhas",
diz o SENHOR.
"Vocês são o meu servo a
quem escolhi,
para que vocês saibam,
creiam em mim
e entendam que eu sou,
e que antes de mim
deus nenhum se formou,
e depois de mim nenhum haverá.
Eu, eu sou o SENHOR,
e fora de mim não há salvador.
Eu anunciei salvação,
eu a realizei e a fiz ouvir;
deus estranho não houve entre vocês,
pois vocês são
as minhas testemunhas", diz o SENHOR.
"Eu sou Deus. Ainda antes que
houvesse dia,
eu sou; e não há quem possa livrar
alguém
das minhas mãos; agindo eu,
quem o impedirá?"

Porque a graça de Deus se manifestou, trazendo salvação a todos. Ela nos educa para que, renegadas a impiedade e as paixões mundanas, vivamos neste mundo de forma sensata, justa e piedosa, aguardando a bendita esperança e a manifestação da glória do nosso grande Deus e Salvador Jesus Cristo. Ele deu a si mesmo por nós, a fim de nos remir de toda iniquidade e purificar, para si mesmo, um povo exclusivamente seu, dedicado à prática de boas obras.

Referências: Salmo 42:11; Isaías 43:10-13; Tito 2:11-14

Textos relacionados: Salmo 68:19-20; Miqueias 7:1-7; Habacuque 3:16-19; Lucas 1:47-55; 2:8-20; João 4:40-42; Atos 5:29-32

OS NOMES DE DEUS: PASTOR

O Senhor é o meu pastor;
nada me faltará.

Eis que o Senhor Deus
virá com poder,
e o seu braço dominará;
eis que o seu galardão
está com ele, e diante dele
vem a sua recompensa.
Como pastor, ele apascentará
o seu rebanho;
entre os seus braços recolherá
os cordeirinhos
e os carregará no colo;
as que amamentam
ele guiará mansamente.

Ora, o Deus da paz, que tornou a trazer dentre os mortos o nosso Senhor Jesus, o grande Pastor das ovelhas, pelo sangue da eterna aliança, aperfeiçoe vocês em todo o bem, para que possam fazer a vontade dele. Que ele opere em nós o que é agradável diante dele, por meio de Jesus Cristo, a quem seja a glória para todo o sempre. Amém!

Por isso, estão diante do trono de Deus e o adoram de dia e de noite no seu santuário. E aquele que está sentado no trono estenderá sobre eles o seu tabernáculo. Jamais terão fome, nunca mais terão sede, não cairá sobre eles o sol, nem qualquer outro calor forte, pois o Cordeiro que está no meio do trono os apascentará e os guiará para as fontes da água da vida. E Deus lhes enxugará dos olhos toda lágrima.

Referências: Salmo 23:1; Isaías 40:10-11; Hebreus 13:20-21; Apocalipse 7:15-17

Textos relacionados: Salmos 23; 80:1-7; Ezequiel 34; Miqueias 5:2-5;
João 10:11-15; 1 Pedro 2:21-25; 5:1-4

O FRUTO DO ESPÍRITO

Ora, as obras da carne são conhecidas e são: imoralidade sexual, impureza, libertinagem, idolatria, feitiçarias, inimizades, rixas, ciúmes, iras, discórdias, divisões, facções, invejas, bebedeiras, orgias e coisas semelhantes a estas. Declaro a vocês, como antes já os preveni, que os que praticam tais coisas não herdarão o Reino de Deus. Mas o fruto do Espírito é: amor, alegria, paz, longanimidade, benignidade, bondade, fidelidade, mansidão, domínio próprio. Contra estas coisas não há lei.

Porque no passado vocês eram trevas, mas agora são luz no Senhor. Vivam como filhos da luz — porque o fruto da luz consiste em toda bondade, justiça e verdade —, tratando de descobrir o que é agradável ao Senhor. E não sejam cúmplices nas obras infrutíferas das trevas; pelo contrário, tratem de reprová-las.

Não há árvore boa que dê mau fruto, nem árvore má que dê bom fruto. Porque cada árvore é conhecida pelos frutos que produz. Porque não se colhem figos de ervas daninhas, nem se apanham uvas dos espinheiros. A pessoa boa tira o bem do bom tesouro do coração, e a pessoa má tira o mal do mau tesouro; porque a boca fala do que está cheio o coração.

Referências: Gálatas 5:19-23; Efésios 5:8-11; Lucas 6:43-45

Textos relacionados: Salmos 1; 112; Isaías 27:2-3; João 15:1-16; Romanos 7:1-6

O FRUTO DO ESPÍRITO: AMOR

Eu te amo, ó SENHOR,
força minha.

Jesus respondeu:

—O principal é: "Escute, ó Israel, o Senhor, nosso Deus, é o único Senhor! Ame o Senhor, seu Deus, de todo o seu coração, de toda a sua alma, de todo o seu entendimento e com toda a sua força". O segundo é: "Ame o seu próximo como você ama a si mesmo". Não há outro mandamento maior do que estes.

Eu lhes dou um novo mandamento: que vocês amem uns aos outros. Assim como eu os amei, que também vocês amem uns aos outros. Nisto todos conhecerão que vocês são meus discípulos: se tiverem amor uns aos outros.

Vocês ouviram o que foi dito: "Ame o seu próximo e odeie o seu inimigo". Eu, porém, lhes digo: amem os seus inimigos e orem pelos que perseguem vocês, para demonstrarem que são filhos do Pai de vocês, que está nos céus. Porque ele faz o seu sol nascer sobre maus e bons e vir chuvas sobre justos e injustos. Porque, se vocês amam aqueles que os amam, que recompensa terão? Os publicanos também não fazem o mesmo?

Portanto, como eleitos de Deus, santos e amados, revistam-se de profunda compaixão, de bondade, de humildade, de mansidão, de paciência. Suportem-se uns aos outros e perdoem-se mutuamente, caso alguém tenha motivo de queixa contra outra pessoa. Assim como o Senhor perdoou vocês, perdoem também uns aos outros. Acima de tudo isto, porém, esteja o amor, que é o vínculo da perfeição.

Referências: Salmo 18:1; Marcos 12:29-31; João 13:34-35; Mateus 5:43-46; Colossenses 3:12-14

Textos relacionados: Deuteronômio 6:4-6; João 14-15; 21:15-17; 1 Coríntios 13; 1 Pedro 4:7-8; 1 João 4:7-21

DEUS É AMOR

O SENHOR desceu na nuvem, esteve ali junto de Moisés e proclamou o nome do SENHOR. O SENHOR passou diante de Moisés e proclamou:

—O SENHOR! O SENHOR Deus compassivo e bondoso, tardio em irar-se e grande em misericórdia e fidelidade; que guarda a misericórdia em mil gerações, que perdoa a maldade, a transgressão e o pecado, ainda que não inocente o culpado, e visita a iniquidade dos pais nos filhos e nos filhos dos filhos, até a terceira e quarta geração!

Ele ama a justiça e o direito;
a terra está cheia
da bondade do SENHOR.

Porque Deus amou o mundo de tal maneira que deu o seu Filho unigênito, para que todo o que nele crê não pereça, mas tenha a vida eterna. Mas Deus prova o seu próprio amor para conosco pelo fato de Cristo ter morrido por nós quando ainda éramos pecadores.

Porque eu estou bem certo de que nem a morte, nem a vida, nem os anjos, nem os principados, nem as coisas do presente, nem do porvir, nem os poderes, nem a altura, nem a profundidade, nem qualquer outra criatura poderá nos separar do amor de Deus, que está em Cristo Jesus, nosso Senhor.

E nós conhecemos o amor e cremos neste amor que Deus tem por nós. Deus é amor, e aquele que permanece no amor permanece em Deus.

Referências: Êxodo 34:5-7; Salmo 33:5; João 3:16; Romanos 5:8; 8:38-39; 1 João 4:16

Textos relacionados: Salmo 136; Isaías 63:7; Jeremias 9:23-24; Sofonias 3:16-17; Tito 3:3-5; 1 João 4:7-21

O FRUTO DO ESPÍRITO: ALEGRIA

Exultem no SENHOR, ó justos!
Aos que são retos fica bem louvá-lo.
Louvem o SENHOR com harpa,
louvem-no com cânticos
na lira de dez cordas.
Cantem-lhe um cântico novo,
toquem com arte e com júbilo.
Porque a palavra do SENHOR é reta,
e todo o seu proceder é fiel.

Ainda que a figueira não floresça,
nem haja fruto na videira;
ainda que a colheita da oliveira decepcione,
e os campos não produzam mantimento;
ainda que as ovelhas desapareçam do aprisco,
e nos currais não haja mais gado, mesmo assim
eu me alegro no SENHOR,
e exulto no Deus da minha salvação.

E o Deus da esperança encha vocês de toda alegria e paz na fé que vocês têm, para que sejam ricos de esperança no poder do Espírito Santo.

Alegrem-se sempre no Senhor; outra vez digo: alegrem-se!

Amados, não estranhem o fogo que surge no meio de vocês, destinado a pô-los à prova, como se alguma coisa extraordinária estivesse acontecendo. Pelo contrário, alegrem-se na medida em que são coparticipantes dos sofrimentos de Cristo, para que também, na revelação de sua glória, vocês se alegrem, exultando.

Referências: Salmo 33:1-4; Habacuque 3:17-18; Romanos 15:13; Filipenses 4:4; 1 Pedro 4:12-13

Textos relacionados: Neemias 8:1-12; Salmos 28:6-9; 30:4-5; Provérbios 11:10; Isaías 61

DEUS É ALEGRIA

Que a glória do SENHOR
dure para sempre!
Exulte o SENHOR por suas obras!
Com só olhar para a terra,
ele a faz tremer;
toca as montanhas,
e elas fumegam.
Cantarei ao SENHOR
enquanto eu viver;
cantarei louvores ao meu Deus
durante a minha vida.
Seja-lhe agradável
a minha meditação;
eu me alegrarei no SENHOR.

Naquele dia, se dirá a Jerusalém:
"Não tenha medo, ó Sião,
não desfaleçam as suas mãos".
O SENHOR, seu Deus, está no meio de você,
poderoso para salvar.
Ele ficará muito contente com você.
Ele a renovará no seu amor,
e se encherá de júbilo por causa de você.

Olhando firmemente para o Autor e Consumador da fé, Jesus, o qual, em troca da alegria que lhe estava proposta, suportou a cruz, sem se importar com a vergonha, e agora está sentado à direita do trono de Deus.

Referências: Salmo 104:31-34; Sofonias 3:16-17; Hebreus 12:2-3

Textos relacionados: 1 Crônicas 16:23-33; Neemias 8:1-12; Salmo 21:1-7; Isaías 62:4-7

O FRUTO DO ESPÍRITO: PAZ

O Senhor os abençoe e os guarde;
o Senhor faça resplandecer
o seu rosto sobre vocês
e tenha misericórdia de vocês.

Grande paz têm
os que amam a tua lei;
para eles não há nada
que os faça tropeçar.

Tu, Senhor, conservarás em perfeita paz
aquele cujo propósito é firme,
porque ele confia em ti.
Confiem sempre no Senhor,
porque o Senhor Deus é uma rocha eterna.

Deixo com vocês a paz, a minha paz lhes dou; não lhes dou a paz como o mundo a dá. Que o coração de vocês não fique angustiado nem com medo.

Não fiquem preocupados com coisa alguma, mas, em tudo, sejam conhecidos diante de Deus os pedidos de vocês, pela oração e pela súplica, com ações de graças. E a paz de Deus, que excede todo entendimento, guardará o coração e a mente de vocês em Cristo Jesus.

Que a paz de Cristo seja o árbitro no coração de vocês, pois foi para essa paz que vocês foram chamados em um só corpo. E sejam agradecidos.

Referências: Números 6:24-26; Salmo 119:165; Isaías 26:3-4; João 14:27; Filipenses 4:6-7; Colossenses 3:15

Textos relacionados: Provérbios 12:20; Isaías 32:17; 57:21; Miqueias 4:1-5; Lucas 2:13-14; Romanos 8:1-6

DEUS É PAZ

O SENHOR dá força ao seu povo,
o SENHOR abençoa o seu povo com paz.

Porque um menino nos nasceu, um filho se nos deu.
O governo está sobre os seus ombros,
e o seu nome será: "Maravilhoso Conselheiro",
"Deus Forte", "Pai da Eternidade", "Príncipe da Paz".
Ele estenderá o seu governo, e haverá paz sem fim
sobre o trono de Davi e sobre o seu reino,
para o estabelecer e para o firmar
com juízo e com justiça, desde agora e para sempre.
O zelo do SENHOR dos Exércitos fará isto.

Justificados, pois, mediante a fé, temos paz com Deus por meio do nosso Senhor Jesus Cristo, pelo qual obtivemos também acesso, pela fé, a esta graça na qual estamos firmes; e nos gloriamos na esperança da glória de Deus.

O mesmo Deus da paz os santifique em tudo. E que o espírito, a alma e o corpo de vocês sejam conservados íntegros e irrepreensíveis na vinda de nosso Senhor Jesus Cristo.

Que o Senhor da paz, ele mesmo, dê a vocês a paz, sempre e de todas as maneiras. O Senhor esteja com todos vocês.

Referências: Salmo 29:11; Isaías 9:6-7; Romanos 5:1-2; 1 Tessalonicenses 5:23; 2 Tessalonicenses 3:16

Textos relacionados: Eclesiastes 3:1-8; Romanos 15:33; 16:20; 2 Coríntios 13:11; Filipenses 4:6-9

O FRUTO DO ESPÍRITO: PACIÊNCIA

Descanse no SENHOR e espere nele;
não se irrite por causa daquele
que prospera em seu caminho,
por causa do que realiza
os seus maus desígnios.
Deixe a ira, abandone o furor;
não se irrite; certamente isso acabará mal.
Porque os malfeitores serão exterminados,
mas os que esperam no SENHOR possuirão a terra.

Esperei com paciência pelo SENHOR;
ele se inclinou para mim e me ouviu quando clamei por socorro.
Tirou-me de um poço de perdição,
de um atoleiro de lama; colocou os meus pés
sobre uma rocha e firmou os meus passos.
E me pôs nos lábios um cântico novo,
um hino de louvor ao nosso Deus.
Muitos verão essas coisas, temerão
e confiarão no SENHOR.

Quem tarda em irar-se é grande em entendimento,
mas o que facilmente perde a calma faz um elogio à loucura.

O amor é paciente e bondoso. O amor não arde em ciúmes, não se envaidece, não é orgulhoso.

Portanto, irmãos, sejam pacientes até a vinda do Senhor. Eis que o lavrador aguarda com paciência o precioso fruto da terra, até receber as primeiras e as últimas chuvas. Sejam também vocês pacientes e fortaleçam o seu coração, pois a vinda do Senhor está próxima.

Referências: Salmos 37:7-9; 40:1-3; Provérbios 14:29; 1 Coríntios 13:4; Tiago 5:7-8

Textos relacionados: Provérbios 15:18; 16:32; 19:11; 25:15; Eclesiastes 7:8; Romanos 12:9-12

DEUS É LONGÂNIMO

Esta palavra é fiel e digna de toda aceitação: que Cristo Jesus veio ao mundo para salvar os pecadores, dos quais eu sou o principal. Mas, por esta mesma razão, me foi concedida misericórdia, para que, em mim, que sou o principal pecador, Cristo Jesus pudesse mostrar a sua completa longanimidade, e eu servisse de modelo para todos os que hão de crer nele para a vida eterna.

O Senhor não retarda a sua promessa, ainda que alguns a julguem demorada. Pelo contrário, ele é paciente com vocês, não querendo que ninguém pereça, mas que todos cheguem ao arrependimento. Porém, o Dia do Senhor virá como um ladrão. Naquele dia os céus passarão com grande estrondo, e os elementos se desfarão pelo fogo. Também a terra e as obras que nela existem desaparecerão. Uma vez que tudo será assim desfeito, vocês devem ser pessoas que vivem de maneira santa e piedosa, esperando e apressando a vinda do Dia de Deus. Por causa desse dia, os céus, incendiados, serão desfeitos, e os elementos se derreterão pelo calor. Nós, porém, segundo a promessa de Deus, esperamos novos céus e nova terra, nos quais habita a justiça. Por essa razão, amados, esperando estas coisas, esforcem-se para que Deus os encontre sem mácula, sem culpa e em paz. E considerem a longanimidade do nosso Senhor como oportunidade de salvação, como também o nosso amado irmão Paulo escreveu a vocês, segundo a sabedoria que lhe foi dada.

Referências: 1 Timóteo 1:15-16; 2 Pedro 3:9-15

Textos relacionados: Isaías 7:13; 65:17-25; Romanos 2:1-4; 3:21-28; 1 Pedro 3:18-20; Apocalipse 21:1-8

O FRUTO DO ESPÍRITO: BENIGNIDADE

A mulher bondosa
alcança honra;
os poderosos
adquirem riqueza.
O homem bondoso
faz bem a si mesmo,
mas o cruel fere a si mesmo.

Quem despreza o seu vizinho peca,
mas o que se compadece dos pobres é feliz.

Quem oprime o pobre
insulta aquele que o criou,
mas o que se compadece
do necessitado honra a Deus.

Quem se compadece do pobre
empresta ao SENHOR,
e este lhe retribuirá o benefício.

Pelo contrário, sejam bondosos e compassivos uns para com os outros, perdoando uns aos outros, como também Deus, em Cristo, perdoou vocês.

Portanto, como eleitos de Deus, santos e amados, revistam-se de profunda compaixão, de bondade, de humildade, de mansidão, de paciência. Suportem-se uns aos outros e perdoem-se mutuamente, caso alguém tenha motivo de queixa contra outra pessoa. Assim como o Senhor perdoou vocês, perdoem também uns aos outros. Acima de tudo isto, porém, esteja o amor, que é o vínculo da perfeição.

Referências: Provérbios 11:16-17; 14:21,31; 19:17; Efésios 4:32; Colossenses 3:12-14

Textos relacionados: Rute 1:1–3:10; 1 Tessalonicenses 2:1-8; 5:15; Colossenses 3

DEUS É BONDOSO

Celebrarei as misericórdias do SENHOR
e os seus atos gloriosos,
segundo tudo o que o SENHOR
nos concedeu e segundo a grande bondade
para com a casa de Israel,
bondade que usou para com eles,
segundo a sua compaixão
e segundo a multidão
das suas misericórdias.

Assim diz o SENHOR: Não se glorie o sábio na sua sabedoria, nem o forte, na sua força, nem o rico, nas suas riquezas. Mas aquele que se gloria, glorie-se nisto: em me conhecer e saber que eu sou o SENHOR e faço misericórdia, juízo e justiça na terra; porque destas coisas me agrado, diz o SENHOR.

Pois nós também, no passado, éramos insensatos, desobedientes, desgarrados, escravos de todo tipo de paixões e prazeres, vivendo em maldade e inveja, sendo odiados e odiando-nos uns aos outros. Mas quando se manifestou a bondade de Deus, nosso Salvador, e o seu amor por todos, ele nos salvou, não por obras de justiça praticadas por nós, mas segundo a sua misericórdia. Ele nos salvou mediante o lavar regenerador e renovador do Espírito Santo.

Referências: Isaías 63:7; Jeremias 9:23-24; Tito 3:3-5

Textos relacionados: Salmo 18:30-36; Isaías 53:1-9; 2 Coríntios 10:1

O FRUTO DO ESPÍRITO: BONDADE

Quem faz o bem
alcança o favor do Senhor,
mas aquele que tem más intenções,
este o Senhor condena.

Sei que não há nada melhor para o ser humano do que alegrar-se e aproveitar a vida ao máximo. Sei também que poder comer, beber e desfrutar o que se conseguiu com todo o trabalho é dom de Deus.

Não há árvore boa que dê mau fruto, nem árvore má que dê bom fruto. Porque cada árvore é conhecida pelos frutos que produz. Porque não se colhem figos de ervas daninhas, nem se apanham uvas dos espinheiros. A pessoa boa tira o bem do bom tesouro do coração, e a pessoa má tira o mal do mau tesouro; porque a boca fala do que está cheio o coração.

E não nos cansemos de fazer o bem, porque no tempo certo faremos a colheita, se não desanimarmos. Por isso, enquanto tivermos oportunidade, façamos o bem a todos, mas principalmente aos da família da fé.

Pois somos feitura dele, criados em Cristo Jesus para boas obras, as quais Deus de antemão preparou para que andássemos nelas.

Amado, não imite o que é mau, e sim o que é bom. Quem pratica o bem procede de Deus; quem pratica o mal jamais viu a Deus.

Referências: Provérbios 12:2; Eclesiastes 3:12-13; Lucas 6:43-45; Gálatas 6:9-10; Efésios 2:10; 3 João 11

Textos relacionados: Salmo 34:8-14; Provérbios 3:27; 11:27; 1 Pedro 2:12-15

DEUS É BOM

Provem e vejam que o Senhor é bom;
bem-aventurado é quem nele se refugia.

Sempre te louvarei, porque assim o fizeste;
na presença dos teus fiéis,
esperarei no teu nome, porque é bom.

De fato, Deus é bom para com Israel,
para com os de coração limpo.

Porque o Senhor é bom,
a sua misericórdia dura para sempre,
e, de geração em geração,
a sua fidelidade.

Deem graças ao Senhor, porque ele é bom,
porque a sua misericórdia dura para sempre.

Tu és bom e fazes o bem;
ensina-me os teus decretos.

Louvem o Senhor, porque o Senhor é bom;
cantem louvores ao seu nome, porque é agradável.

O Senhor é bom para todos,
e as suas misericórdias permeiam
todas as suas obras.

Referências: Salmos 34:8; 52:9; 73:1; 100:5; 118:29; 119:68; 135:3; 145:9

Textos relacionados: 2 Crônicas 6:41; Salmo 84:9-12; Marcos 10:17-18; Romanos 8:18-28; 3 João 11

O FRUTO DO ESPÍRITO: FIDELIDADE

Tão somente temam o SENHOR e sirvam a ele fielmente de todo o coração. Vejam que coisas grandiosas ele fez por vocês!

Para com quem é fiel,
fiel te mostras;
com o íntegro, também íntegro.
Com o puro, puro te mostras;
com o perverso, inflexível.
Tu salvas o povo humilde,
mas, com um lance de vista,
abates os orgulhosos.

Amem o SENHOR, todos vocês
que são os seus santos.
O SENHOR preserva os fiéis,
mas retribui com abundância
aos soberbos.
Sejam fortes,
e que se revigore o coração
de todos vocês
que esperam no SENHOR.

Fiel é esta palavra:
"Se já morremos com ele,
também viveremos com ele;
se perseveramos,
também com ele reinaremos;
se o negamos,
ele, por sua vez, nos negará;
se somos infiéis,
ele permanece fiel,
pois de maneira nenhuma
pode negar a si mesmo".

Referências: 1 Samuel 12:24; 2 Samuel 22:26-28; Salmo 31:23-24; 2 Timóteo 2:11-13

Textos relacionados: Salmo 101; Provérbios 3:1-4; Mateus 24:45-51; 25:14-30

DEUS É FIEL

Portanto, saibam que o SENHOR, seu Deus, é Deus; ele é o Deus fiel, que guarda a aliança e a misericórdia até mil gerações aos que o amam e cumprem os seus mandamentos. Porém ele retribui diretamente aos que o odeiam, fazendo-os perecer. Ele não demora em castigar aqueles que o odeiam; prontamente lhes retribuirá.

Cantarei para sempre
as tuas misericórdias,
ó SENHOR;
os meus lábios proclamarão
a todas as gerações
a tua fidelidade.
Pois eu disse: "A misericórdia
está edificada para sempre;
a tua fidelidade,
tu a confirmarás nos céus".

Quero trazer à memória
o que pode me dar esperança.
As misericórdias do SENHOR são a causa
de não sermos consumidos,
porque as suas misericórdias
não têm fim;
renovam-se cada manhã.
Grande é a tua fidelidade.

Por isso, aquele que pensa estar em pé veja que não caia. Não sobreveio a vocês nenhuma tentação que não fosse humana; mas Deus é fiel e não permitirá que vocês sejam tentados além do que podem suportar; pelo contrário, juntamente com a tentação proverá livramento, para que vocês a possam suportar.

Se confessarmos os nossos pecados, ele é fiel e justo para nos perdoar os pecados e nos purificar de toda injustiça.

Referências: Deuteronômio 7:9-10; Salmo 89:1-2; Lamentações 3:21-23; 1 Coríntios 10:12-13; 1 João 1:9

Textos relacionados: Deuteronômio 31:30-32:4; 2 Tessalonicenses 3:3; 2 Timóteo 2:11-13; Apocalipse 19:11-16

O FRUTO DO ESPÍRITO: MANSIDÃO

A resposta branda desvia o furor,
mas a palavra dura suscita a ira.

Com paciência se convence um príncipe,
e a língua branda quebra ossos.

Com toda a humildade e mansidão, com longanimidade, suportando uns aos outros em amor, fazendo tudo para preservar a unidade do Espírito no vínculo da paz.

Alegrem-se sempre no Senhor; outra vez digo: alegrem-se!
Que a moderação de vocês seja conhecida por todos. Perto está o Senhor. Não fiquem preocupados com coisa alguma, mas, em tudo, sejam conhecidos diante de Deus os pedidos de vocês, pela oração e pela súplica, com ações de graças. E a paz de Deus, que excede todo entendimento, guardará o coração e a mente de vocês em Cristo Jesus.

Ora, quem há de maltratá-los, se vocês forem zelosos na prática do bem? Mas, mesmo que venham a sofrer por causa da justiça, vocês são bem-aventurados. Não tenham medo das ameaças, nem fiquem angustiados; pelo contrário, santifiquem a Cristo, como Senhor, no seu coração, estando sempre preparados para responder a todo aquele que pedir razão da esperança que vocês têm.

Referências: Provérbios 15:1; 25:15; Efésios 4:2-3; Filipenses 4:4-7; 1 Pedro 3:13-16

Textos relacionados: Isaías 8:12-15; 1 Timóteo 6:3-11; 2 Timóteo 2:24-25; 1 Pedro 3:1-6

24 DE MARÇO

DEUS É MANSO

Eis que o Senhor DEUS virá com poder,
e o seu braço dominará;
eis que o seu galardão está com ele,
e diante dele vem a sua recompensa.
Como pastor, ele apascentará
o seu rebanho;
entre os seus braços recolherá
os cordeirinhos
e os carregará no colo;
as que amamentam
ele guiará mansamente.

Alegre-se muito, ó filha de Sião!
Exulte, ó filha de Jerusalém!
Eis que o seu rei vem até você,
justo e salvador,
humilde, montado em jumento,
num jumentinho, cria de jumenta.

Venham a mim todos vocês que estão cansados e sobrecarregados, e eu os aliviarei. Tomem sobre vocês o meu jugo e aprendam de mim, porque sou manso e humilde de coração; e vocês acharão descanso para a sua alma. Porque o meu jugo é suave, e o meu fardo é leve.

Referências: Isaías 40:10-11; Zacarias 9:9; Mateus 11:28-30

Textos relacionados: 1 Reis 19:9-12; Mateus 21:1-12; 2 Coríntios 10:1

O FRUTO DO ESPÍRITO: DOMÍNIO PRÓPRIO

Como cidade derrubada,
que não tem muralhas,
assim é aquele que não tem
domínio próprio.

Mas você ensine o que está de acordo com a sã doutrina. Quanto aos homens idosos, que sejam moderados, respeitáveis, sensatos, sadios na fé, no amor e na perseverança. Do mesmo modo, quanto às mulheres idosas, que tenham conduta reverente, não sejam caluniadoras, nem escravizadas a muito vinho. Que sejam mestras do bem, a fim de instruírem as jovens recém-casadas a amar o marido e os filhos, a serem sensatas, puras, boas donas de casa, bondosas, sujeitas ao marido, para que a palavra de Deus não seja difamada. Do mesmo modo, quanto aos mais jovens, exorte-os para que, em todas as coisas, sejam moderados.

Por causa disso, concentrando todos os seus esforços, acrescentem à fé que vocês têm a virtude; à virtude, o conhecimento; 6ao conhecimento, o domínio próprio; ao domínio próprio, a perseverança; à perseverança, a piedade; à piedade, a fraternidade; à fraternidade, o amor. Porque essas qualidades, estando presentes e aumentando cada vez mais, farão com que vocês não sejam nem inativos, nem infrutíferos no pleno conhecimento do nosso Senhor Jesus Cristo.

Referências: Provérbios 25:28; Tito 2:1-6; 2 Pedro 1:5-8

Textos relacionados: Provérbios 1:1-7; 23:23; 1 Coríntios 9:24-27; 1 Tessalonicenses 5:5-10; 2 Timóteo 1:7; Tito 2:11-14

DEUS É TARDIO EM IRAR-SE

O SENHOR é compassivo e bondoso;
tardio em irar-se e rico em bondade.
Não repreende perpetuamente,
nem conserva para sempre a sua ira.
Não nos trata segundo os nossos pecados,
nem nos retribui conforme
as nossas iniquidades.
Pois quanto o céu se eleva acima da terra,
assim é grande a sua misericórdia
para com os que o temem.
Quanto o Oriente está longe do Ocidente,
assim ele afasta de nós as nossas transgressões.

Bondoso e compassivo é o SENHOR,
tardio em irar-se e grande em misericórdia.
O SENHOR é bom para todos,
e as suas misericórdias permeiam
todas as suas obras.

O SENHOR é Deus zeloso e vingador,
o SENHOR é vingador e cheio de ira;
o SENHOR toma vingança contra os seus adversários
e reserva indignação para os seus inimigos.
O SENHOR é tardio em irar-se, mas grande em poder
e jamais inocenta o culpado.
O SENHOR tem o seu caminho
na tormenta e na tempestade,
e as nuvens são a poeira dos seus pés.

Referências: Salmos 103:8-12; 145:8-9; Naum 1:2-3

Textos relacionados: Êxodo 34:5-7; Salmo 86:15-17; Joel 2:12-14; Jonas 3-4; 2 Pedro 3:8-15

DEUS ENVIA MOISÉS AO EGITO

Deus disse ainda mais a Moisés:

—Assim você dirá aos filhos de Israel: "O SENHOR, o Deus dos seus pais, o Deus de Abraão, o Deus de Isaque e o Deus de Jacó, me enviou a vocês. Este é o meu nome eternamente, e assim serei lembrado de geração em geração".

—Vá, reúna os anciãos de Israel e diga-lhes: "O SENHOR, o Deus dos seus pais, o Deus de Abraão, o Deus de Isaque e o Deus de Jacó, me apareceu, dizendo: 'Em verdade eu os tenho visitado e visto o que tem sido feito com vocês no Egito. E prometi tirá-los da aflição do Egito e levá-los para a terra do cananeu, do heteu, do amorreu, do ferezeu, do heveu e do jebuseu, para uma terra que mana leite e mel'". E ouvirão o que você vai dizer. E você irá, com os anciãos de Israel, ao rei do Egito e lhe dirá: "O SENHOR, o Deus dos hebreus, veio ao nosso encontro. Agora deixe-nos ir caminho de três dias ao deserto, a fim de oferecer sacrifícios ao SENHOR, nosso Deus". Eu sei, porém, que o rei do Egito não os deixará ir se não for obrigado por mão forte. Portanto, estenderei a mão e ferirei o Egito com todos os meus prodígios que farei no meio dele. Depois disso, o rei os deixará ir.

—Eu farei com que este povo encontre favor diante dos egípcios; e, quando vocês saírem, não será de mãos vazias. Cada mulher pedirá à sua vizinha e à mulher que estiver hospedada em sua casa objetos de prata, objetos de ouro e roupas, que vocês porão sobre os seus filhos e sobre as suas filhas. E assim vocês despojarão os egípcios.

Referências: Êxodo 3:15-22

Textos relacionados: Gênesis 13:12-17; 15:12-16; Ageu 2:4-8; Atos 7:30-36

MOISÉS CONFRONTA O FARAÓ

O SENHOR disse a Moisés:

—Quando você voltar ao Egito, trate de fazer diante de Faraó todos os milagres que pus em sua mão. Mas eu vou endurecer o coração de Faraó, para que não deixe o povo ir. Diga a Faraó: Assim diz o SENHOR: "Israel é meu filho, meu primogênito. E eu digo a você: deixe o meu filho ir".

O SENHOR disse a Arão:

—Vá encontrar-se com Moisés, no deserto.

Ele foi e, encontrando-o no monte de Deus, o beijou. Moisés relatou a Arão todas as palavras do SENHOR, com as quais o havia enviado, e todos os sinais que lhe havia mandado realizar.

Então Moisés e Arão foram e reuniram todos os anciãos dos filhos de Israel. Arão falou todas as palavras que o SENHOR tinha dito a Moisés, e este fez os sinais diante do povo. E o povo creu. E, quando ouviram que o SENHOR havia visitado os filhos de Israel e visto a aflição deles, inclinaram-se e adoraram.

Depois Moisés e Arão foram e disseram a Faraó:

—Assim diz o SENHOR, Deus de Israel: "Deixe o meu povo ir, para que me celebre uma festa no deserto".

Faraó respondeu:

—Quem é o SENHOR para que eu ouça a sua voz e deixe Israel ir? Não conheço o SENHOR e não deixarei Israel ir.

Referências: Êxodo 4:21-23,27-31; 5:1-2

Textos relacionados: Êxodo 1:8-13; 9:13-16; Provérbios 29:1-2; João 10:33-38

DEUS ENDURECE O CORAÇÃO DE FARAÓ

Então o SENHOR disse a Moisés:

—Veja, eu o constituí como Deus sobre Faraó, e o seu irmão Arão será o seu profeta. Você falará tudo o que eu lhe ordenar e Arão, seu irmão, falará a Faraó, para que deixe sair da sua terra os filhos de Israel. Eu, porém, endurecerei o coração de Faraó e multiplicarei na terra do Egito os meus sinais e as minhas maravilhas. Faraó não vai ouvir vocês; e eu porei a mão sobre o Egito e farei sair os meus exércitos, o meu povo, os filhos de Israel, da terra do Egito, com grandes manifestações de juízo. Os egípcios saberão que eu sou o SENHOR, quando eu estender a mão sobre o Egito e tirar do meio deles os filhos de Israel.

O SENHOR falou a Moisés e a Arão:

—Quando Faraó lhes disser: "Façam um milagre", você, Moisés, dirá a Arão: "Pegue o seu bordão e jogue-o diante de Faraó"; e o bordão virará uma serpente.

Então Moisés e Arão foram até Faraó e fizeram como o SENHOR lhes havia ordenado. Arão jogou o seu bordão diante de Faraó e diante dos seus oficiais, e ele virou uma serpente. Faraó, porém, mandou vir os sábios e encantadores, e eles, os sábios do Egito, fizeram também o mesmo com as suas ciências ocultas. Pois cada um deles jogou o seu bordão, e eles viraram serpentes; mas o bordão de Arão devorou os bordões deles. No entanto, o coração de Faraó se endureceu, e não os ouviu, como o SENHOR tinha dito.

Referências: Êxodo 7:1-5,8-13

Textos relacionados: Êxodo 8:7,18-19; Romanos 9:14-21; 2 Timóteo 3:8-9

30 DE MARÇO

AS PRAGAS CONTRA O EGITO

Meu povo, escute a minha lei;
dê ouvidos às palavras da minha boca.
Abrirei os meus lábios para proferir parábolas
e publicarei enigmas dos tempos antigos.
O que ouvimos e aprendemos,
o que os nossos pais nos contaram,
não o encobriremos a seus filhos;
contaremos à geração vindoura os louvores do SENHOR,
e o seu poder, e as maravilhas que fez.

De como no Egito ele operou os seus sinais
e os seus prodígios, no campo de Zoã;
e transformou em sangue os rios deles,
para que das suas correntes não bebessem.
Enviou contra eles enxames de moscas
que os devorassem e rãs que os destruíssem.
Entregou às lagartas as suas colheitas
e aos gafanhotos, o fruto do seu trabalho.
Com chuvas de pedra lhes destruiu as vinhas
e os seus sicômoros, com geada.
Entregou ao granizo o gado deles
e aos raios, os seus rebanhos.
Lançou contra eles o furor da sua ira:
cólera, indignação e calamidade,
legião de anjos portadores de males.
Deu livre curso à sua ira;
não poupou da morte a alma deles,
mas entregou a vida deles à peste.
Matou todos os primogênitos no Egito,
as primícias do vigor nas tendas de Cam.

Referências: Salmo 78:1-4,43-51

Textos relacionados: Êxodo 7:15-10:29; Deuteronômio 4:32-38; 1 Samuel 4:2-8; Atos 7:30-3

A MORTE DOS PRIMOGÊNITOS EGÍPCIOS

O SENHOR disse a Moisés:

—Trarei só mais uma praga sobre Faraó e sobre o Egito. Então ele os deixará sair daqui. E, quando deixar que vocês saiam, é certo que ele os expulsará totalmente. Fale, agora, aos ouvidos do povo que todo homem peça ao seu vizinho e que toda mulher peça à sua vizinha objetos de prata e de ouro.

E o SENHOR fez com que o seu povo encontrasse favor da parte dos egípcios. Além disso, o próprio Moisés era homem famoso na terra do Egito, aos olhos dos oficiais de Faraó e aos olhos do povo.

Moisés disse:

—Assim diz o SENHOR: "Perto da meia-noite passarei pelo meio do Egito. E todo primogênito na terra do Egito morrerá, desde o primogênito de Faraó, que se assenta no seu trono, até o primogênito da escrava que mói a farinha, e todo primogênito dos animais. Haverá grande clamor em toda a terra do Egito, como nunca houve antes, nem haverá jamais. Porém contra nenhum dos filhos de Israel, desde os homens até os animais, nem mesmo um cão rosnará, para que vocês saibam que o SENHOR fez distinção entre os egípcios e os israelitas".

E Moisés continuou:

—Então todos esses seus oficiais descerão a mim e se inclinarão diante de mim, dizendo: "Saiam daqui, você e todo o povo que o segue". E, depois disto, sairei.

E, enfurecido, Moisés se retirou da presença de Faraó. Então o SENHOR disse a Moisés:

—Faraó não vai ouvir vocês, para que as minhas maravilhas se multipliquem na terra do Egito.

Moisés e Arão fizeram todas essas maravilhas diante de Faraó. Mas o SENHOR endureceu o coração de Faraó, que não permitiu que os filhos de Israel saíssem da sua terra.

Referências: Êxodo 11:1-10

Textos relacionados: Êxodo 4:22-23; Salmos 105:23-38; 135:8-9; 136:10-12; Romanos 9:14-21; Hebreus 11:28

ABRIL

Minha reverência pela Bíblia é tão grande que, quanto mais cedo meus filhos começarem a lê-la, mais confiantes serão minhas esperanças de que eles se mostrarão cidadãos úteis para seu país e membros respeitáveis da sociedade.

John Quincy Adams (1767–1848)
Presidente norte-americano

Não são as partes da Bíblia que eu não posso compreender que me incomodam, são as partes que eu entendo.

Mark Twain (1835–1910)
Escritor norte-americano

Nenhuma ciência é mais bem comprovada do que a religião da Bíblia.

Isaac Newton (1642–1727)
Cientista inglês

A PRIMEIRA PÁSCOA

Moisés chamou todos os anciãos de Israel e lhes disse:

—Escolham e peguem cordeiros para as famílias de vocês, e matem esses animais para celebrar a Páscoa. Peguem ramos de hissopo, molhem no sangue que estiver na bacia e marquem a viga superior da porta e suas ombreiras com o sangue que estiver na bacia. E que nenhum de vocês saia da porta da sua casa até pela manhã. Porque o SENHOR passará para matar os egípcios. Quando, porém, enxergar o sangue na viga superior da porta e em ambas as ombreiras, o SENHOR passará por cima da porta e não permitirá que o Destruidor entre na casa de vocês para matá-los. Portanto, guardem isto por estatuto para vocês e para os seus filhos, para sempre. E, quando estiverem na terra que o SENHOR lhes dará, como prometeu, observem este rito. Quando os seus filhos perguntarem: "Que rito é este?", respondam: "É o sacrifício da Páscoa ao SENHOR, que passou por cima das casas dos filhos de Israel no Egito, quando matou os egípcios e livrou as nossas casas".

Então o povo se inclinou e adorou. E os filhos de Israel foram e fizeram como o SENHOR havia ordenado a Moisés e Arão.

Referências: Êxodo 12:21-28

Textos relacionados: Números 9:1-14; Deuteronômio 16:1-8; 2 Crônicas 30; 1 Coríntios 5:6-8

A PROFECIA DO SERVO SOFREDOR

Eis que o meu Servo
procederá com prudência;
será exaltado e elevado,
e será mui sublime.

Era desprezado e o mais rejeitado entre os homens,
homem de dores e que sabe o que é padecer.
E, como um de quem os homens
escondem o rosto, era desprezado, e dele não fizemos caso.
Certamente ele tomou sobre si as nossas enfermidades
e as nossas dores levou sobre si;
e nós o considerávamos
como aflito, ferido de Deus e oprimido.
Mas ele foi traspassado por causa das nossas
Transgressões e esmagado por causa
das nossas iniquidades;
o castigo que nos traz a paz estava sobre ele,
e pelas suas feridas fomos sarados.
Todos nós andávamos desgarrados como ovelhas;
cada um se desviava pelo seu próprio caminho,
mas o SENHOR fez cair sobre ele a iniquidade de todos nós.
Ele foi oprimido e humilhado, mas não abriu a boca.
Como cordeiro foi levado ao matadouro
e, como ovelha muda diante dos seus tosquiadores,
ele não abriu a boca.

Todavia, ao SENHOR agradou esmagá-lo, fazendo-o sofrer.
Quando ele der a sua alma como oferta pelo pecado,
verá a sua posteridade e prolongará os seus dias;
e a vontade do SENHOR prosperará nas suas mãos.

Referências: Isaías 52:13; 53:3-7,10

Textos relacionados: Salmo 22; Marcos 10:45; Atos 8:26-39; 1 Pedro 2:21-25

JESUS: O CORDEIRO DE DEUS

No dia seguinte, vendo que Jesus vinha em sua direção, João disse:

—Eis o Cordeiro de Deus, que tira o pecado do mundo! Este é aquele a respeito de quem eu falava, quando disse: "Depois de mim vem um homem que é mais importante do que eu, porque já existia antes de mim". Eu mesmo não o conhecia, mas vim batizando com água a fim de que ele fosse manifestado a Israel.

E João testemunhou, dizendo:

—Vi o Espírito descer do céu como pomba e pousar sobre ele. Eu não o conhecia; aquele, porém, que me enviou a batizar com água me disse: "Aquele sobre quem você vir descer e pousar o Espírito, esse é o que batiza com o Espírito Santo". Pois eu mesmo vi e dou testemunho de que ele é o Filho de Deus.

Vi e ouvi uma voz de muitos anjos ao redor do trono, dos seres viventes e dos anciãos, cujo número era de milhões de milhões e milhares de milhares, proclamando com voz forte:
"Digno é o Cordeiro que foi morto
de receber o poder, a riqueza,
a sabedoria, a força, a honra, a glória e o louvor".

Referências: João 1:29-34; Apocalipse 5:11-12

Textos relacionados: Gênesis 22:1-19; Hebreus 9:11-28; 1 Pedro 1:18-20; Apocalipse 5–7; 21:9–22:4

JESUS PREDIZ SUA RESSURREIÇÃO

Mas Jesus, chamando todos para junto de si, disse:

—Vocês sabem que os que são considerados governadores dos povos os dominam e que os seus maiorais exercem autoridade sobre eles. Mas entre vocês não é assim; pelo contrário, quem quiser tornar-se grande entre vocês, que se coloque a serviço dos outros; e quem quiser ser o primeiro entre vocês, que seja servo de todos. Pois o próprio Filho do Homem não veio para ser servido, mas para servir e dar a sua vida em resgate por muitos.

E aconteceu que, enquanto Jesus estava orando em particular, achavam-se presentes os discípulos, a quem perguntou:

—Quem as multidões dizem que eu sou?

Eles responderam:

—Uns dizem que é João Batista; outros dizem que é Elias; e ainda outros dizem que um dos antigos profetas ressuscitou.

Então Jesus perguntou:

—E vocês, quem dizem que eu sou?

Respondendo, Pedro disse:

—O Cristo de Deus.

Jesus, porém, advertindo-os, mandou que a ninguém declarassem tal coisa, dizendo:

—É necessário que o Filho do Homem sofra muitas coisas, seja rejeitado pelos anciãos, pelos principais sacerdotes e pelos escribas, seja morto e, no terceiro dia, ressuscite.

Referências: Marcos 10:42-45; Lucas 9:18-22

Textos relacionados: Salmo 16; Isaías 53; Mateus 12:38-41; Marcos 10:32-34; Lucas 24:13-32; Atos 2:14-40

ENTRADA TRIUNFAL DE JESUS

Quando se aproximaram de Jerusalém e chegaram a Betfagé, ao monte das Oliveiras, Jesus enviou dois discípulos, dizendo-lhes:

—Vão até a aldeia que está diante de vocês e logo encontrarão presa uma jumenta e, com ela, um jumentinho. Desprendam e tragam para mim. E, se alguém disser alguma coisa, respondam: “O Senhor precisa deles”. E logo ele deixará que vocês tragam os animais.

Ora, isto aconteceu para se cumprir o que foi dito por meio do profeta:

“Digam à filha de Sião:
Eis que o seu Rei vem até você,
humilde, montado em jumenta,
e num jumentinho, cria de animal de carga.”

Indo os discípulos e tendo feito como Jesus lhes havia ordenado, trouxeram a jumenta e o jumentinho. Então puseram em cima deles as suas capas, e sobre elas Jesus montou. E a maior parte da multidão estendeu as suas capas no caminho, e outros cortavam ramos de árvores, espalhando-os pelo caminho. E as multidões, tanto as que iam adiante dele como as que o seguiam, clamavam:

“Hosana ao Filho de Davi!
Bendito o que vem
em nome do Senhor!
Hosana nas maiores alturas!”

E, quando Jesus entrou em Jerusalém, toda a cidade se alvoroçou. E perguntavam:

—Quem é este?

E as multidões respondiam:

—Este é o profeta Jesus, de Nazaré da Galileia!

Referências: Mateus 21:1-11

Textos relacionados: Salmo 118; Zacarias 9:9; Marcos 11:1-11; Lucas 19:28-40; João 12:12-16

JESUS PURIFICA O TEMPLO

Quando Jesus ia chegando a Jerusalém, vendo a cidade, chorou por ela, dizendo:

—Ah! Se você soubesse, ainda hoje, o que é preciso para conseguir a paz! Mas isto está agora oculto aos seus olhos. Pois virão dias em que os seus inimigos cercarão você de trincheiras e apertarão o cerco por todos os lados; e vão arrasar você e matar todos os seus moradores. Não deixarão pedra sobre pedra, porque você não reconheceu o tempo em que Deus veio visitá-la.

Jesus entrou no templo e expulsou todos os que ali vendiam e compravam. Derrubou as mesas dos cambistas e as cadeiras dos que vendiam pombas. E disse-lhes:

—Está escrito: **"A minha casa será chamada 'Casa de Oração'". Mas vocês estão fazendo dela um covil de salteadores.**

Cegos e coxos se aproximaram de Jesus, no templo, e ele os curou. Mas, quando os principais sacerdotes e os escribas viram as maravilhas que Jesus fazia e as crianças que gritavam no templo: "Hosana ao Filho de Davi!", ficaram indignados e perguntaram a Jesus:

—Você está ouvindo o que estão dizendo?

Jesus respondeu:

—Sim! Vocês nunca leram: **"Da boca de pequeninos e crianças de peito tiraste o perfeito louvor?"**.

Referências: Lucas 19:41-44; Mateus 21:12-16

Textos relacionados: Salmo 8; Isaías 56; Jeremias 7:9-11; Marcos 11:15-18; João 2:13-17

O MESSIAS É FILHO DE QUEM?

Estando reunidos os fariseus, Jesus lhes perguntou:

—O que vocês pensam do Cristo? De quem é filho?

Eles responderam:

—De Davi.

E Jesus perguntou:

—Então, como é que Davi, pelo Espírito, chama o Cristo de Senhor, dizendo:

"Disse o Senhor ao meu Senhor:
'Sente-se à minha direita,
até que eu ponha os seus inimigos
debaixo dos seus pés'"?

—Portanto, se Davi o chama de Senhor, como ele pode ser filho de Davi?

E ninguém podia lhe responder uma palavra; e a partir daquele dia ninguém mais ousou fazer perguntas.

Seis dias depois, Jesus tomou consigo Pedro, Tiago e João e os levou, em particular, a sós, a um alto monte. E Jesus foi transfigurado diante deles.

A seguir, veio uma nuvem que os envolveu; e dela veio uma voz que dizia:

—Este é o meu Filho amado; escutem o que ele diz!

Porque não lhes demos a conhecer o poder e a vinda do nosso Senhor Jesus Cristo seguindo fábulas engenhosamente inventadas, mas nós mesmos fomos testemunhas oculares da sua majestade. Porque ele recebeu honra e glória da parte de Deus Pai, quando, pela Suprema Glória, lhe foi enviada a seguinte voz: "Este é o meu Filho amado, em quem me agrado".

Referências: Mateus 22:41-46; Marcos 9:2,7; 2 Pedro 1:16-17

Textos relacionados: Salmo 110; Mateus 27:45-54; Marcos 1:9-11; Lucas 9:28-36; Atos 2

A ÚLTIMA CEIA

Chegou o dia da Festa dos Pães sem Fermento, em que era necessário fazer o sacrifício do cordeiro pascal. Então Jesus enviou Pedro e João, dizendo:

—Vão e preparem a Páscoa para que a comamos.

Chegada a hora, Jesus se pôs à mesa, e os apóstolos estavam com ele. Então Jesus lhes disse:

—Tenho desejado ansiosamente comer esta Páscoa com vocês, antes do meu sofrimento. Pois eu lhes digo que nunca mais a comerei, até que ela se cumpra no Reino de Deus.

E, pegando um cálice, depois de ter dado graças, disse:

—Peguem e repartam entre vocês. Pois eu digo a vocês que, de agora em diante, não mais beberei do fruto da videira, até que venha o Reino de Deus.

E, pegando um pão, tendo dado graças, o partiu e lhes deu, dizendo:

—Isto é o meu corpo, que é dado por vocês; façam isto em memória de mim.

Do mesmo modo, depois da ceia, pegou o cálice, dizendo:

—Este cálice é a nova aliança no meu sangue derramado por vocês.

—Mas eis que a mão do traidor está comigo à mesa. Pois o Filho do Homem vai segundo o que está determinado, mas ai daquele por quem ele está sendo traído!

Referências: Lucas 22:7-8,14-22

Textos relacionados: Jeremias 31:31-36; Mateus 26:17-30; Marcos 14:12-26; Apocalipse 19:4-9

JESUS É TRAÍDO

Depois de dizer isso, Jesus saiu juntamente com os seus discípulos para o outro lado do ribeiro de Cedrom, onde havia um jardim; e aí entrou com eles. Judas, o traidor, também conhecia aquele lugar, porque Jesus muitas vezes havia se reunido ali com os seus discípulos. Tendo, pois, Judas recebido a escolta e alguns guardas da parte dos principais sacerdotes e fariseus, chegou a esse lugar com lanternas, tochas e armas. Então Jesus, sabendo de tudo o que ia acontecer com ele, adiantou-se e perguntou-lhes:

—A quem vocês estão procurando?

Eles responderam:

—A Jesus, o Nazareno.

Então Jesus lhes disse:

—Sou eu.

Ora, Judas, o traidor, também estava com eles. Quando Jesus lhes disse: "Sou eu", recuaram e caíram por terra. Jesus, de novo, lhes perguntou:

—A quem vocês estão procurando?

Responderam:

—A Jesus, o Nazareno.

Então Jesus disse:

—Já lhes falei que sou eu. Se é a mim que vocês estão procurando, deixem que estes vão embora.

Ele disse isso para se cumprir a palavra que tinha dito anteriormente: "Não perdi nenhum dos que me deste".

Referências: João 18:1-9

Textos relacionados: Gênesis 37; Mateus 26:47-56; Marcos 14:43-50; Lucas 22:47-54; João 6:35-40; 17:1-12

JESUS É CONDENADO À MORTE

E os principais sacerdotes e todo o Sinédrio procuravam algum testemunho falso contra Jesus, a fim de o condenarem à morte. E não acharam, apesar de terem sido apresentadas muitas testemunhas falsas. Mas, afinal, compareceram duas, afirmando:

—Este disse: "Posso destruir o santuário de Deus e reconstruí-lo em três dias".

E, levantando-se o sumo sacerdote, perguntou a Jesus:

—Você não diz nada em resposta ao que estes depõem contra você?

Jesus, porém, guardou silêncio. E o sumo sacerdote lhe disse:

—Eu exijo que nos diga, tendo o Deus vivo por testemunha, se você é o Cristo, o Filho de Deus.

Jesus respondeu:

—É o senhor mesmo quem está dizendo isso. Mas eu lhes digo que, desde agora, vocês verão o Filho do Homem sentado à direita do Todo-Poderoso e vindo sobre as nuvens do céu.

Então o sumo sacerdote rasgou as suas vestes e disse:

—Blasfemou! Por que ainda precisamos de testemunhas? Eis que agora mesmo vocês ouviram a blasfêmia! O que vocês acham?

E eles responderam:

—É réu de morte.

Então alguns cuspiram no rosto de Jesus e bateram nele. E outros o esbofeteavam, dizendo:

—Profetize para nós, ó Cristo! Quem foi que bateu em você?

Referências: Mateus 26:59-68

Textos relacionados: Levítico 24:13-16; Daniel 7:13-14; Marcos 14:55-65; Lucas 23:63-71

JESUS É CRUCIFICADO

E levaram Jesus para o Gólgota, que quer dizer "Lugar da Caveira". Quiseram dar-lhe para beber vinho misturado com mirra, mas Jesus não aceitou. Então o crucificaram e repartiram entre si as roupas dele, tirando a sorte, para ver o que cada um levaria. Eram nove horas da manhã quando o crucificaram. E a inscrição com a acusação contra ele dizia: "O Rei dos Judeus". Com ele crucificaram dois ladrões, um à sua direita e outro à sua esquerda. [E cumpriu-se a Escritura que diz: "Com malfeitores foi contado".]

Os que iam passando blasfemavam contra ele, balançando a cabeça e dizendo:

—Ah! Você que destrói o santuário e em três dias o reedifica! Salve a si mesmo, descendo da cruz!

De igual modo, os principais sacerdotes com os escribas, zombando, diziam entre si:

—Salvou os outros, a si mesmo não pode salvar. Que o Cristo, o rei de Israel, desça agora da cruz para que vejamos e creiamos.

Também os que com ele foram crucificados o insultavam.

Mas Jesus, dando um forte grito, expirou. E o véu do santuário se rasgou em duas partes, de alto a baixo. O centurião que estava em frente de Jesus, vendo que assim havia expirado, disse:

—Verdadeiramente este homem era o Filho de Deus.

Referências: Marcos 15:22-32,37-39

Textos relacionados: Salmo 22; Isaías 53; Mateus 27:33-56; Lucas 23:26-48; João 3:13-16; 19:16-37

VIVO NOVAMENTE!

Passado o sábado, no começo do primeiro dia da semana, Maria Madalena e a outra Maria foram ver o túmulo. E eis que houve um grande terremoto; porque um anjo do Senhor desceu do céu e, aproximando-se, removeu a pedra e sentou sobre ela. O aspecto dele era como um relâmpago, e a sua roupa era branca como a neve. E os guardas, com medo do anjo, tremeram e ficaram como se estivessem mortos. Mas o anjo, dirigindo-se às mulheres, disse:

—Não tenham medo! Sei que vocês procuram Jesus, que foi crucificado. Ele não está aqui; ressuscitou, como tinha dito. Venham ver onde ele jazia. Agora vão depressa e digam aos seus discípulos que ele ressuscitou dos mortos e vai adiante de vocês para a Galileia; lá vocês o verão. É como acabei de dizer a vocês.

E, retirando-se elas apressadamente do sepulcro, tomadas de medo e grande alegria, correram para anunciar isso aos discípulos. E eis que Jesus veio ao encontro delas e disse:

—Salve!

E elas, aproximando-se, abraçaram os pés dele e o adoraram. Então Jesus lhes disse:

—Não tenham medo! Vão dizer aos meus irmãos que se dirijam à Galileia e lá eles me verão.

Referências: Mateus 28:1-10

Textos relacionados: Salmo 16:8-11; Marcos 16:1-8; Lucas 24:1-10; João 20:1-18; 1 Coríntios 15

IMPORTÂNCIA PLENA DA RESSURREIÇÃO

Ora, se o que se prega é que Cristo ressuscitou dentre os mortos, como alguns de vocês afirmam que não há ressurreição de mortos? E, se não há ressurreição de mortos, então Cristo não ressuscitou. E, se Cristo não ressuscitou, é vã a nossa pregação, e é vã a fé que vocês têm. Além disso, somos tidos por falsas testemunhas de Deus, porque temos testemunhado contra Deus que ele ressuscitou a Cristo, ao qual ele não ressuscitou, se é certo que os mortos não ressuscitam. Porque, se os mortos não ressuscitam, também Cristo não ressuscitou. E, se Cristo não ressuscitou, é vã a fé que vocês têm, e vocês ainda permanecem nos seus pecados. E ainda mais: os que adormeceram em Cristo estão perdidos. Se a nossa esperança em Cristo se limita apenas a esta vida, somos as pessoas mais infelizes deste mundo. Mas, de fato, Cristo ressuscitou dentre os mortos, sendo ele as primícias dos que dormem. Visto que a morte veio por um homem, também por um homem veio a ressurreição dos mortos. Porque, assim como, em Adão, todos morrem, assim também todos serão vivificados em Cristo.

Referências: 1 Coríntios 15:12-22

Textos relacionados: Jó 19:23-27; Atos 2:22-36; Romanos 6:1-11; 1 Coríntios 15:23-58

JESUS CRISTO: A NOSSA PÁSCOA

Não é bom esse orgulho que vocês têm. Por acaso vocês não sabem que um pouco de fermento leveda toda a massa? Joguem fora o velho fermento, para que vocês sejam nova massa, como, de fato, já são, sem fermento. Pois também Cristo, nosso Cordeiro pascal, foi sacrificado. Por isso, celebremos a festa não com o velho fermento, nem com o fermento do mal e da maldade, mas com o pão sem fermento, o pão da sinceridade e da verdade.

E, se vocês invocam como Pai aquele que, sem parcialidade, julga segundo as obras de cada um, vivam em temor durante o tempo da peregrinação de vocês, sabendo que não foi mediante coisas perecíveis, como prata ou ouro, que vocês foram resgatados da vida inútil que seus pais lhes legaram, mas pelo precioso sangue de Cristo, como de um cordeiro sem defeito e sem mácula. Ele foi conhecido antes da fundação do mundo, mas foi manifestado nestes últimos tempos, em favor de vocês. Por meio dele, vocês creem em Deus, o qual o ressuscitou dentre os mortos e lhe deu glória, para que a fé e a esperança de vocês estejam em Deus.

Tendo purificado a alma pela obediência à verdade, e com vistas ao amor fraternal não fingido, amem intensamente uns aos outros de coração puro.

Referências: 1 Coríntios 5:6-8; 1 Pedro 1:17-22

Textos relacionados: Êxodo 12–13; João 1:19-36; Hebreus 2:11-18; Apocalipse 13:8

OS ISRAELITAS DEIXAM O EGITO

Aconteceu que, à meia-noite, o SENHOR matou todos os primogênitos na terra do Egito, desde o primogênito de Faraó, que se assentava no seu trono, até o primogênito do prisioneiro que estava na cadeia, e todos os primogênitos dos animais. Faraó levantou-se de noite, ele, todos os seus oficiais e todos os egípcios; e houve grande clamor no Egito, pois não havia casa em que não houvesse um morto.

Então, naquela mesma noite, Faraó chamou Moisés e Arão e lhes disse:

—Levantem-se e saiam do meio do meu povo, vocês e os filhos de Israel! Vão e adorem o SENHOR, como vocês disseram. Levem também com vocês as suas ovelhas e o seu gado, como vocês pediram. Vão embora e abençoem também a mim.

Os egípcios insistiram com o povo para que saísse da terra o mais depressa possível, pois diziam:

—Todos vamos morrer.

O povo pegou a sua massa de pão, antes que levedasse, e as suas amassadeiras atadas em trouxas com as suas roupas, sobre os ombros. Os filhos de Israel fizeram conforme a palavra de Moisés e pediram aos egípcios objetos de prata, objetos de ouro e roupas. E o SENHOR fez com que o seu povo encontrasse favor da parte dos egípcios, de maneira que estes lhes davam o que pediam. E despojaram os egípcios.

O SENHOR ia adiante deles, durante o dia, numa coluna de nuvem, para os guiar pelo caminho; durante a noite, numa coluna de fogo, para os iluminar, a fim de que caminhassem de dia e de noite. A coluna de nuvem nunca se afastou do povo durante o dia, nem a coluna de fogo durante a noite.

Referências: Êxodo 12:29-36; 13:21-22

Textos relacionados: Deuteronômio 16:1-8; Salmos 78:41-52; 105:26-38; 2 Tessalonicenses 1:5-10

FARAÓ PERSEGUE OS ISRAELITAS

Os egípcios os perseguiram, com todos os cavalos e carros de guerra de Faraó, os seus cavaleiros e o seu exército, e os alcançaram acampados junto ao mar, perto de Pi-Hairote, diante de Baal-Zefom.

E, chegando Faraó, os filhos de Israel levantaram os olhos e eis que os egípcios vinham atrás deles, e ficaram com muito medo. Então os filhos de Israel clamaram ao SENHOR. Disseram a Moisés:

—Será que foi por não haver sepulturas no Egito que você nos tirou de lá, para que morramos neste deserto? O que foi que você fez conosco, tirando-nos do Egito? Não foi isso que dissemos a você no Egito: "Deixe-nos em paz, para que sirvamos os egípcios"? Pois teria sido melhor para nós servir os egípcios do que morrer no deserto.

Moisés, porém, respondeu ao povo:

—Não tenham medo; fiquem firmes e vejam o livramento que o SENHOR lhes fará no dia de hoje, porque vocês nunca mais verão esses egípcios que hoje vocês estão vendo. O SENHOR lutará por vocês; fiquem calmos.

O SENHOR disse a Moisés:

—Por que você está clamando a mim? Diga aos filhos de Israel que marchem. E você, levante o seu bordão e estenda a mão sobre o mar. As águas se dividirão, para que os filhos de Israel passem pelo meio do mar em seco. Eis que vou endurecer o coração dos egípcios, para que venham atrás de vocês e entrem no mar. Serei glorificado em Faraó e em todo o seu exército, nos seus carros de guerra e nos seus cavaleiros; e os egípcios saberão que eu sou o SENHOR, quando for glorificado em Faraó, nos seus carros de guerra e nos seus cavaleiros.

Referências: Êxodo 14:9-18

Textos relacionados: Salmo 37:7; 46:10; Isaías 59:1; Romanos 9:14-24; Hebreus 11:1-2

A TRAVESSIA PELO MAR VERMELHO

Então Moisés estendeu a mão sobre o mar, e o SENHOR, por um forte vento leste que soprou toda aquela noite, fez com que o mar se retirasse, tornando-se terra seca, e as águas foram divididas. Os filhos de Israel entraram pelo meio do mar em seco, e as águas foram qual muralha à direita e à esquerda deles. Os egípcios que os perseguiam entraram atrás deles, todos os cavalos de Faraó, os seus carros de guerra e os seus cavaleiros, até o meio do mar. Na vigília da manhã, o SENHOR, na coluna de fogo e de nuvem, viu o acampamento dos egípcios e criou alvoroço no acampamento dos egípcios; emperrou as rodas dos carros dos egípcios, fazendo com que andassem com dificuldade. Então os egípcios disseram:

—Vamos fugir da presença de Israel, porque o SENHOR está lutando por eles contra os egípcios.

O SENHOR disse a Moisés:

—Estenda a mão sobre o mar, para que as águas se voltem sobre os egípcios, sobre os seus carros de guerra e sobre os seus cavaleiros.

Então Moisés estendeu a mão sobre o mar, e o mar, ao romper da manhã, retomou a sua força. Os egípcios fugiram de encontro a ele, e o SENHOR jogou os egípcios para dentro do mar. As águas voltaram e cobriram os carros de guerra e os cavaleiros de todo o exército de Faraó, que os haviam seguido no mar; nem ao menos um deles escapou com vida.

Referências: Êxodo 14:21-28

Textos relacionados: Deuteronômio 11:1-4; Josué 24:5-7; Salmos 114; 136:13-15; Hebreus 11:23-29

O SENHOR É GUERREIRO

Assim o SENHOR livrou Israel, naquele dia, das mãos dos egípcios; e Israel viu os egípcios mortos na praia do mar. E Israel viu o grande poder que o SENHOR havia usado contra os egípcios; e o povo temeu o SENHOR e confiou no SENHOR e em Moisés, seu servo.

Então Moisés e os filhos de Israel entoaram este cântico ao SENHOR:
"Cantarei ao SENHOR, porque triunfou gloriosamente;
lançou no mar o cavalo e o seu cavaleiro.
O SENHOR é a minha força e o meu cântico;
ele se tornou a minha salvação.
Este é o meu Deus; portanto, eu o louvarei;
ele é o Deus de meu pai; por isso, o exaltarei.
O SENHOR é homem de guerra; SENHOR é o seu nome.
Lançou no mar os carros de Faraó e o seu exército;
e os seus capitães afogaram-se no mar Vermelho".

Ó SENHOR, quem é como tu entre os deuses?
Quem é como tu, glorificado em santidade,
terrível em feitos gloriosos, que operas maravilhas?

Com a tua bondade guiaste o povo que salvaste;
com a tua força o levaste
à habitação da tua santidade.

O SENHOR reinará por todo o sempre.

Referências: Êxodo 14:30-31; 15:1-4,11,13,18

Textos relacionados: Salmo 136; Efésios 5,19-20; Apocalipse 15,2-4

DEUS CUIDA DO SEU POVO NO DESERTO

Deem graças ao SENHOR, invoquem o seu nome;
tornem conhecidos entre os povos os seus feitos.
Cantem a Deus, cantem louvores a ele;
falem de todas as suas maravilhas.
Gloriem-se no seu santo nome;
alegre-se o coração dos que buscam o SENHOR.
Busquem o SENHOR e o seu poder;
busquem continuamente a sua presença.
Lembrem-se das maravilhas que ele fez,
dos seus prodígios e dos juízos de seus lábios,
vocês, descendentes de Abraão, seu servo,
vocês, filhos de Jacó, seus escolhidos.

Então Deus fez sair o seu povo, com prata e ouro,
e entre as suas tribos não havia um só inválido.
O Egito se alegrou quando eles saíram,
porque lhe tinham infundido terror.
Deus estendeu uma nuvem que lhes servisse de toldo
e um fogo para os iluminar de noite.
Pediram, e Deus fez vir codornizes e os saciou com pão do céu.
Fendeu a rocha, e dela brotaram águas,
que correram como um rio pelo deserto.
Porque estava lembrado da sua santa palavra
e de Abraão, seu servo.
Ele conduziu o seu povo com alegria
e, com júbilo, os seus escolhidos.
Deu-lhes as terras das nações,
e eles se apossaram do fruto do trabalho dos povos,
para que lhe guardassem os preceitos e lhe observassem as leis.
Aleluia!

Referências: Salmo 105:1-6,37-45

Textos relacionados: Gênesis 15; Êxodo 15:19–18:27; João 6; Atos 7:36-38; 1 Coríntios 10:1-4

DEUS FAZ UMA ALIANÇA COM ISRAEL

No terceiro mês depois da saída dos filhos de Israel da terra do Egito, no primeiro dia desse mês, eles chegaram ao deserto do Sinai. Tendo partido de Refidim, vieram ao deserto do Sinai, no qual acamparam; ali Israel acampou em frente ao monte. Moisés subiu para encontrar-se com Deus. E do monte o SENHOR o chamou e lhe disse:

—Assim você falará à casa de Jacó e anunciará aos filhos de Israel: "Vocês viram o que fiz aos egípcios e como levei vocês sobre asas de águia e os trouxe para perto de mim. Agora, pois, se ouvirem atentamente a minha voz e guardarem a minha aliança, vocês serão a minha propriedade peculiar dentre todos os povos. Porque toda a terra é minha, e vocês serão para mim um reino de sacerdotes e uma nação santa." São estas as palavras que você falará aos filhos de Israel.

Moisés foi, chamou os anciãos do povo e expôs diante deles todas estas palavras que o SENHOR lhe havia ordenado. Então todo o povo respondeu a uma só voz:

—Tudo o que o SENHOR falou faremos.

E Moisés relatou ao SENHOR as palavras do povo. O SENHOR disse a Moisés:

—Eis que virei a você numa nuvem escura, para que o povo ouça quando eu falar com você e para que também creiam sempre em você.

Porque Moisés tinha anunciado as palavras do povo ao SENHOR.

Referências: Êxodo 19:1-9

Textos relacionados: Deuteronômio 4,1-20; Jeremias 31,31-34; Hebreus 8

OS DEZ MANDAMENTOS:
NÃO TENHA OUTRO DEUS

Eu sou o SENHOR, seu Deus, que o tirei da terra do Egito, da casa da servidão. Não tenha outros deuses diante de mim.

Cantem ao SENHOR, todas as terras;
proclamem a sua salvação, dia após dia.
Anunciem entre as nações a sua glória,
entre todos os povos, as suas maravilhas.
Porque o SENHOR é grande e digno de ser louvado,
mais temível do que todos os deuses.
Porque todos os deuses dos povos
não passam de ídolos; o SENHOR, porém, fez os céus.
Glória e majestade estão diante dele,
força e alegria, no seu santuário.
Deem ao SENHOR, ó famílias dos povos,
deem ao SENHOR glória e força.
Deem ao SENHOR a glória devida ao seu nome;
tragam ofertas e entrem nos seus átrios.
Adorem o SENHOR na beleza da sua santidade.
Tremam diante dele, todas as terras,
pois ele firmou o mundo para que não se abale.
Alegrem-se os céus, e a terra exulte;
diga-se entre as nações: "O SENHOR reina".

Referências: Êxodo 20:2-3; 1 Crônicas 16:23-31

Textos relacionados: Êxodo 18,8-10; Deuteronômio 4:32-39; 5:1-21; 13:1-16; Isaías 37,15-20; Efésios 4,4-6

OS DEZ MANDAMENTOS: NÃO ADORE IMAGENS

Não faça para você imagem de escultura, nem semelhança alguma do que há em cima no céu, nem embaixo na terra, nem nas águas debaixo da terra. Não adore essas coisas, nem preste culto a elas, porque eu, o SENHOR, seu Deus, sou Deus zeloso, que visito a iniquidade dos pais nos filhos até a terceira e quarta geração daqueles que me odeiam, mas faço misericórdia até mil gerações daqueles que me amam e guardam os meus mandamentos.

Não a nós, SENHOR, não a nós,
mas ao teu nome dá glória,
por amor da tua misericórdia
e da tua fidelidade.
Por que diriam as nações:
"Onde está o Deus deles?".
O nosso Deus está no céu
e faz tudo como lhe agrada.
Os ídolos das nações
são prata e ouro,
obra de mãos humanas.

Têm boca e não falam;
têm olhos e não veem;
têm ouvidos e não ouvem;
têm nariz e não cheiram;
têm mãos e não apalpam;
têm pés e não andam;
som nenhum lhes sai da garganta.
Tornem-se semelhantes a eles
os que os fazem
e todos os que neles confiam.

Referências: Êxodo 20:4-6; Salmo 115:1-8

Textos relacionados: Deuteronômio 7; Isaías 44:6-19; Jeremias 10:1-16; 16:19-21; Mateus 6:19-24; 1 João 5:21

OS DEZ MANDAMENTOS: NOME DO SENHOR

Não tome o nome do SENHOR, seu Deus, em vão, porque o SENHOR não terá por inocente o que tomar o seu nome em vão.

Havia entre os filhos de Israel o filho de uma israelita, cujo pai era um egípcio. O filho dessa israelita e certo homem israelita brigaram no arraial. Então o filho da mulher israelita blasfemou contra o nome do SENHOR e o amaldiçoou; por isso o levaram a Moisés. O nome da mãe dele era Selomite, filha de Dibri, da tribo de Dã. E o levaram à prisão, até que o SENHOR lhes declarasse o que deviam fazer.

O SENHOR disse a Moisés:

—Leve o homem que blasfemou para fora do arraial. E todos os que o ouviram porão as mãos sobre a cabeça dele, e toda a congregação o apedrejará. Você dirá aos filhos de Israel: Quem amaldiçoar o seu Deus levará sobre si o seu pecado. Aquele que blasfemar contra o nome do SENHOR será morto; toda a congregação o apedrejará. Tanto o estrangeiro como o natural da terra, blasfemando contra o nome do SENHOR, será morto.

Torre forte é o nome do SENHOR;
o justo corre para ela e está seguro.

Referências: Êxodo 20:7; Levítico 24:10-16; Provérbios 18:10

Textos relacionados: Êxodo 3:13-15; Salmos 20; 86:5-12; Atos 4:5-12

OS DEZ MANDAMENTOS: O SÁBADO

Lembre-se do dia de sábado, para o santificar. Seis dias você trabalhará e fará toda a sua obra, mas o sétimo dia é o sábado dedicado ao SENHOR, seu Deus. Não faça nenhum trabalho nesse dia, nem você, nem o seu filho, nem a sua filha, nem o seu servo, nem a sua serva, nem o seu animal, nem o estrangeiro das suas portas para dentro. Porque em seis dias o SENHOR fez os céus e a terra, o mar e tudo o que neles há e, ao sétimo dia, descansou; por isso o SENHOR abençoou o dia de sábado e o santificou.

Tendo Jesus saído dali, entrou na sinagoga deles. Achava-se ali um homem que tinha uma das mãos ressequida. Então, a fim de o acusar, perguntaram a Jesus:

—É lícito curar no sábado?

Ao que lhes respondeu:

—Quem de vocês será o homem que, tendo uma ovelha, e, num sábado, esta cair numa cova, não fará todo o esforço para tirá-la dali? Ora, quanto mais vale um homem do que uma ovelha! Logo, é lícito nos sábados fazer o bem.

Então Jesus disse ao homem:

—Estenda a mão.

O homem estendeu a mão, e ela foi restaurada e ficou sã como a outra.

Referências: Êxodo 20:8-11; Mateus 12:9-13

Textos relacionados: Gênesis 2:1-3; Êxodo 16:11-30; Salmo 62:1-5; Marcos 2:23-28; Hebreus 4:1-4

OS DEZ MANDAMENTOS: HONRE PAI E MÃE

Honre o seu pai e a sua mãe, para que você tenha uma longa vida na terra que o SENHOR, seu Deus, lhe dá.

Quem ferir seu pai ou sua mãe será morto.

Se um homem amaldiçoar o seu pai ou a sua mãe, será morto. Amaldiçoou o seu pai ou a sua mãe; é responsável pela própria morte.

Provérbios de Salomão.
O filho sábio é a alegria do seu pai,
mas o filho tolo é a tristeza da sua mãe.

Escute o seu pai, que o gerou,
e não despreze a sua mãe,
quando ela envelhecer.
Compre a verdade e não a venda;
compre a sabedoria, a instrução
e o entendimento.
O pai de um justo
fica muito feliz,
e quem gerar um filho sábio
terá nele a sua alegria.
Dê essa alegria ao seu pai e à sua mãe,
e que se encha de felicidade
aquela que o deu à luz.

Filhos, obedeçam a seus pais no Senhor, pois isto é justo. "**Honre o seu pai e a sua mãe**", que é o primeiro mandamento com promessa, "**para que tudo corra bem com você, e você tenha uma longa vida sobre a terra**".

Referências: Êxodo 20:12; 21:15; Levítico 20:9; Provérbios 10:1; 23:22-25; Efésios 6:1-3

Textos relacionados: Malaquias 4:5-6; Colossenses 3:20-21; 2 Timóteo 3:1-5; Tito 1:6-9

OS DEZ MANDAMENTOS: ASSASSINATO

Não mate.

Se alguém derramar o sangue de uma pessoa, o sangue dele será derramado por outra pessoa; porque Deus fez o ser humano segundo a sua imagem.

Vocês ouviram o que foi dito aos antigos: "**Não mate**". E ainda: "Quem matar estará sujeito a julgamento". Eu, porém, lhes digo que todo aquele que se irar contra o seu irmão estará sujeito a julgamento; e quem insultar o seu irmão estará sujeito a julgamento do tribunal; e quem o chamar de tolo estará sujeito ao inferno de fogo.

Porque a mensagem que vocês ouviram desde o princípio é esta: que nos amemos uns aos outros. Não sejamos como Caim, que era do Maligno e matou o seu irmão. E por que o matou? Porque as suas obras eram más, e as de seu irmão eram justas.

Irmãos, não se admirem se o mundo odeia vocês. Nós sabemos que já passamos da morte para a vida, porque amamos os irmãos. Quem não ama permanece na morte. Todo aquele que odeia o seu irmão é assassino, e vocês sabem que todo assassino não tem a vida eterna permanente em si. Nisto conhecemos o amor: que Cristo deu a sua vida por nós; portanto, também nós devemos dar a nossa vida pelos irmãos.

Referências: Êxodo 20:13; Gênesis 9:6; Mateus 5:21-22; 1 João 3:11-16

Textos relacionados: Gênesis 4:1-16; Números 35:9-34; Mateus 15:10-20; João 8:42-44; Romanos 1:28-32

OS DEZ MANDAMENTOS: ADULTÉRIO

Não cometa adultério.

Meu filho, por que você andaria
cego atrás de uma estranha
e abraçaria os seios de outra?
Porque os caminhos do homem
estão diante dos olhos do SENHOR,
e ele considera todas as suas veredas.
Quanto ao ímpio, as suas iniquidades
o prenderão,
e com as cordas do seu pecado
será detido.
Ele morrerá
pela falta de disciplina,
e, pelo excesso de sua loucura,
sai cambaleando por aí.

Vocês ouviram o que foi dito: "**Não cometa adultério**". Eu, porém, lhes digo: todo o que olhar para uma mulher com intenção impura, já cometeu adultério com ela no seu coração.

Digno de honra entre todos seja o matrimônio, bem como o leito conjugal sem mácula; porque Deus julgará os impuros e os adúlteros.

Referências: Êxodo 20:14; Provérbios 5:20-23; Mateus 5:27-28; Hebreus 13:4

Textos relacionados: Provérbios 5:1-19; 6:20-35; Romanos 1:18-27; Efésios 4:17-24; Colossenses 3:1-7; 1 Tessalonicenses 4:3-8

OS DEZ MANDAMENTOS: FURTO

Não furte.

Não confiem na opressão,
nem ponham falsas esperanças
na rapina.
Se as riquezas de vocês aumentam,
não ponham nelas o coração.
Uma vez Deus falou,
duas vezes ouvi isto:
Que o poder pertence a Deus,
e a ti, Senhor, pertence a graça,
pois a cada um retribuis
segundo as suas obras.

Exorte os ricos deste mundo a que não sejam orgulhosos, nem depositem a sua esperança na instabilidade da riqueza, mas em Deus, que tudo nos proporciona ricamente para o nosso prazer. Que eles façam o bem, sejam ricos em boas obras, generosos em dar e prontos a repartir; ajuntando para si mesmos um tesouro que é sólido fundamento para o futuro, a fim de tomarem posse da verdadeira vida.

Aquele que roubava não roube mais; pelo contrário, trabalhe, fazendo com as próprias mãos o que é bom, para que tenha o que repartir com o necessitado.

Referências: Êxodo 20:15; Salmo 62:10-12; 1 Timóteo 6:17-19; Efésios 4:28

Textos relacionados: Provérbios 1:10-19; 10:2; Isaías 10:1-4; Malaquias 3:6-12; Tito 2:9-10

OS DEZ MANDAMENTOS: FALSO TESTEMUNHO

Não dê falso testemunho contra o seu próximo.

Quando se levantar testemunha falsa contra alguém, para o acusar de alguma transgressão, então os dois homens que tiverem a demanda se apresentarão diante do SENHOR, diante dos sacerdotes e dos juízes que houver naqueles dias. Os juízes examinarão o caso com cuidado e, se a testemunha for falsa e tiver testemunhado falsamente contra o seu irmão, receberá o castigo que tinha em vista para o seu irmão. E assim exterminarão o mal do meio de vocês, para que os que ficarem ouçam, temam e nunca mais tornem a fazer semelhante mal no meio de vocês.

SENHOR, quem habitará
no teu tabernáculo?
Quem poderá morar
no teu santo monte?
Aquele que vive com integridade,
que pratica a justiça,
e, de coração, fala a verdade;
aquele que não difama
com sua língua,
não faz mal ao próximo,
nem lança injúria
contra o seu vizinho;
aquele que, a seus olhos,
tem por desprezível
ao que merece reprovação,
mas honra os que temem o SENHOR;
aquele que jura
e cumpre o que prometeu,
mesmo com prejuízo próprio;
aquele que não empresta
o seu dinheiro com usura,
nem aceita suborno
contra o inocente.
Quem age assim
não será jamais abalado.

Referências: Êxodo 20:16; Deuteronômio 19:16-20; Salmo 15

Textos relacionados: Provérbios 12:17-18; 25:18; Isaías 29:19-21; Mateus 15:10-20; Marcos 14:53-64

OS DEZ MANDAMENTOS: COBIÇA

Não cobice a casa do seu próximo. Não cobice a mulher do seu próximo, nem o seu servo, nem a sua serva, nem o seu boi, nem o seu jumento, nem coisa alguma que pertença ao seu próximo.

Não fiquem devendo nada a ninguém, exceto o amor de uns para com os outros. Pois quem ama o próximo cumpre a lei. Pois estes mandamentos: "**Não cometa adultério**", "**não mate**", "**não furte**", "**não cobice**", e qualquer outro mandamento que houver, todos se resumem nesta palavra: "**Ame o seu próximo como você ama a si mesmo**". O amor não pratica o mal contra o próximo. Portanto, o cumprimento da lei é o amor.

De fato, grande fonte de lucro é a piedade com o contentamento. Porque nada trouxemos para o mundo, nem coisa alguma podemos levar dele. Tendo sustento e com que nos vestir, estejamos contentes.

Que a vida de vocês seja isenta de avareza. Contentem-se com as coisas que vocês têm, porque Deus disse: "**De maneira alguma deixarei você, nunca jamais o abandonarei**".

Referências: Êxodo 20:17; Romanos 13:8-10; 1 Timóteo 6:6-8; Hebreus 13:5

Textos relacionados: Deuteronômio 31:6; Provérbios 1:10-19; Filipenses 4:11-12; 1 Timóteo 6:9-11; Tiago 4:1-3; 1 João 2:15-17

MAIO

Quando leio as Sagradas Escrituras tudo parece luminoso, uma única palavra abre horizontes infinitos para minha alma.

Teresa de Lisieux (1873–97)

Freira francesa

Os maiores prazeres terrenos são apenas uma sombra da alegria que encontro ao ler a Palavra de Deus.

Lady Jane Grey (1537–54)

Rainha da Inglaterra por nove dias

Mesmo à parte de seu caráter sagrado, é o livro mais estupendo, a literatura mais sublime em toda a história do mundo.

Blanche Mary Kelly (1881–1966)

Escritora norte-americana

O MAIOR MANDAMENTO

Escute, Israel, o SENHOR, nosso Deus, é o único SENHOR. Portanto, ame o SENHOR, seu Deus, de todo o seu coração, de toda a sua alma e com toda a sua força. Estas palavras que hoje lhe ordeno estarão no seu coração. Você as inculcará a seus filhos, e delas falará quando estiver sentado em sua casa, andando pelo caminho, ao deitar-se e ao levantar-se. Também deve amarrá-las como sinal na sua mão, e elas lhe serão por frontal entre os olhos. E você as escreverá nos umbrais de sua casa e nas suas portas.

Não procure vingança, nem guarde ira contra os filhos do seu povo, mas ame o seu próximo como você ama a si mesmo. Eu sou o SENHOR.

Não oprimam o estrangeiro que peregrinar na terra de vocês. Tratem o estrangeiro que peregrina entre vocês como tratam quem é natural da terra; amem o estrangeiro como amam a vocês mesmos, pois vocês foram estrangeiros na terra do Egito. Eu sou o SENHOR, o Deus de vocês.

Mestre, qual é o grande mandamento na Lei?

Jesus respondeu:

—"Ame o Senhor, seu Deus, de todo o seu coração, de toda a sua alma e de todo o seu entendimento". Este é o grande e primeiro mandamento. E o segundo, semelhante a este, é: "Ame o seu próximo como você ama a si mesmo". Destes dois mandamentos dependem toda a Lei e os Profetas.

Referências: Deuteronômio 6:4-9; Levítico 19:18,33-34; Mateus 22:36-40

Textos relacionados: Miqueias 6:8; Marcos 12:28-31; Lucas 10:25-37; Atos 4:32-35; Romanos 13:8-10; 2 Coríntios 8:13-15

A LEI: VIÚVAS, ÓRFÃOS E ESTRANGEIROS

Não maltratem as viúvas nem os órfãos. Se de algum modo os maltratarem, e eles clamarem a mim, eu lhes ouvirei o clamor; a minha ira se acenderá, e eu matarei vocês à espada; as suas mulheres ficarão viúvas, e os seus filhos ficarão órfãos.

Não pervertam o direito do estrangeiro e do órfão; nem tomem em penhor a roupa da viúva. Lembrem-se de que vocês foram escravos no Egito e de que o SENHOR os resgatou de lá; por isso lhes ordeno que façam assim.

Quando estiverem no campo, fazendo a colheita, e, nele, esquecerem um feixe de espigas, não voltem para buscá-lo; deixem que fique para os estrangeiros, para os órfãos e para as viúvas, para que o SENHOR, seu Deus, abençoe vocês em tudo o que fizerem. Quando sacudirem a oliveira, não voltem para colher os frutos que ficaram nos ramos; deixem que fiquem para os estrangeiros, para os órfãos e para as viúvas. Ao fazerem a colheita das uvas, não sejam rigorosos demais; deixem que o restante fique para os estrangeiros, para os órfãos e para as viúvas. Lembrem-se de que vocês foram escravos na terra do Egito; por isso lhes ordeno que façam assim.

A religião pura e sem mácula para com o nosso Deus e Pai é esta: visitar os órfãos e as viúvas nas suas aflições e guardar-se incontaminado do mundo.

Referências: Êxodo 22:22-24; Deuteronômio 24:17-22; Tiago 1:27

Textos relacionados: Deuteronômio 10:17-20; Salmos 68:5; 146:9; 1 Timóteo 5:3-16

A LEI: RESTITUIÇÃO

Se alguém furtar um boi ou uma ovelha e abater ou vender o animal, por um boi pagará cinco bois, e quatro ovelhas por uma ovelha.

Se um ladrão for achado arrombando uma casa e, sendo ferido, morrer, quem o feriu não será culpado do sangue. Se, porém, já havia sol quando isso aconteceu, quem o feriu será culpado do sangue. O ladrão deverá fazer restituição total. Se não tiver com que pagar, será vendido por seu furto. Se aquilo que roubou for achado vivo em seu poder, seja boi, jumento ou ovelha, pagará o dobro.

Se alguém fizer pastar o seu animal num campo ou numa vinha e o largar para comer em campo de outra pessoa, pagará com o melhor do seu próprio campo e o melhor da sua própria vinha.

Se irromper fogo, e pegar nos espinheiros, e destruir os feixes de cereal colhido, ou a plantação que já estiver madura, ou o campo todo, aquele que acendeu o fogo pagará totalmente o queimado.

Se alguém der ao seu próximo dinheiro ou objetos para guardar, e isso for furtado àquele que o recebeu, o ladrão, se for achado, pagará o dobro. Se o ladrão não for achado, então o dono da casa será levado diante dos juízes, a ver se não meteu a mão nos bens do próximo.

Em todo negócio fraudulento, seja a respeito de boi, ou de jumento, ou de ovelhas, ou de roupas, ou de qualquer coisa perdida, de que uma das partes diz: "Isto é meu", a causa de ambas as partes será levada diante dos juízes; aquele a quem os juízes condenarem pagará o dobro ao seu próximo.

Referências: Êxodo 22:1-9

Textos relacionados: Números 5:5-8; Mateus 5:23-24; Lucas 19:1-10; 1 Coríntios 6:1-11

A LEI: OLHO POR OLHO

Se homens brigarem e ferirem uma mulher grávida, e forem causa de que aborte, porém sem maior dano, aquele que feriu será obrigado a indenizar segundo o que lhe exigir o marido da mulher; e pagará como os juízes lhe determinarem. Mas, se houver dano grave, então o castigo será vida por vida, olho por olho, dente por dente, mão por mão, pé por pé, queimadura por queimadura, ferimento por ferimento, golpe por golpe.

Quem matar alguém será morto. Mas quem matar um animal deve restituí--lo: igual por igual. Se alguém desfigurar o seu próximo, como ele fez, assim lhe será feito: fratura por fratura, olho por olho, dente por dente; como ele tiver desfigurado a algum homem, assim se fará com ele. Quem matar um animal restituirá outro; quem matar um homem será morto. Vocês terão uma e a mesma lei para o estrangeiro e para o natural da terra; pois eu sou o SENHOR, o Deus de vocês.

Vocês ouviram o que foi dito: "**Olho por olho, dente por dente**". Eu, porém, lhes digo: Não resistam ao perverso. Se alguém lhe der um tapa na face direita, ofereça-lhe também a face esquerda.

Referências: Êxodo 21:22-25; Levítico 24:17-22; Mateus 5:38-39

Textos relacionados: Deuteronômio 19:16-21; Salmo 103:8-12; Mateus 5:40-42

A LEI: PENA DE MORTE

Quem ferir um homem, de modo que este venha a morrer, também será morto.

Quem ferir seu pai ou sua mãe será morto.

Quem raptar alguém e o vender, ou for achado tendo esse alguém ainda em seu poder, será morto.

Quem sacrificar aos deuses e não somente ao SENHOR será destruído.

Portanto, guardem o sábado, porque é santo para vocês. Aquele que o profanar morrerá; quem nesse dia fizer alguma obra será eliminado do meio do seu povo.

Se um homem amaldiçoar o seu pai ou a sua mãe, será morto. Amaldiçoou o seu pai ou a sua mãe; é responsável pela própria morte.

Se um homem adulterar com a mulher do seu próximo, será morto o adúltero e a adúltera. O homem que tiver relações com a mulher de seu pai terá envergonhado o seu pai; tanto aquele homem quanto a mulher serão mortos; o seu sangue cairá sobre eles. Se um homem tiver relações com a nora, ambos serão mortos; fizeram confusão; o seu sangue cairá sobre eles. Se também um homem tiver relações com outro homem, como se fosse mulher, ambos praticaram coisa abominável; serão mortos; o seu sangue cairá sobre eles.

Referências: Êxodo 21:12,15-16; 22:20; 31:14; Levítico 20:9-13

Textos relacionados: Gênesis 9:6; Levítico 24:17-22; Deuteronômio 24:16; Mateus 21:33-44

A LEI: PURO E IMPURO

O SENHOR falou a Moisés e a Arão, dizendo-lhes: — Digam aos filhos de Israel: De todos os animais que existem sobre a terra são estes que vocês podem comer: todos os que têm unhas fendidas, cujo casco se divide em dois e que ruminam, esses vocês podem comer.

De todos os animais que há nas águas vocês podem comer os seguintes: todo o que tem barbatanas e escamas, nos mares e nos rios; esses vocês podem comer. Porém todo o que não tem barbatanas nem escamas, nos mares e nos rios, todos os que enxameiam as águas e todo ser vivo que há nas águas, estes serão abominação para vocês.

Todo inseto que voa e que anda sobre quatro pés será abominação para vocês. Mas de todo inseto que voa, que anda sobre quatro pés, cujas pernas traseiras são mais compridas, para saltar com elas sobre a terra, estes vocês podem comer.

Eu sou o SENHOR, o Deus de vocês; portanto, consagrem-se e sejam santos, porque eu sou santo; e não se contaminem por nenhuma dessas criaturas que rastejam sobre o chão, entre todas as criaturas que se movem sobre a terra. Eu sou o SENHOR, que os tirei da terra do Egito, para que eu seja o Deus de vocês; portanto, sejam santos, porque eu sou santo.

Referências: Levítico 11:1-3,9-11,20-21,44-45

Textos relacionados: Gênesis 7:1-4; Mateus 15:1-20; Marcos 7:1-23; Atos 10; Romanos 14

A LEI: AS CELEBRAÇÕES

Guardem o mês de abibe e celebrem a Páscoa do Senhor, seu Deus, porque, no mês de abibe, o SENHOR, seu Deus, os tirou do Egito, de noite. Sacrifiquem como oferta de Páscoa ao SENHOR, seu Deus, um animal do rebanho ou do gado, no lugar que o SENHOR escolher para ali fazer habitar o seu nome.

Durante seis dias comam pães sem fermento, e, no sétimo dia, haverá reunião solene ao SENHOR, seu Deus; não façam nenhum trabalho nesse dia.

Contem sete semanas. Quando começarem a fazer a colheita, iniciem a contagem das sete semanas. Celebrem a Festa das Semanas ao SENHOR, seu Deus, com ofertas voluntárias trazidas por vocês, segundo o SENHOR, seu Deus, os tiver abençoado.

A Festa dos Tabernáculos deve ser celebrada durante sete dias, depois que tiverem recolhido o produto da eira e do lagar.

Durante sete dias vocês celebrarão a festa ao SENHOR, seu Deus, no lugar que o SENHOR escolher. Porque o SENHOR, o Deus de vocês, os abençoará em todas as suas colheitas e em tudo o que vocês fizerem, e por isso vocês certamente poderão se alegrar.

Três vezes por ano, todos os homens israelitas devem apresentar-se diante do SENHOR, seu Deus, no lugar que ele escolher, na Festa dos Pães sem Fermento, na Festa das Semanas e na Festa dos Tabernáculos. Não devem se apresentar de mãos vazias diante do SENHOR, mas cada um oferecerá na proporção em que possa dar, segundo a bênção que o SENHOR, seu Deus, lhe houver concedido.

Referências: Deuteronômio 16:1-2,8-10,13,15-17

Textos relacionados: Êxodo 12; 23:14-17; Levítico 23; Colossenses 2:16-23

HONRE A SUA MÃE

Honre o seu pai e a sua mãe, como o SENHOR, seu Deus, lhe ordenou, para que você tenha uma longa vida e para que tudo vá bem com você na terra que o SENHOR, seu Deus, lhe dá.

Então alguns fariseus e escribas vieram de Jerusalém até Jesus e perguntaram:

—Por que os seus discípulos transgridem a tradição dos anciãos? Pois não lavam as mãos, quando comem.

Jesus, porém, lhes respondeu:

—Por que também vocês transgridem o mandamento de Deus, por causa da tradição de vocês? Porque Deus disse: "Honre o seu pai e a sua mãe". E: **"Quem maldisser o seu pai ou a sua mãe seja punido de morte**". Vocês, porém, dizem que, se alguém disser ao seu pai ou à sua mãe: "A ajuda que você poderia receber de mim é oferta ao Senhor", esse não precisará mais honrar os seus pais. E, assim, vocês invalidam a palavra de Deus, por causa da tradição de vocês. Hipócritas! Bem profetizou Isaías a respeito de vocês, dizendo:

"Este povo me honra
com os lábios,
mas o seu coração
está longe de mim.
E em vão me adoram,
ensinando doutrinas
que são preceitos humanos".

Referências: Deuteronômio 5:16; Mateus 15:1-9

Textos relacionados: Êxodo 20:12; 21:15; Levítico 20:9; Efésios 6:1-2

DEUS TEM COMPAIXÃO COMO UMA MÃE

Alegrem-se, ó céus, exulte, ó terra,
e vocês, montes, cantem de alegria,
porque o SENHOR consolou o seu povo
e se compadece dos seus aflitos.
Mas Sião diz:
"O SENHOR me abandonou,
o Senhor se esqueceu de mim".
O SENHOR responde:
"Será que uma mulher
pode se esquecer
do filho que ainda mama,
de maneira que não se compadeça
do filho do seu ventre?
Mas ainda que esta viesse
a se esquecer dele,
eu, porém, não me esquecerei de você.
Eis que eu gravei você
nas palmas das minhas mãos;
as suas muralhas
estão continuamente diante de mim.
Os seus filhos virão depressa,
enquanto os que a destruíram
e devastaram
se afastam de você.
Levante os olhos ao redor e veja:
todos se reúnem e vêm até você.
Tão certo como eu vivo",
diz o SENHOR,
"de todos eles você se vestirá
como de um enfeite
e deles se cingirá como noiva".
"Pois, quanto aos seus lugares
desertos e devastados
e à sua terra destruída,
agora você, ó Sião,
certamente será pequena demais
para os moradores;
e os que a devoravam
estarão bem longe".

Referências: Isaías 49:13-19

Textos relacionados: Salmos 51:1-9; 77:1-8; 103:1-18; Isaías 66:12-14; Lamentações 3:22-33; Colossenses 3:12-14

ALEGRE MÃE DE FILHOS

Aleluia!
Louvem, ó servos do SENHOR,
louvem o nome do SENHOR.
Bendito seja o nome do SENHOR,
agora e para sempre.
Do nascimento do sol
até o momento em que se põe,
louvado seja o nome do SENHOR.
Excelso é o SENHOR,
acima de todas as nações,
e a sua glória está acima dos céus.
Quem é semelhante ao SENHOR,
nosso Deus,
cujo trono está nas alturas,
que se inclina para ver
o que se passa no céu
e sobre a terra?
Ele levanta o pobre do pó
e tira o necessitado
do monte de lixo,
para o fazer sentar
ao lado dos príncipes,
sim, com os príncipes do seu povo.
O SENHOR faz com que
a mulher estéril viva em família
e seja alegre mãe de filhos.
Aleluia!

Referências: Salmo 113

Textos relacionados: 1 Samuel 2:1-10; Jó 42:12-16; Salmo 127:3-5; Provérbios 17:6; Isaías 54:1-8; Lucas 1

OS ENSINAMENTOS DE MÃE

Meu filho, ouça o ensino
de seu pai
e não despreze a instrução
de sua mãe.
Porque serão um diadema
de graça para a sua cabeça
e colares para o seu pescoço.

Palavras do rei Lemuel, de Massá,
que a mãe dele lhe ensinou.
O que lhe direi, meu filho,
filho do meu ventre?
Que lhe direi,
ó filho dos meus votos?
Não dê às mulheres a sua força,
nem os seus caminhos
às que destroem os reis.
Não é próprio dos reis, ó Lemuel,
não é próprio dos reis beber vinho,
nem dos príncipes
desejar bebida forte.
Quando eles bebem,
se esquecem da lei
e pervertem o direito
de todos os aflitos.
Deem bebida forte
aos que estão morrendo
e vinho, aos amargurados
de espírito;
para que bebam
e se esqueçam da sua pobreza,
e não se lembrem mais
da sua miséria.
Abra a boca a favor do mudo,
pelo direito de todos
os desamparados.
Abra a boca, julgue retamente
e faça justiça aos pobres
e aos necessitados.

Referências: Provérbios 1:8-9; 31:1-9

Textos relacionados: Êxodo 2:1-9; Provérbios 6:20-24; 2 Timóteo 1:5; 3:14-17

MULHER VIRTUOSA: PARTE 1

A mulher virtuosa
é a coroa do seu marido,
mas a que envergonha o marido
é como podridão nos seus ossos.

Mulher virtuosa, quem a achará?
O seu valor muito excede
o de finas joias.
O coração do seu marido
confia nela,
e não haverá falta de ganho.
Ela lhe faz bem e não mal,
todos os dias da sua vida.
Busca lã e linho
e de bom grado trabalha
com as mãos.
É como o navio mercante:
de longe traz o seu pão.
É ainda noite, e ela já se levanta,
e dá mantimento à sua casa
e tarefa às suas servas.
Ela examina uma propriedade
e adquire-a;
planta uma vinha
com a renda do seu trabalho.
Cinge os lombos com força
e fortalece os seus braços.
Ela percebe
que o seu ganho é bom;
a sua lâmpada
não se apaga de noite.
Estende as mãos ao fuso,
mãos que pegam na roca.
Abre a mão aos aflitos;
e ainda a estende
aos necessitados.

Referências: Provérbios 12:4; 31:10-20

Textos relacionados: Gênesis 24; Atos 18:23-26; Romanos 16:1-6

MULHER VIRTUOSA: PARTE 2

Mulher virtuosa, quem a achará?
O seu valor muito excede o de finas joias.

Quanto à sua casa, não teme a neve,
pois todos andam vestidos de lã escarlate.
Faz para si cobertas, veste-se de linho fino e de púrpura.
Seu marido é estimado entre os juízes,
quando se assenta com os anciãos da terra.
Ela faz roupas de linho fino e as vende;
ela fornece cintas aos comerciantes.
A força e a dignidade são os seus vestidos,
e, quanto ao dia de amanhã, não tem preocupações.
Fala com sabedoria, e a instrução da bondade
está na sua língua.
Cuida do bom andamento
da sua casa e não come o pão da preguiça.
Seus filhos se levantam
e a chamam de bem-aventurada;
seu marido a louva, dizendo:
"Muitas mulheres são virtuosas
no que fazem, mas você supera todas elas".
Enganosa é a graça, e vã é a formosura,
mas a mulher que teme o SENHOR,
essa será louvada.
Deem a ela o fruto das suas mãos,
e que de público as suas obras a louvem.

Quem acha uma esposa acha o bem;
recebeu uma bênção do SENHOR.

Referências: Provérbios 31:10,21-31; 18:22

Textos relacionados: 1 Samuel 25:1-42; Provérbios 19:14; Lucas 1:26-55; Efésios 5:21-24; 1 Pedro 3:1-6

SEU CRIADOR É SEU MARIDO

"Cante, ó estéril,
você que não deu à luz;
exulte e grite de alegria,
você que nunca sentiu dores de parto!
Porque os filhos da mulher solitária
são mais numerosos
do que os filhos da casada",
diz o SENHOR.
"Alargue o espaço de sua tenda
e aumente o toldo de sua habitação;
não o impeça; alongue as cordas
e firme bem as estacas".

"Não tenha medo,
porque você não será envergonhada;
não tenha vergonha,
porque você não sofrerá humilhação.
Você se esquecerá
da vergonha da sua mocidade
e não mais se lembrará
da desgraça da sua viuvez.
Porque o seu Criador é o seu marido;
SENHOR dos Exércitos é o seu nome.
O Santo de Israel é o seu Redentor;
ele é chamado 'O Deus de toda a terra'."
"Porque o SENHOR chamou você
como se chama a mulher abandonada
e de espírito abatido, como se chama
a mulher da mocidade,
que havia sido repudiada",
diz o seu Deus.
"Por um breve momento
abandonei você,
mas com grande misericórdia
tornarei a acolhê-la.
Num ímpeto de indignação,
escondi de você a minha face
por um momento,
mas com misericórdia eterna
me compadeço de você",
diz o SENHOR, o seu Redentor.

Referências: Isaías 54:1-2,4-8

Textos relacionados: Salmo 45; Cântico dos Cânticos 4; Isaías 62:1-7; Apocalipse 19:5-9; 21:1-4

A LEI: DIREITOS DAS MULHERES

Se um homem vender a sua filha para ser escrava, esta não ficará livre como ficam livres os escravos homens. Se ela não agradar ao seu dono, que se comprometeu a casar com ela, ele terá de permitir que ela seja resgatada; não poderá vendê-la a um povo estranho, pois isso será deslealdade para com ela. Mas, se a casar com seu filho, deverá tratá-la como se tratam as filhas. Se ele der ao filho outra mulher, não diminuirá o mantimento da primeira, nem os seus vestidos, nem os seus direitos conjugais. Se não lhe fizer estas três coisas, ela poderá ir embora de graça, sem ter de pagar nada.

Não desonre a sua filha, fazendo dela uma prostituta, para que a terra não se prostitua, nem se encha de maldade.

Se dois irmãos morarem juntos, e um deles morrer sem filhos, a mulher do que morreu não se casará com um estranho, alguém de fora da família; seu cunhado a tomará, a receberá por mulher e exercerá para com ela a obrigação de cunhado. O primogênito que ela lhe der será sucessor do nome do seu irmão falecido, para que o nome deste não se apague em Israel.

Referências: Êxodo 21:7-11; Levítico 19:29; Deuteronômio 25:5-6

Textos relacionados: Êxodo 22:16-17; Números 27; 30; 36; Deuteronômio 21:10-17; 22:13-30; 25:7-10; Rute 3–4

A LEI: O TABERNÁCULO

Ora, a primeira aliança também tinha preceitos de culto divino e o seu santuário terrestre. Porque foi edificado um tabernáculo, cuja parte da frente, onde estavam o candelabro, a mesa e os pães da proposição, se chama o Santo Lugar. Por trás do segundo véu se encontrava o tabernáculo que se chama o Santo dos Santos, ao qual pertencia um altar de ouro para o incenso e a arca da aliança totalmente coberta de ouro, na qual estava uma urna de ouro contendo o maná, o bordão de Arão, que floresceu, e as tábuas da aliança. Sobre a arca estavam os querubins de glória, que, com a sua sombra, cobriam o propiciatório. Mas dessas coisas não falaremos, agora, com mais detalhes.

Ora, depois que foram feitos todos esses preparativos, os sacerdotes entram continuamente no primeiro tabernáculo para realizar os serviços sagrados. Mas, no segundo, o sumo sacerdote entra sozinho uma vez por ano, não sem sangue, que oferece por si e pelos pecados de ignorância do povo.

Quando, porém, Cristo veio como sumo sacerdote dos bens já realizados, mediante o maior e mais perfeito tabernáculo, não feito por mãos humanas, quer dizer, não desta criação, e não pelo sangue de bodes e de bezerros, mas pelo seu próprio sangue, ele entrou no Santuário, uma vez por todas, e obteve uma eterna redenção.

Referências: Hebreus 9:1-7,11-12

Textos relacionados: Êxodo 25–27; 35–40; Marcos 15:37-38; Hebreus 9:13-28; 10:9-23

A LEI: O SACERDÓCIO

O SENHOR disse a Arão:

—Você, os seus filhos e a casa de seu pai levarão sobre si a iniquidade com relação ao santuário; você e os seus filhos levarão sobre si a iniquidade com relação ao sacerdócio. Traga também os seus irmãos, a tribo de Levi, a tribo de seu pai, para que se ajuntem a você e o sirvam, quando você e os seus filhos estiverem diante da tenda do testemunho.

Portanto, vocês farão o serviço do santuário e do altar, para que não haja outra vez ira contra os filhos de Israel. Eis que eu tomei os irmãos de vocês, os levitas, do meio dos filhos de Israel; eles são dados a vocês como dádiva ao SENHOR, para servirem na tenda do encontro. Mas você e os seus filhos atenderão ao seu sacerdócio em tudo o que diz respeito ao altar, e ao que estiver para dentro do véu; este é o serviço de vocês. Eu lhes dou o seu ofício sacerdotal como dádiva; porém o estranho que se aproximar será morto.

Todas as ofertas sagradas, que os filhos de Israel oferecerem ao SENHOR, eu dou a você, aos seus filhos e às suas filhas, por direito perpétuo. Esta é uma aliança perpétua de sal diante do SENHOR, para você e para a sua descendência. O SENHOR disse também a Arão:

—Na terra deles você não terá nenhuma herança e, no meio deles, você não terá nenhuma porção. Eu sou a sua porção e a sua herança no meio dos filhos de Israel.

Referências: Números 18:1-2,5-7,19-20

Textos relacionados: Levítico 1–7; 21–22; Números 3; Hebreus 7–9; 1 Pedro 2:4-10

A LEI: EXPULSANDO AS NAÇÕES

Quando o SENHOR, seu Deus, os levar para a terra que vocês vão possuir, e tiver expulsado muitas nações de diante de vocês: os heteus, os girgaseus, os amorreus, os cananeus, os ferezeus, os heveus e os jebuseus — sete nações mais numerosas e mais poderosas do que vocês; e, quando o SENHOR, seu Deus, as tiver entregue nas mãos de vocês, para que as ataquem, vocês devem destruí-las totalmente. Não façam aliança com essas nações, nem tenham piedade delas. Não casem com pessoas dessas nações; não deem as suas filhas aos filhos dessa gente, nem tomem as filhas deles para os filhos de vocês, pois elas levariam os filhos de vocês a se desviar de mim, para que servissem outros deuses. Assim, a ira do SENHOR se acenderia contra vocês e depressa ele os destruiria. Mas o que vocês devem fazer é derrubar os altares dessas nações, quebrar as suas colunas sagradas, cortar os postes da deusa Aserá e queimar as suas imagens de escultura.

Porque vocês são povo santo para o SENHOR, seu Deus. O SENHOR, seu Deus, os escolheu, para que, de todos os povos que há sobre a terra, vocês fossem o seu povo próprio. O SENHOR os amou e os escolheu, não porque vocês eram mais numerosos do que outros povos, pois vocês eram o menor de todos os povos. Mas porque o SENHOR os amava e, para cumprir o juramento que tinha feito aos pais de vocês, o SENHOR os tirou com mão poderosa e os resgatou da casa da servidão, do poder de Faraó, rei do Egito.

Referências: Deuteronômio 7:1-8

Textos relacionados: Deuteronômio 8:18–9:5; Juízes 2:10-23; 2 Coríntios 6:14–7:1; Colossenses 4:4-6; 1 Pedro 2:1-12

A LEI: NÃO É TÃO DIFÍCIL

Porque este mandamento que hoje lhes ordeno não é demasiadamente difícil, nem está longe de vocês. Não está no céu, para que tenham de dizer: "Quem subirá até o céu por nós, para nos trazer o mandamento e anunciá-lo a nós, para que o cumpramos?". Nem está do outro lado do mar, para que tenham de dizer: "Quem irá atravessar o mar por nós, para nos trazer o mandamento e anunciá-lo a nós, para que o cumpramos?". Pois esta palavra está bem perto de vocês, na sua boca e no seu coração, para que vocês a cumpram.

Vejam! Hoje coloco diante de vocês a vida e o bem, a morte e o mal. Se guardarem o mandamento que hoje lhes ordeno, que amem o SENHOR, seu Deus, andem nos seus caminhos e guardem os seus mandamentos, os seus estatutos e os seus juízos, então vocês viverão e se multiplicarão, e o SENHOR, seu Deus, os abençoará na terra em que estão entrando para dela tomar posse. Mas, se o coração de vocês se desviar, e não quiserem ouvir, mas forem seduzidos, se inclinarem diante de outros deuses e os servirem, então hoje lhes declaro que, certamente, perecerão; não permanecerão muito tempo na terra na qual, passando o Jordão, vocês vão entrar para dela tomar posse. Hoje tomo o céu e a terra por testemunhas contra vocês, que lhes propus a vida e a morte, a bênção e a maldição; escolham, pois, a vida, para que vivam, vocês e os seus descendentes, amando o SENHOR, seu Deus, dando ouvidos à sua voz e apegando-se a ele; pois disto depende a vida e a longevidade de vocês. Escolham a vida, para que habitem na terra que o SENHOR, sob juramento, prometeu dar aos pais de vocês, a Abraão, Isaque e Jacó.

Referências: Deuteronômio 30:11-20

Textos relacionados: Deuteronômio 7:9-15; 10:12-13; Miqueias 6:6-8; João 14:15; Romanos 10:5-13; 1 João 5:3

SERMÃO DO MONTE: BEM-AVENTURANÇAS

Ao ver as multidões, Jesus subiu ao monte. Ele se assentou e os seus discípulos se aproximaram dele. Então ele passou a ensiná-los.

Jesus disse:

—Bem-aventurados os pobres em espírito,
porque deles é o Reino dos Céus.
—Bem-aventurados os que choram,
porque serão consolados.
—Bem-aventurados os mansos, porque herdarão a terra.
—Bem-aventurados os que têm fome
e sede de justiça, porque serão saciados.
—Bem-aventurados os misericordiosos,
porque alcançarão misericórdia.
—Bem-aventurados os limpos de coração,
porque verão a Deus.
—Bem-aventurados os pacificadores,
porque serão chamados filhos de Deus.
—Bem-aventurados os perseguidos por causa da justiça,
porque deles é o Reino dos Céus.

Referências: Mateus 5:1-10

Textos relacionados: Gênesis 12:1-3; Salmo 1; Lucas 6:17-26; 11:27-28; João 20:24-29

SERMÃO DO MONTE: SAL E LUZ

Bem-aventurados são vocês quando, por minha causa, os insultarem e os perseguirem, e, mentindo, disserem todo mal contra vocês. Alegrem-se e exultem, porque é grande a sua recompensa nos céus; pois assim perseguiram os profetas que viveram antes de vocês.

Vocês são o sal da terra; ora, se o sal vier a ser insípido, como lhe restaurar o sabor? Para nada mais presta senão para, lançado fora, ser pisado pelos homens.

Vocês são a luz do mundo. Não se pode esconder uma cidade situada no alto de um monte. Nem se acende uma lamparina para colocá-la debaixo de um cesto, mas num lugar adequado onde ilumina bem todos os que estão na casa. Assim brilhe também a luz de vocês diante dos outros, para que vejam as boas obras que vocês fazem e glorifiquem o Pai de vocês, que está nos céus.

Porque no passado vocês eram trevas, mas agora são luz no Senhor. Vivam como filhos da luz — porque o fruto da luz consiste em toda bondade, justiça e verdade —, tratando de descobrir o que é agradável ao Senhor.

Referências: Mateus 5:11-16; Efésios 5:8-10

Textos relacionados: Provérbios 13:9; Marcos 9:50; Lucas 14:34-35; 1 Pedro 4:12-19

SERMÃO DO MONTE: CUMPRINDO A LEI

Não pensem que vim revogar a Lei ou os Profetas; não vim para revogar, mas para cumprir. Porque em verdade lhes digo: até que o céu e a terra passem, nem um i ou um til jamais passará da Lei, até que tudo se cumpra. Aquele, pois, que desrespeitar um destes mandamentos, ainda que dos menores, e ensinar os outros a fazer o mesmo, será considerado mínimo no Reino dos Céus; aquele, porém, que os observar e ensinar, esse será considerado grande no Reino dos Céus. Porque eu afirmo que, se a justiça de vocês não exceder em muito a dos escribas e fariseus, jamais entrarão no Reino dos Céus.

Agora, pois, já não existe nenhuma condenação para os que estão em Cristo Jesus. Porque a lei do Espírito da vida, em Cristo Jesus, livrou você da lei do pecado e da morte. Porque aquilo que a lei não podia fazer, por causa da fraqueza da carne, isso Deus fez, enviando o seu próprio Filho em semelhança de carne pecaminosa e no que diz respeito ao pecado. E assim Deus condenou o pecado na carne, a fim de que a exigência da lei se cumprisse em nós, que não vivemos segundo a carne, mas segundo o Espírito.

Referências: Mateus 5:17-20; Romanos 8:1-4

Textos relacionados: Salmo 119:161-176; Mateus 22:34-40; Romanos 3:21-31; 7–8

SERMÃO DO MONTE: ASSASSINATO E ÓDIO

Vocês ouviram o que foi dito aos antigos: "**Não mate**". E ainda: "Quem matar estará sujeito a julgamento". Eu, porém, lhes digo que todo aquele que se irar contra o seu irmão estará sujeito a julgamento; e quem insultar o seu irmão estará sujeito a julgamento do tribunal; e quem o chamar de tolo estará sujeito ao inferno de fogo. Portanto, se você estiver trazendo a sua oferta ao altar e lá se lembrar que o seu irmão tem alguma coisa contra você, deixe diante do altar a sua oferta e vá primeiro reconciliar-se com o seu irmão; e então volte e faça a sua oferta.

Entre em acordo sem demora com o seu adversário, enquanto você está com ele a caminho, para que o adversário não entregue você ao juiz, o juiz entregue você ao oficial de justiça, e você seja jogado na prisão. Em verdade lhe digo que você não sairá dali enquanto não pagar o último centavo.

Quem diz estar na luz, mas odeia o seu irmão, está nas trevas até agora. Quem ama o seu irmão permanece na luz, e nele não há nenhum tropeço. Mas quem odeia o seu irmão está nas trevas, anda nas trevas e não sabe para onde vai, porque as trevas lhe cegaram os olhos.

Referências: Mateus 5:21-26; 1 João 2:9-11

Textos relacionados: Êxodo 20:13; Provérbios 8:12-13; Mateus 5:38-48; Lucas 6:22-36

SERMÃO DO MONTE: ADULTÉRIO

Vocês ouviram o que foi dito: "**Não cometa adultério**". Eu, porém, lhes digo: todo o que olhar para uma mulher com intenção impura, já cometeu adultério com ela no seu coração.

Se o seu olho direito leva você a tropeçar, arranque-o e jogue-o fora. Pois é preferível você perder uma parte do seu corpo do que ter o corpo inteiro lançado no inferno. E, se a sua mão direita leva você a tropeçar, corte-a e jogue-a fora. Pois é preferível você perder uma parte do seu corpo do que o corpo inteiro ir para o inferno.

Também foi dito: "**Aquele que repudiar a sua mulher deve dar-lhe uma carta de divórcio**". Eu, porém, lhes digo: quem repudiar a sua mulher, exceto em caso de relações sexuais ilícitas, a expõe a se tornar adúltera; e aquele que casar com a repudiada comete adultério.

Pois a vontade de Deus é a santificação de vocês: que se abstenham da imoralidade sexual; que cada um de vocês saiba controlar o seu próprio corpo em santificação e honra, não com desejos imorais, como os gentios que não conhecem a Deus. E que, nesta matéria, ninguém ofenda nem defraude o seu irmão. Porque, contra todas estas coisas, como antes já avisamos e testificamos, o Senhor é o vingador. Pois Deus não nos chamou para a impureza, e sim para a santificação. Portanto, quem rejeita estas coisas não rejeita uma pessoa, mas rejeita Deus, que também dá o seu Espírito Santo a vocês.

Referências: Mateus 5:27-32; 1 Tessalonicenses 4:3-8

Textos relacionados: Deuteronômio 24:1-4; Provérbios 5; Malaquias 2:10-16; Mateus 19:3-12; 1 Coríntios 7

SERMÃO DO MONTE: AMOR, NÃO VINGANÇA

Vocês ouviram o que foi dito: "**Olho por olho, dente por dente**". Eu, porém, lhes digo: Não resistam ao perverso. Se alguém lhe der um tapa na face direita, ofereça-lhe também a face esquerda. Se alguém quer processar você e tirar-lhe a túnica, deixe que leve também a capa. Se alguém obrigar você a andar uma milha, vá com ele duas. Dê a quem lhe pede e não volte as costas ao que quer lhe pedir emprestado.

Vocês ouviram o que foi dito: "**Ame o seu próximo** e odeie o seu inimigo". Eu, porém, lhes digo: amem os seus inimigos e orem pelos que perseguem vocês, para demonstrarem que são filhos do Pai de vocês, que está nos céus. Porque ele faz o seu sol nascer sobre maus e bons e vir chuvas sobre justos e injustos. Porque, se vocês amam aqueles que os amam, que recompensa terão? Os publicanos também não fazem o mesmo? E, se saudarem somente os seus irmãos, o que é que estão fazendo de mais? Os gentios também não fazem o mesmo? Portanto, sejam perfeitos como é perfeito o Pai de vocês, que está no céu.

Amados, amemo-nos uns aos outros, porque o amor procede de Deus, e todo aquele que ama é nascido de Deus e conhece a Deus. Quem não ama não conhece a Deus, pois Deus é amor.

Referências: Mateus 5:38-48; 1 João 4:7-8

Textos relacionados: Gênesis 12:1-3; Levítico 24:17-20; Lucas 6:27-37; Romanos 12:14-18

SERMÃO DO MONTE: TESOUROS NO CÉU

Evitem praticar as suas obras de justiça diante dos outros para serem vistos por eles; porque, sendo assim, vocês já não terão nenhuma recompensa junto do Pai de vocês, que está nos céus.

Quando, pois, você der esmola, não fique tocando trombeta nas sinagogas e nas ruas, como fazem os hipócritas, para serem elogiados pelos outros. Em verdade lhes digo que eles já receberam a sua recompensa. Mas, ao dar esmola, que a sua mão esquerda ignore o que a mão direita está fazendo, para que a sua esmola fique em secreto. E o seu Pai, que vê em secreto, lhe dará a recompensa.

Não acumulem tesouros sobre a terra, onde as traças e a ferrugem corroem e onde ladrões escavam e roubam; mas ajuntem tesouros no céu, onde as traças e a ferrugem não corroem, e onde ladrões não escavam, nem roubam. Porque, onde estiver o seu tesouro, aí estará também o seu coração.

Os olhos são a lâmpada do corpo. Se os seus olhos forem bons, todo o seu corpo será cheio de luz; se, porém, os seus olhos forem maus, todo o seu corpo estará em trevas. Portanto, se a luz que existe em você são trevas, que grandes trevas serão!

Ninguém pode servir a dois senhores; porque ou irá odiar um e amar o outro, ou irá se dedicar a um e desprezar o outro. Vocês não podem servir a Deus e às riquezas.

Referências: Mateus 6:1-4,19-24

Textos relacionados: Provérbios 11:24-25; Marcos 10:17-31; Lucas 6:38; 12:32-34; Atos 20:32-35; 2 Coríntios 9:6-15

SERMÃO DO MONTE: ORAÇÃO

E, quando orarem, não sejam como os hipócritas, que gostam de orar em pé nas sinagogas e nos cantos das praças, para serem vistos pelos outros. Em verdade lhes digo que eles já receberam a sua recompensa. Mas, ao orar, entre no seu quarto e, fechada a porta, ore ao seu Pai, que está em secreto. E o seu Pai, que vê em secreto, lhe dará a recompensa. E, orando, não usem vãs repetições, como os gentios; porque eles pensam que por muito falar serão ouvidos. Não sejam, portanto, como eles; porque o Pai de vocês sabe o que vocês precisam, antes mesmo de lhe pedirem.

Portanto, orem assim:
Pai nosso, que estás nos céus,
santificado seja o teu nome;
venha o teu Reino;
seja feita a tua vontade,
assim na terra como no céu;
o pão nosso de cada dia
nos dá hoje;
e perdoa-nos as nossas dívidas,
assim como nós
também perdoamos
aos nossos devedores;
e não nos deixes
cair em tentação;
mas livra-nos do mal
[pois teu é o Reino,
o poder e a glória
para sempre. Amém]!

Porque, se perdoarem aos outros as ofensas deles, também o Pai de vocês, que está no céu, perdoará vocês; se, porém, não perdoarem aos outros as ofensas deles, também o Pai de vocês não perdoará as ofensas de vocês.

Referências: Mateus 6:5-15

Textos relacionados: Salmo 5; Marcos 11:22-26; Lucas 11:1-13; 18:1-14; Tiago 5:13-20

SERMÃO DO MONTE: JEJUM

Quando vocês jejuarem, não fiquem com uma aparência triste, como os hipócritas; porque desfiguram o rosto a fim de parecer aos outros que estão jejuando. Em verdade lhes digo que eles já receberam a sua recompensa. Mas você, quando jejuar, unja a cabeça e lave o rosto, a fim de não parecer aos outros que você está jejuando, e sim ao seu Pai, em secreto. E o seu Pai, que vê em secreto, lhe dará a recompensa.

Ora, os discípulos de João e os fariseus estavam jejuando. Algumas pessoas foram perguntar a Jesus:

—Por que os discípulos de João e os discípulos dos fariseus jejuam, mas os seus discípulos não jejuam?

Jesus respondeu:

—Como podem os convidados para o casamento jejuar enquanto o noivo está com eles? Durante o tempo em que o noivo estiver presente, não podem jejuar. No entanto, virão dias em que o noivo lhes será tirado, e então, naquele dia, eles vão jejuar. Ninguém costura um remendo de pano novo em roupa velha; porque o remendo novo tira um pedaço da roupa velha, e o buraco fica ainda maior. E ninguém põe vinho novo em odres velhos, porque, se fizer isso, o vinho romperá os odres e se perdem tanto o vinho como os odres. Mas põe-se vinho novo em odres novos.

Referências: Mateus 6:16-18; Marcos 2:18-22

Textos relacionados: Ester 3–4; Isaías 58; Jonas 3; Zacarias 7–8; Atos 14:21-23

SERMÃO DO MONTE: POR QUE SE PREOCUPAR?

Por isso, digo a vocês: não se preocupem com a sua vida, quanto ao que irão comer ou beber; nem com o corpo, quanto ao que irão vestir. Não é a vida mais do que o alimento, e não é o corpo mais do que as roupas? Observem as aves do céu, que não semeiam, não colhem, nem ajuntam em celeiros. No entanto, o Pai de vocês, que está no céu, as sustenta. Será que vocês não valem muito mais do que as aves? Quem de vocês, por mais que se preocupe, pode acrescentar um côvado ao curso da sua vida?

E por que se preocupam com o que vão vestir? Observem como crescem os lírios do campo: eles não trabalham, nem fiam. Eu, porém, afirmo a vocês que nem Salomão, em toda a sua glória, se vestiu como qualquer deles. Ora, se Deus veste assim a erva do campo, que hoje existe e amanhã é lançada no forno, não fará muito mais por vocês, homens de pequena fé? Portanto, não se preocupem, dizendo: "Que comeremos?", "Que beberemos?" ou "Com que nos vestiremos?". Porque os gentios é que procuram todas estas coisas. O Pai de vocês, que está no céu, sabe que vocês precisam de todas elas. Mas busquem em primeiro lugar o Reino de Deus e a sua justiça, e todas estas coisas lhes serão acrescentadas.

Portanto, não se preocupem com o dia de amanhã, pois o amanhã trará os seus cuidados; basta ao dia o seu próprio mal.

Referências: Mateus 6:25-34

Textos relacionados: Provérbios 12:25; Marcos 13:11; Lucas 12:11-34; Filipenses 4:6-7

SERMÃO DO MONTE: JULGAR E PEDIR

Não julguem, para que vocês não sejam julgados. Pois com o critério com que vocês julgarem vocês serão julgados; e com a medida com que vocês tiverem medido vocês também serão medidos.

Por que você vê o cisco no olho do seu irmão, mas não repara na trave que está no seu próprio? Ou como você dirá a seu irmão: "Deixe que eu tire o cisco do seu olho", quando você tem uma trave no seu próprio? Hipócrita! Tire primeiro a trave do seu olho e então você verá claramente para tirar o cisco do olho do seu irmão.

Não deem aos cães o que é santo, nem joguem as suas pérolas diante dos porcos, para que estes não as pisem com os pés e aqueles, voltando-se, não estraçalhem vocês.

Peçam e lhes será dado; busquem e acharão; batam, e a porta será aberta para vocês. Pois todo o que pede recebe; o que busca encontra; e, a quem bate, a porta será aberta. Ou quem de vocês, se o filho pedir pão, lhe dará uma pedra? Ou, se pedir um peixe, lhe dará uma cobra? Ora, se vocês, que são maus, sabem dar coisas boas aos seus filhos, quanto mais o Pai de vocês, que está nos céus, dará coisas boas aos que lhe pedirem?

Portanto, tudo o que vocês querem que os outros façam a vocês, façam também vocês a eles; porque esta é a Lei e os Profetas.

Referências: Mateus 7:1-12

Textos relacionados: João 16:24; Romanos 14:1-13; 1 Coríntios 5; Tiago 4:1-3; 1 João 3:21-22

SERMÃO DO MONTE: OS DOIS CAMINHOS

Entrem pela porta estreita! Porque larga é a porta e espaçoso é o caminho que conduz para a perdição, e são muitos os que entram por ela. Estreita é a porta e apertado é o caminho que conduz para a vida, e são poucos os que o encontram.

Nem todo o que me diz: "Senhor, Senhor!" entrará no Reino dos Céus, mas aquele que faz a vontade de meu Pai, que está nos céus. Muitos, naquele dia, vão me dizer: "Senhor, Senhor, nós não profetizamos em seu nome? E em seu nome não expulsamos demônios? E em seu nome não fizemos muitos milagres?". Então lhes direi claramente: "Eu nunca conheci vocês. **Afastem-se de mim, vocês que praticam o mal**".

Todo aquele, pois, que ouve estas minhas palavras e as pratica será comparado a um homem prudente que construiu a sua casa sobre a rocha. Caiu a chuva, transbordaram os rios, sopraram os ventos e bateram com força contra aquela casa, e ela não desabou, porque tinha sido construída sobre a rocha. E todo aquele que ouve estas minhas palavras e não as pratica será comparado a um homem insensato que construiu a sua casa sobre a areia. Caiu a chuva, transbordaram os rios, sopraram os ventos e bateram com força contra aquela casa, e ela desabou, sendo grande a sua ruína.

Quando Jesus acabou de proferir estas palavras, as multidões estavam maravilhadas com a sua doutrina, porque ele as ensinava como quem tem autoridade, e não como os escribas.

Referências: Mateus 7:13-14,21-29

Textos relacionados: Provérbios 14:11-12; Lucas 13:22-30; João 10:1-10; Efésios 2:13-22

JUNHO

Com a leitura das Escrituras, sinto-me tão renovado que toda a natureza parece renovada, tanto ao meu redor quanto em mim. O mundo inteiro está repleto da glória de Deus e sinto calor e música na terra sob meus pés.

Thomas Merton (1915–68)
Monge norte-americano

As Escrituras [...] dissipam as trevas e nos dá uma visão clara do verdadeiro Deus.

João Calvino (1509–64)
Teólogo e reformador francês

Dê-me uma Bíblia usada e penso que serei capaz de falar sobre um homem ao observar as marcas dos dedos sujos dele nas páginas nas quais ele procura.

John Steinbeck (1902–68)
Escritor norte-americano

O BEZERRO DE OURO

O povo viu que Moisés demorava para descer do monte. Então reuniu-se em volta de Arão e lhe disse:

—Levante-se, faça para nós deuses que vão adiante de nós; pois, quanto a este Moisés, o homem que nos tirou do Egito, não sabemos o que lhe aconteceu.

Arão respondeu:

—Tirem as argolas de ouro das orelhas de suas mulheres, de seus filhos e de suas filhas e tragam para mim.

Este, recebendo-as das mãos deles, trabalhou o ouro com buril e fez dele um bezerro de metal fundido. Então disseram:

—São estes, ó Israel, os seus deuses, que tiraram você da terra do Egito.

Arão, vendo isso, edificou um altar diante do bezerro e fez a seguinte proclamação:

—Amanhã haverá festa ao SENHOR.

No dia seguinte, madrugaram, ofereceram holocaustos e trouxeram ofertas pacíficas. E o povo sentou-se para comer e beber e levantou-se para se divertir.

Então o SENHOR disse a Moisés:

—Vá, desça; porque o seu povo, o povo que você tirou do Egito, se corrompeu e depressa se desviou do caminho que eu lhe havia ordenado; fez para si um bezerro de metal fundido, o adorou e lhe ofereceu sacrifícios, dizendo: "São estes, ó Israel, os seus deuses, que tiraram você da terra do Egito".

O SENHOR disse ainda a Moisés:

—Tenho visto este povo, e eis que é povo teimoso. Agora, pois, deixe-me, para que se acenda contra eles o meu furor, e eu os consuma; e de você farei uma grande nação.

Referências: Êxodo 32:1-2,4-10

Textos relacionados: Deuteronômio 9:7-15; Neemias 9:16-19; Salmo 106:19-22; Atos 7:37-41

MOISÉS SUPLICA PELOS ISRAELITAS

Porém Moisés suplicou ao SENHOR, seu Deus, dizendo:

—Ó SENHOR, por que se acende a tua ira contra o teu povo, que tiraste da terra do Egito com grande poder e forte mão? Por que deixar que os egípcios digam: "Ele os tirou de lá com más intenções, para matá-los nos montes e para eliminá-los da face da terra"? Deixa de lado o furor da tua ira e muda de ideia quanto a este mal contra o teu povo. Lembra-te de Abraão, de Isaque e de Israel, teus servos, aos quais por ti mesmo juraste, dizendo: "Multiplicarei a descendência de vocês como as estrelas do céu, e toda esta terra de que tenho falado, eu a darei à sua descendência, para que a possuam por herança eternamente".

Então o SENHOR mudou de ideia quanto ao mal que ele tinha dito que traria sobre o povo.

Moisés voltou-se e desceu do monte com as duas tábuas do testemunho nas mãos, tábuas escritas de ambos os lados; de um e de outro lado estavam escritas. As tábuas eram obra de Deus; também o que estava escrito tinha sido escrito pelo próprio Deus, esculpido nas tábuas.

Logo que se aproximou do arraial e viu o bezerro e as danças, Moisés ficou muito irado. Arremessou as tábuas de pedra das suas mãos e quebrou-as ao pé do monte. E, pegando o bezerro que tinham feito, queimou-o e o reduziu a pó, que espalhou sobre a água, e deu de beber aos filhos de Israel.

Referências: Êxodo 32:11-16,19-20

Textos relacionados: Gênesis 15:1-5; 22:15-18; 26:2-4; Deuteronômio 9:16-21; Salmo 106:23; Jonas 3; Atos 7:40-42

A HISTÓRIA DE ISRAEL NOS ADVERTE

Ora, irmãos, não quero que vocês ignorem que os nossos pais estiveram todos sob a nuvem, e todos passaram pelo mar, e todos, em Moisés, foram batizados, tanto na nuvem como no mar. Todos eles comeram do mesmo alimento espiritual e beberam da mesma bebida espiritual. Porque bebiam de uma pedra espiritual que os seguia; e a pedra era Cristo. Mas Deus não se agradou da maioria deles, razão pela qual ficaram prostrados no deserto. Ora, estas coisas se tornaram exemplos para nós, a fim de que não cobicemos as coisas más, como eles cobiçaram.

Não sejam idólatras, como alguns deles foram, conforme está escrito: "**O povo assentou-se para comer e beber e levantou-se para se divertir**". E não pratiquemos imoralidade, como alguns deles o fizeram e caíram mortos, num só dia, vinte e três mil.

Estas coisas aconteceram com eles para servir de exemplo e foram escritas como advertência a nós, para quem o fim dos tempos tem chegado.

Por isso, aquele que pensa estar em pé veja que não caia. Não sobreveio a vocês nenhuma tentação que não fosse humana; mas Deus é fiel e não permitirá que vocês sejam tentados além do que podem suportar; pelo contrário, juntamente com a tentação proverá livramento, para que vocês a possam suportar.

Referências: 1 Coríntios 10:1-8,11-13

Textos relacionados: Êxodo 14; 17:1-7; João 6; Hebreus 2:9-18; Tiago 1:12-15

DEUS PERDOA QUEM SE ARREPENDE

Então o SENHOR disse a Moisés:

—Corte duas tábuas de pedra, como as primeiras, e eu escreverei nelas as mesmas palavras que estavam nas primeiras tábuas, que você quebrou.

Então Moisés cortou duas tábuas de pedra, como as primeiras. E, levantando-se de madrugada, subiu o monte Sinai, como o SENHOR lhe havia ordenado, levando nas mãos as duas tábuas de pedra.

O SENHOR desceu na nuvem, esteve ali junto de Moisés e proclamou o nome do SENHOR. O SENHOR passou diante de Moisés e proclamou:

—O SENHOR! O SENHOR Deus compassivo e bondoso, tardio em irar-se e grande em misericórdia e fidelidade; que guarda a misericórdia em mil gerações, que perdoa a maldade, a transgressão e o pecado, ainda que não inocente o culpado, e visita a iniquidade dos pais nos filhos e nos filhos dos filhos, até a terceira e quarta geração!

E imediatamente Moisés curvou-se para a terra, adorou o SENHOR e disse:

—Senhor, se agora alcancei favor diante de ti, continua no meio de nós; porque este povo é teimoso. Perdoa a nossa iniquidade e o nosso pecado e toma-nos por tua herança.

Então o SENHOR disse:

—Eis que eu faço uma aliança. Diante de todo o seu povo farei maravilhas que nunca foram feitas em toda a terra, nem entre nação alguma, de maneira que todo este povo, em cujo meio você está, veja a obra do SENHOR; porque coisa terrível é o que faço com você.

Referências: Êxodo 34:1,4-10

Textos relacionados: Salmos 86:15; 103:8; 145:8; João 3:16-21; 1 João 1:9

DEUS É COMPASSIVO

Não sejam como os seus pais e como os seus irmãos, que foram infiéis ao Senhor, Deus de seus pais. Foi por isso que ele os entregou à desolação, como vocês estão vendo. Não sejam teimosos como os seus pais. Entreguem-se ao Senhor e venham ao seu santuário, que ele santificou para sempre. Sirvam ao Senhor, o Deus de vocês, para que o furor da sua ira se afaste de vocês. Porque, se vocês se voltarem ao Senhor, os irmãos e os filhos de vocês acharão misericórdia diante dos que os levaram cativos, e eles voltarão a esta terra. Porque o Senhor, o Deus de vocês, é bondoso e compassivo e não desviará de vocês o seu rosto, se vocês se voltarem para ele".

Bondoso e compassivo é o Senhor,
tardio em irar-se
e grande em misericórdia.
O Senhor é bom para todos,
e as suas misericórdias permeiam
todas as suas obras.

Bendito seja o Deus e Pai de nosso Senhor Jesus Cristo, o Pai de misericórdias e Deus de toda consolação! É ele que nos consola em toda a nossa tribulação, para que, pela consolação que nós mesmos recebemos de Deus, possamos consolar os que estiverem em qualquer espécie de tribulação. Porque, assim como transbordam sobre nós os sofrimentos de Cristo, assim também por meio de Cristo transborda o nosso consolo.

Referências: 2 Crônicas 30:7-9; Salmo 145:8-9; 2 Coríntios 1:3-5

Textos relacionados: Êxodo 33:19; 2 Crônicas 30:7-9; Neemias 9:16-19; Salmo 103; Lamentações 3:19-23

DEUS É PERDOADOR

Quem é semelhante a ti, ó Deus,
que perdoas a iniquidade
e te esqueces da transgressão
do remanescente da tua herança?
O SENHOR não retém
a sua ira para sempre,
porque tem prazer
na misericórdia.
Ele voltará a ter
compaixão de nós;
pisará aos pés
as nossas iniquidades
e lançará todos os nossos pecados
nas profundezas do mar.
Mostrarás a Jacó a fidelidade
e a Abraão, a misericórdia,
as quais juraste aos nossos pais,
desde os dias antigos.

A mensagem que dele ouvimos e que anunciamos a vocês é esta: Deus é luz, e não há nele treva nenhuma. Se dissermos que mantemos comunhão com ele e andarmos nas trevas, mentimos e não praticamos a verdade. Se andarmos na luz, como ele está na luz, mantemos comunhão uns com os outros, e o sangue de Jesus, seu Filho, nos purifica de todo pecado.

Se dissermos que não temos pecado nenhum, a nós mesmos enganamos, e a verdade não está em nós. Se confessarmos os nossos pecados, ele é fiel e justo para nos perdoar os pecados e nos purificar de toda injustiça. Se dissermos que não cometemos pecado, fazemos dele um mentiroso, e a sua palavra não está em nós.

Referências: Miqueias 7:18-20; 1 João 1:5-10

Textos relacionados: Números 14:1-35; 1 Reis 8:27-53; Salmo 32:1-5; Daniel 9:1-9; Mateus 6:14-15; 18:21-35

DEUS É GRACIOSO

Compassivo e justo é o SENHOR;
o nosso Deus é misericordioso.
O SENHOR vela pelos simples;
quando eu estava prostrado,
ele me salvou.
Ó minha alma, volte ao seu sossego,
pois o SENHOR tem sido bom para você.

E o Verbo se fez carne e habitou entre nós, cheio de graça e de verdade, e vimos a sua glória, glória como do unigênito do Pai.

Porque todos nós temos recebido da sua plenitude e graça sobre graça. Porque a lei foi dada por meio de Moisés; a graça e a verdade vieram por meio de Jesus Cristo.

Mas Deus, sendo rico em misericórdia, por causa do grande amor com que nos amou, e estando nós mortos em nossas transgressões, nos deu vida juntamente com Cristo — pela graça vocês são salvos — e juntamente com ele nos ressuscitou e com ele nos fez assentar nas regiões celestiais em Cristo Jesus. Deus fez isso para mostrar nos tempos vindouros a suprema riqueza da sua graça, em bondade para conosco, em Cristo Jesus.

Porque pela graça vocês são salvos, mediante a fé; e isto não vem de vocês, é dom de Deus; não de obras, para que ninguém se glorie.

Referências: Salmo 116:5-7; João 1:14,16-17; Efésios 2:4-9

Textos relacionados: Números 6:24-26; Provérbios 3:33-35; Romanos 5:12-21

DEUS É SANTO

Eu sou o SENHOR, que os tirei da terra do Egito, para que eu seja o Deus de vocês; portanto, sejam santos, porque eu sou santo.

No ano da morte do rei Uzias, eu vi o SENHOR assentado sobre um alto e sublime trono, e as abas de suas vestes enchiam o templo. Serafins estavam por cima dele. Cada um tinha seis asas: com duas cobria o rosto, com duas cobria os pés e com duas voava. E clamavam uns para os outros, dizendo:
"Santo, santo, santo é o SENHOR dos Exércitos;
toda a terra está cheia da sua glória".

Porque assim diz o Alto, o Sublime,
que habita a eternidade
e cujo nome é Santo:
"Habito no alto e santo lugar,
mas habito também com o contrito
e abatido de espírito, para vivificar
o espírito dos abatidos
e vivificar o coração dos contritos.
Pois não farei litígio para sempre,
nem me indignarei
continuamente;
porque, do contrário, o espírito
definharia diante de mim,
bem como o fôlego da vida, que eu criei".

Como filhos obedientes, não vivam conforme as paixões que vocês tinham anteriormente, quando ainda estavam na ignorância. Pelo contrário, assim como é santo aquele que os chamou, sejam santos vocês também em tudo o que fizerem, porque está escrito: "**Sejam santos, porque eu sou santo**".

Referências: Levítico 11:45; Isaías 6:1-3; 57:15-16; 1 Pedro 1:14-16

Textos relacionados: Êxodo 15:11; Levítico 22:31-33; Salmo 99; Apocalipse 4; 15:2-4

DEUS É MISERICORDIOSO

Inclina, SENHOR, os teus ouvidos
e responde-me,
pois estou aflito e necessitado.
Preserva a minha alma,
pois eu sou piedoso.
Ó Deus meu, salva o teu servo
que em ti confia.
Compadece-te de mim, ó Senhor,
pois a ti clamo todo o dia.
Alegra a alma do teu servo,
porque a ti, Senhor,
elevo a minha alma.
Pois tu, Senhor,
és bom e perdoador;
rico em misericórdia
para com todos
os que te invocam.
Escuta, SENHOR, a minha oração
e atende à voz
das minhas súplicas.
No dia da minha angústia
clamo a ti,
porque me respondes.

Ele lhes deu vida, quando vocês estavam mortos em suas transgressões e pecados, nos quais vocês andaram noutro tempo, segundo o curso deste mundo, segundo o príncipe da potestade do ar, do espírito que agora atua nos filhos da desobediência. Entre eles também nós todos andamos no passado, segundo as inclinações da nossa carne, fazendo a vontade da carne e dos pensamentos; e éramos por natureza filhos da ira, como também os demais. Mas Deus, sendo rico em misericórdia, por causa do grande amor com que nos amou, e estando nós mortos em nossas transgressões, nos deu vida juntamente com Cristo — pela graça vocês são salvos.

Referências: Salmo 86:1-7; Efésios 2:1-5

Textos relacionados: Êxodo 33:19; Deuteronômio 4:31; Neemias 9:29-31; Miqueias 7:18-20; Romanos 9:11-18

DEUS É TODO-PODEROSO

Então Jó respondeu ao SENHOR e disse:
"Bem sei que tudo podes,
e nenhum dos teus planos
pode ser frustrado".

Deem glória a Deus!
A sua majestade está sobre Israel,
e a sua fortaleza, nos céus.
Ó Deus, tu és tremendo
no teu santuário!
O Deus de Israel,
ele dá força e poder ao seu povo.
Bendito seja Deus!

Ah! Senhor DEUS, eis que tu fizeste os céus e a terra com o teu grande poder e com o teu braço estendido; nada é demasiadamente difícil para ti. Tu fazes misericórdia até mil gerações, mas também retribuis a iniquidade dos pais nos filhos. Tu és o grande, o poderoso Deus, cujo nome é SENHOR dos Exércitos, grande em conselho e magnífico em obras. Os teus olhos estão abertos sobre todos os caminhos dos filhos dos homens, para dar a cada um segundo o seu proceder, segundo o fruto das suas obras.

"Tu és digno,
Senhor e Deus nosso,
de receber a glória,
a honra e o poder,
porque criaste todas as coisas
e por tua vontade
elas vieram a existir
e foram criadas."

Referências: Jó 42:1-2; Salmo 68:34-35; Jeremias 32:17-19; Apocalipse 4:11

Textos relacionados: Gênesis 18:14; Êxodo 15:1-18; Salmo 29; Marcos 4:35-41

DEUS É ONIPRESENTE

Para onde me ausentarei
do teu Espírito?
Para onde fugirei da tua face?
Se subo aos céus, lá estás;
se faço a minha cama
no mais profundo abismo,
lá estás também;
se tomo as asas da alvorada
e me detenho
nos confins dos mares,
ainda ali a tua mão
me guiará,
e a tua mão direita me susterá.
Se eu digo: "As trevas,
com certeza, me encobrirão,
e a luz ao redor de mim
se fará noite",
até as próprias trevas
não te serão escuras,
e a noite é tão clara como o dia.
Para ti, as trevas e a luz
são a mesma coisa.

Sou eu Deus apenas de perto, diz o SENHOR, e não também Deus de longe? Pode alguém se ocultar em esconderijos, de modo que eu não o veja? — diz o SENHOR. Não encho eu os céus e a terra? — diz o SENHOR.

Jesus, aproximando-se, falou-lhes, dizendo:

—Toda a autoridade me foi dada no céu e na terra. Portanto, vão e façam discípulos de todas as nações, batizando-os em nome do Pai, do Filho e do Espírito Santo, ensinando-os a guardar todas as coisas que tenho ordenado a vocês. E eis que estou com vocês todos os dias até o fim dos tempos.

Referências: Salmo 139:7-12; Jeremias 23:23-24; Mateus 28:18-20

Textos relacionados: Deuteronômio 4:7; 1 Reis 8:27; João 1:45-49; 14:16-17

DEUS É ONISCIENTE

SENHOR, tu me sondas
e me conheces.
Sabes quando me sento
e quando me levanto;
de longe conheces
os meus pensamentos.
Observas o meu andar
e o meu deitar e conheces
todos os meus caminhos.
A palavra ainda nem chegou
à minha língua, e tu, SENHOR,
já a conheces toda.
Tu me cercas por todos os lados
e pões a tua mão sobre mim.
Tal conhecimento é maravilhoso
demais para mim: é tão elevado,
que não o posso atingir.

Ó profundidade da riqueza,
tanto da sabedoria como
do conhecimento de Deus!
Quão inexplicáveis são os seus juízos,
e quão insondáveis são
os seus caminhos!

"Pois quem conheceu
a mente do Senhor?
Ou quem foi o seu conselheiro?
Ou quem primeiro deu
alguma coisa a Deus
para que isso lhe seja restituído?"

Porque dele, e por meio dele, e para ele são todas as coisas. A ele seja a glória para sempre. Amém!

Porque a palavra de Deus é viva e eficaz, e mais cortante do que qualquer espada de dois gumes, e penetra até o ponto de dividir alma e espírito, juntas e medulas, e é apta para julgar os pensamentos e propósitos do coração. E não há criatura que não seja manifesta na sua presença; pelo contrário, todas as coisas estão descobertas e expostas aos olhos daquele a quem temos de prestar contas.

Referências: Salmo 139:1-6; Romanos 11:33-36; Hebreus 4:12-13

Textos relacionados: 2 Crônicas 16:9; Salmo 94:1-11; Provérbios 5:21; João 3:19-20; 1 Coríntios 1:18-25

DEUS É O ÚNICO SENHOR

Escute, Israel, o SENHOR, nosso Deus, é o único SENHOR. Portanto, ame o SENHOR, seu Deus, de todo o seu coração, de toda a sua alma e com toda a sua força.

O SENHOR será Rei sobre toda a terra. Naquele dia, um só será o SENHOR, e um só será o seu nome.

Ou seria Deus apenas Deus dos judeus? Será que não é também Deus dos gentios? Sim, também dos gentios, visto que Deus é um só, o qual justificará o circunciso a partir da fé e o incircunciso por meio da fé.

Porque, ainda que existam alguns que são chamados de deuses, quer no céu ou sobre a terra —como há muitos "deuses" e muitos "senhores" —, para nós, porém, há um só Deus, o Pai, de quem são todas as coisas e para quem existimos, e um só Senhor, Jesus Cristo, por meio de quem todas as coisas existem e por meio de quem também nós existimos.

Há somente um corpo e um só Espírito, como também é uma só a esperança para a qual vocês foram chamados. Há um só Senhor, uma só fé, um só batismo, um só Deus e Pai de todos, o qual é sobre todos, age por meio de todos e está em todos.

Referências: Deuteronômio 6:4-5; Zacarias 14:9; Romanos 3:29-30; 1 Coríntios 8:5-6; Efésios 4:4-6

Textos relacionados: Isaías 44:6-8; Malaquias 2:10; Mateus 19:16-17; 23:1-10; Marcos 12:28-34

DEUS É JUSTO

Levanta-te, SENHOR,
na tua indignação,
mostra a tua grandeza contra
a fúria dos meus adversários
e desperta-te em meu favor,
segundo o juízo que designaste.
Reúnam-se os povos
ao redor de ti,
e das alturas domina sobre eles.
O SENHOR julga os povos;
julga-me, SENHOR,
segundo a minha justiça
e segundo a integridade
que há em mim.
Que cesse a maldade dos ímpios.
Fortalece o justo,
pois sondas a mente e o coração,
ó Deus justo.
Deus é o meu escudo;
ele salva os retos de coração.
Deus é justo juiz,
Deus que sente indignação
todos os dias.

Eis que vêm dias, diz o SENHOR, em que levantarei a Davi um Renovo justo; e, como rei que é, reinará, agirá com sabedoria e executará o juízo e a justiça na terra. Nos seus dias, Judá será salvo, e Israel habitará seguro. E este será o nome pelo qual será chamado: "SENHOR, Justiça Nossa".

Meus filhinhos, escrevo-lhes estas coisas para que vocês não pequem. Mas, se alguém pecar, temos Advogado junto ao Pai, Jesus Cristo, o Justo. E ele é a propiciação pelos nossos pecados — e não somente pelos nossos próprios, mas também pelos do mundo inteiro.

Referências: Salmo 7:6-11; Jeremias 23:5-6; 1 João 2:1-2

Textos relacionados: Esdras 9; Salmos 36:5-10; 71; Daniel 9:1-19; Mateus 6:28-33; Atos 3:12-16

NOSSO PAI CELESTIAL

Pois todos vocês são filhos de Deus mediante a fé em Cristo Jesus; porque todos vocês que foram batizados em Cristo de Cristo se revestiram. Assim sendo, não pode haver judeu nem grego; nem escravo nem liberto; nem homem nem mulher; porque todos vocês são um em Cristo Jesus. E, se vocês são de Cristo, são também descendentes de Abraão e herdeiros segundo a promessa.

Digo, porém, o seguinte: durante o tempo em que o herdeiro é menor de idade, em nada difere de um escravo, mesmo sendo senhor de tudo. Mas está sob tutores e curadores até o tempo predeterminado pelo pai. Assim, também nós, quando éramos menores, estávamos escravizados aos rudimentos do mundo. Mas, quando chegou a plenitude do tempo, Deus enviou o seu Filho, nascido de mulher, nascido sob a lei, para resgatar os que estavam sob a lei, a fim de que recebêssemos a adoção de filhos. E, porque vocês são filhos, Deus enviou o Espírito de seu Filho ao nosso coração, e esse Espírito clama: "Aba, Pai!". Assim, você já não é mais escravo, porém filho; e, sendo filho, também é herdeiro por Deus.

Havia entre os fariseus um homem chamado Nicodemos, um dos principais dos judeus. Este, de noite, foi até Jesus e lhe disse:

—Rabi, sabemos que o senhor é Mestre vindo da parte de Deus, porque ninguém pode fazer estes sinais que o senhor faz, se Deus não estiver com ele.

Referências: Gálatas 3:26-29; 4:1-7; 1 João 3:1-2

Textos relacionados: Deuteronômio 32:6; Salmo 2; Isaías 9:1-7; João 1:12-13; Romanos 8; Hebreus 12:1-14

PARÁBOLAS DE JESUS: O SEMEADOR

Quando uma grande multidão se reuniu e pessoas de todas as cidades vieram até Jesus, ele disse por parábola:

—Um semeador saiu a semear. E, ao semear, uma parte caiu à beira do caminho, foi pisada, e as aves do céu a comeram. Outra parte caiu sobre a pedra e, tendo crescido, secou por falta de umidade. Outra caiu no meio dos espinhos; e os espinhos, ao crescerem com ela, a sufocaram. Outra, enfim, caiu em boa terra; cresceu e produziu a cem por um.

Dizendo isto, Jesus clamou:

—Quem tem ouvidos para ouvir, ouça.

Então os discípulos de Jesus lhe perguntaram o que significava essa parábola. Jesus respondeu:

—A vocês é dado conhecer os mistérios do Reino de Deus, mas aos demais fala-se por parábolas, **para que, vendo, não vejam e, ouvindo, não entendam**.

Referências: Lucas 8:4-10

Textos relacionados: Salmo 126; Provérbios 11:18-21; Isaías 6:8-13; Oseias 10:12-13; Mateus13:1-7; Marcos 4:1-12

PARÁBOLAS DE JESUS: O SIGNIFICADO DO SEMEADOR

Este é o significado da parábola: a semente é a palavra de Deus. Os que estão à beira do caminho são os que a ouviram; depois vem o diabo e tira-lhes a palavra do coração, para não acontecer que, crendo, sejam salvos. Os que estão sobre a pedra são os que, ouvindo a palavra, a recebem com alegria. Estes não têm raiz, creem apenas por algum tempo e, na hora da provação, se desviam. A parte que caiu entre espinhos, estes são os que ouviram e, no decorrer dos dias, foram sufocados com as preocupações, as riquezas e os prazeres desta vida; os seus frutos não chegam a amadurecer. A parte que caiu na terra boa, estes são os que, tendo ouvido de bom e reto coração, retêm a palavra; estes frutificam com perseverança.

Ninguém, depois de acender uma lamparina, a cobre com um vaso ou a põe debaixo de uma cama; pelo contrário, coloca-a num lugar em que ilumina zbem, a fim de que os que entram vejam a luz. Não há nada oculto que não venha a ser manifesto, nem escondido que não venha a ser conhecido e revelado. Portanto, vejam como vocês ouvem. Porque ao que tiver, mais será dado; e ao que não tiver, até aquilo que julga ter lhe será tirado.

Referências: Lucas 8:11-18

Textos relacionados: Provérbios 11:30; Mateus 13:18-23; Marcos 4:13-25; João 15:1-17; Gálatas 6:7-10

PARÁBOLAS DE JESUS: O REINO

Jesus lhes propôs outra parábola, dizendo:

—O Reino dos Céus é semelhante a um grão de mostarda, que um homem pegou e plantou no seu campo. Esse grão é, na verdade, a menor de todas as sementes, mas, quando cresce, é maior do que as hortaliças, e chega a ser uma árvore, de modo que as aves do céu vêm se aninhar nos seus ramos.

Jesus lhes contou ainda outra parábola:

—O Reino dos Céus é semelhante ao fermento que uma mulher pegou e misturou em três medidas de farinha, até ficar tudo levedado.

O Reino dos Céus é semelhante a um tesouro escondido no campo, que um homem achou e escondeu. Então, transbordante de alegria, vai, vende tudo o que tem e compra aquele campo.

O Reino dos Céus é também semelhante a um homem que negocia e procura boas pérolas. Quando encontrou uma pérola de grande valor, ele foi, vendeu tudo o que tinha e comprou a pérola.

O Reino dos Céus é ainda semelhante a uma rede que foi lançada ao mar e apanhou peixes de toda espécie. E, quando já estava cheia, os pescadores a arrastaram para a praia e, assentados, escolheram os bons para os cestos e jogaram fora os ruins. Assim será no fim dos tempos: os anjos sairão, separarão os maus dentre os justos e os lançarão na fornalha acesa; ali haverá choro e ranger de dentes.

Referências: Mateus 13:31-33,44-50

Textos relacionados: Salmo 45:6; Marcos 1:1-15; 4:40-32; Lucas 13:18-19

PARÁBOLAS DE JESUS: PERDIDO E ACHADO

Aproximavam-se de Jesus todos os publicanos e pecadores para o ouvir. Os fariseus e os escribas murmuravam, dizendo:

—Este recebe pecadores e come com eles.

Então Jesus lhes contou esta parábola:

—Qual de vocês é o homem que, possuindo cem ovelhas e perdendo uma delas, não deixa no deserto as noventa e nove e vai em busca da que se perdeu, até encontrá-la? E, quando a encontra, põe-na sobre os ombros, cheio de alegria. E, indo para casa, reúne os amigos e vizinhos, dizendo-lhes: "Alegrem-se comigo, porque já achei a minha ovelha perdida". Digo a vocês que, assim, haverá mais alegria no céu por um pecador que se arrepende do que por noventa e nove justos que não necessitam de arrependimento.

—Ou qual é a mulher que, tendo dez dracmas, se perder uma delas, não acende a lamparina, varre a casa e a procura com muito empenho até encontrá-la? E, quando a encontra, reúne as amigas e vizinhas, dizendo: "Alegrem-se comigo, porque achei a dracma que eu tinha perdido". Eu afirmo a vocês que a mesma alegria existe diante dos anjos de Deus por um pecador que se arrepende.

Referências: Lucas 15:1-10

Textos relacionados: Salmo 119:169-176; Mateus 18:12-14; Lucas 9:22-26; 19:1-10

PARÁBOLAS DE JESUS:
O FILHO PERDIDO, PARTE 1

Jesus continuou:

—Certo homem tinha dois filhos. O mais moço deles disse ao pai: "Pai, quero que o senhor me dê a parte dos bens que me cabe". E o pai repartiu os bens entre eles.

—Passados não muitos dias, o filho mais moço, ajuntando tudo o que era seu, partiu para uma terra distante e lá desperdiçou todos os seus bens, vivendo de forma desenfreada.

—Depois de ter consumido tudo, sobreveio àquele país uma grande fome, e ele começou a passar necessidade. Então foi pedir trabalho a um dos cidadãos daquela terra, e este o mandou para os seus campos a fim de cuidar dos porcos. Ali, ele desejava alimentar-se das alfarrobas que os porcos comiam, mas ninguém lhe dava nada. Então, caindo em si, disse: "Quantos trabalhadores de meu pai têm pão com fartura, e eu aqui estou morrendo de fome! Vou me arrumar, voltar para o meu pai e lhe dizer: 'Pai, pequei contra Deus e diante do senhor; já não sou digno de ser chamado de seu filho; trate-me como um dos seus trabalhadores'". E, arrumando-se, foi para o seu pai.

—Vinha ele ainda longe, quando seu pai o avistou e, compadecido dele, correndo, o abraçou e beijou. E o filho lhe disse: "Pai, pequei contra Deus e diante do senhor; já não sou digno de ser chamado de seu filho".

Referências: Lucas 15:11-21

Textos relacionados: 2 Crônicas 7:13-14; Provérbios 17:6,21; Oseias 6:1-3; Atos 3:19-20

PARÁBOLAS DE JESUS:
O FILHO PERDIDO, PARTE 2

O pai, porém, disse aos servos: “Tragam depressa a melhor roupa e vistam nele. Ponham um anel no dedo dele e sandálias nos pés. Tragam e matem o bezerro gordo. Vamos comer e festejar, porque este meu filho estava morto e reviveu, estava perdido e foi achado”. E começaram a festejar.

Ora, o filho mais velho estava no campo. Quando voltava, ao aproximar-se da casa, ouviu a música e as danças. Chamou um dos empregados e perguntou o que era aquilo. E ele informou: “O seu irmão voltou e, por tê-lo recuperado com saúde, o seu pai mandou matar o bezerro gordo”.

O filho mais velho se indignou e não queria entrar. Saindo, porém, o pai, procurava convencê-lo a entrar. Mas ele respondeu ao seu pai: “Faz tantos anos que sirvo o senhor e nunca transgredi um mandamento seu. Mas o senhor nunca me deu um cabrito sequer para fazer uma festa com os meus amigos. Mas, quando veio esse seu filho, que sumiu com os bens do senhor, gastando tudo com prostitutas, o senhor mandou matar o bezerro gordo para ele!”.

Então o pai respondeu: “Meu filho, você está sempre comigo; tudo o que eu tenho é seu. Mas era preciso festejar e alegrar-se, porque este seu irmão estava morto e reviveu, estava perdido e foi achado”.

Referências: Lucas 15:22-32

Textos relacionados: Isaías 55:6-7; Mateus 18:12-14; Colossenses 1:1-14; 1 Pedro 2:24-25

ORIENTAÇÕES DIVINAS PARA ISRAEL

No dia em que foi levantado o tabernáculo, a nuvem cobriu o tabernáculo, a saber, a tenda do testemunho. E, à tarde, estava sobre o tabernáculo uma aparência de fogo até a manhã seguinte. Assim acontecia sempre: a nuvem o cobria, e, de noite, havia aparência de fogo. Quando a nuvem se erguia de sobre a tenda, os filhos de Israel se punham em marcha; e, no lugar onde a nuvem parava, aí os filhos de Israel acampavam. Segundo o mandado do SENHOR, os filhos de Israel partiam e, segundo o mandado do SENHOR, acampavam; por todo o tempo em que a nuvem pairava sobre o tabernáculo, permaneciam acampados. Quando a nuvem se detinha muitos dias sobre o tabernáculo, os filhos de Israel cumpriam a ordem do SENHOR e não partiam. Às vezes, a nuvem ficava poucos dias sobre o tabernáculo; então, segundo o mandado do SENHOR, permaneciam e, segundo a ordem do SENHOR, partiam. Às vezes, a nuvem ficava desde a tarde até a manhã seguinte; quando, pela manhã, a nuvem se erguia, punham-se em marcha; quer de dia, quer de noite, erguendo-se a nuvem, partiam. Se a nuvem se detinha sobre o tabernáculo por dois dias, ou um mês, ou por mais tempo, enquanto pairava sobre ele, os filhos de Israel permaneciam acampados e não se punham em marcha; mas, quando a nuvem se erguia, eles partiam. Segundo o mandado do SENHOR, acampavam e, segundo o mandado do SENHOR, se punham em marcha. Cumpriam o seu dever para com o SENHOR, segundo a ordem do SENHOR por meio de Moisés.

Referências: Números 9:15-23

Textos relacionados: Êxodo 13:22,33; 40:34-38; Números 14:11-14; 1 Coríntios 10:1-2

ISRAEL PÕE DEUS À PROVA

Tentaram a Deus no seu coração,
pedindo alimento que lhes fosse do gosto.

Ouvindo isto, O SENHOR ficou indignado;
acendeu-se fogo contra Jacó,
e também se levantou o seu furor contra Israel,
porque não creram em Deus,
nem confiaram na sua salvação.
Mesmo assim, deu ordens às nuvens
e abriu as portas dos céus;
fez chover maná sobre eles,
para alimentá-los, e lhes deu cereal do céu.
Todos comeram o pão dos anjos;
ele enviou-lhes comida à vontade.
Fez soprar no céu o vento do Oriente
e pelo seu poder conduziu o vento do Sul.
Também fez chover sobre eles
carne como poeira e aves numerosas
como a areia do mar.
Fez com que caíssem no meio do arraial deles,
ao redor de suas tendas.
Então comeram e se fartaram a valer;
pois lhes fez o que desejavam.
Porém não reprimiram o apetite.
Ainda tinham o alimento na boca,
quando se elevou contra eles a ira de Deus,
e entre os seus mais robustos
semeou a morte, e prostrou os jovens de Israel.
Apesar de tudo isso, continuaram a pecar
e não creram nas maravilhas de Deus.

Referências: Salmo 78:18,21-32

Textos relacionados: Números 11; Salmo 106:1-15; Lucas 4:1-13; Tiago 4:1-4

ISRAEL REJEITA A TERRA PROMETIDA

O SENHOR disse a Moisés:

—Envie alguns homens que espiem a terra de Canaã, que eu vou dar aos filhos de Israel. Enviem um homem de cada tribo de seus pais, sendo cada qual chefe entre eles.

Vieram a Moisés, a Arão e a toda a congregação dos filhos de Israel em Cades, no deserto de Parã. Fizeram um relato do que tinham visto, a eles e a toda a congregação, e mostraram-lhes os frutos da terra. Relataram a Moisés e disseram:

—Fomos à terra à qual você nos enviou. De fato, é uma terra onde mana leite e mel; estes são os frutos dela. Mas o povo que habita nessa terra é poderoso, e as cidades são muito grandes e fortificadas. Também vimos ali os filhos de Anaque.

Então Calebe fez calar o povo diante de Moisés e disse:

—Vamos subir agora e tomar posse da terra, porque somos perfeitamente capazes de fazer isso.

Porém os homens que tinham ido com ele disseram:

—Não podemos atacar aquele povo, porque é mais forte do que nós.

Então toda a congregação se levantou e gritou em alta voz; e o povo chorou aquela noite. Todos os filhos de Israel murmuraram contra Moisés e contra Arão; e toda a congregação lhes disse:

—Quem dera tivéssemos morrido na terra do Egito ou mesmo neste deserto! E por que o SENHOR nos traz a esta terra, para cairmos à espada e para que nossas mulheres e nossas crianças sejam por presa? Não seria melhor voltarmos para o Egito?

E diziam uns aos outros:

—Vamos escolher um chefe e voltemos para o Egito.

Referências: Números 13:1-2,26-28,30-31; 14:1-4

Textos relacionados: Deuteronômio 1:19-33; Salmo 106:24-27; Provérbios 29:25; Filipenses 2:12-16

QUARENTA ANOS NO DESERTO

Então Moisés e Arão caíram sobre o seu rosto diante da congregação dos filhos de Israel. E Josué, filho de Num, e Calebe, filho de Jefoné, que eram daqueles que espiaram a terra, rasgaram as suas roupas e falaram a toda a congregação dos filhos de Israel, dizendo:

—A terra pela qual passamos para espiar é terra muitíssimo boa. Se o SENHOR se agradar de nós, então nos fará entrar e nos dará essa terra, que é uma terra que mana leite e mel. Tão somente não sejam rebeldes contra o SENHOR e não tenham medo do povo dessa terra, porque, como pão, os podemos devorar; a proteção que eles tinham se foi. O SENHOR está conosco; não tenham medo deles.

Depois, o SENHOR disse a Moisés e a Arão:

—Até quando vou aguentar esta má congregação que murmura contra mim? Tenho ouvido as murmurações que os filhos de Israel proferem contra mim. Diga-lhes: "Tão certo como eu vivo, diz o SENHOR, vou tratar vocês de acordo com o que falaram aos meus ouvidos. Neste deserto, cairá o cadáver de vocês — de todos vocês que foram contados no censo, de vinte anos para cima, e que murmuraram contra mim. Vocês não entrarão na terra na qual jurei que os faria habitar, com a exceção de Calebe, filho de Jefoné, e Josué, filho de Num.

Segundo o número dos dias em que vocês espiaram a terra, quarenta dias, cada dia representando um ano, vocês levarão sobre si as suas iniquidades durante quarenta anos e terão experiência do meu desagrado.

Que diremos, então, à vista destas coisas? Se Deus é por nós, quem será contra nós?

Referências: Números 14:5-9,26-30,34; Romanos 8:31

Textos relacionados: Josué 5:1-6; João 6:48-51; 1 Coríntios 10:1-6; Hebreus 3:7–4:7

OUÇA A VOZ DE DEUS

Por isso, como diz o Espírito Santo:

“Hoje, se ouvirem a sua voz,
não endureçam o coração
como foi na rebelião,
no dia da tentação no deserto,
onde os pais de vocês
me tentaram, pondo-me à prova,
e viram as minhas obras
durante quarenta anos.

Por isso, me indignei
contra essa geração e disse:
‘O coração deles
sempre se afasta de mim;
e eles não conheceram
os meus caminhos.’
Assim, jurei na minha ira:
‘Não entrarão no meu descanso’”.

Tenham cuidado, irmãos, para que nenhum de vocês tenha um coração mau e descrente, que se afaste do Deus vivo. Pelo contrário, animem uns aos outros todos os dias, durante o tempo que se chama “hoje”, a fim de que nenhum de vocês seja endurecido pelo engano do pecado. Porque temos nos tornado participantes de Cristo, se, de fato, guardarmos firme, até o fim, a confiança que, desde o princípio, tivemos. Como se diz:

Hoje, se ouvirem a sua voz,
não endureçam o coração,
como foi na rebelião.

E quem foram os que ouviram e, mesmo assim, se rebelaram? Não foram todos os que saíram do Egito por meio de Moisés? E contra quem Deus se indignou durante quarenta anos? Não foi contra os que pecaram, cujos cadáveres caíram no deserto? E a quem jurou que não entrariam no seu descanso, senão aos que foram desobedientes? Assim, vemos que não puderam entrar por causa da incredulidade.

Referências: Hebreus 3:7-19

Textos relacionados: Salmo 95; Mateus 17:1-5; João 14:15-24; Atos 3:19-23; Hebreus 4

DEUS ANIQUILA A REBELIÃO

Corá, filho de Isar, filho de Coate, filho de Levi, tomou consigo Datã e Abirão, filhos de Eliabe, e também Om, filho de Pelete, todos da tribo de Rúben, e se levantaram diante de Moisés com duzentos e cinquenta homens dos filhos de Israel, chefes da congregação, eleitos por ela, homens de renome, e se ajuntaram contra Moisés e contra Arão e lhes disseram:

—Basta! Toda a congregação é santa, cada um deles é santo, e o SENHOR está no meio deles. Por que, então, vocês se exaltam sobre a congregação do SENHOR?

Quando ouviu isto, Moisés caiu sobre o seu rosto. E falou a Corá e a todo o seu grupo, dizendo:

—Amanhã pela manhã, o SENHOR fará saber quem é dele e quem é o santo que ele fará chegar a si. Aquele a quem ele escolher, esse ele fará chegar a si. Façam isto: peguem incensários, Corá e todo o seu grupo. Ponham brasas nos incensários amanhã, coloquem incenso sobre as brasas diante do SENHOR. O homem a quem o SENHOR escolher, este será o santo. E agora basta, filhos de Levi!

Corá reuniu contra eles todo o povo à porta da tenda do encontro. Então a glória do SENHOR apareceu a toda a congregação.

Abriu a sua boca e os engoliu com as famílias deles, com todos os que eram partidários de Corá e com todos os bens deles. Eles e tudo o que lhes pertencia desceram vivos ao mundo dos mortos; a terra os cobriu, e desapareceram do meio da congregação.

Referências: Números 16:1-7,19,32-33

Textos relacionados: Salmo 106:16-17; Hebreus 10:26-31; 12:23-29; 2 Pedro 1:16–2:22; Judas 1:11

MOISÉS DESOBEDECE A DEUS

Toda a congregação dos filhos de Israel chegou ao deserto de Zim, no primeiro mês, e o povo ficou em Cades. Ali Miriã morreu e ali ela foi sepultada.

Não havia água para o povo. Então se ajuntaram contra Moisés e contra Arão. E o povo discutiu com Moisés, dizendo:

—Antes tivéssemos morrido quando os nossos irmãos morreram diante do SENHOR!

Então Moisés e Arão saíram da presença do povo e foram para a porta da tenda do encontro e se lançaram sobre o seu rosto; e a glória do SENHOR lhes apareceu. O SENHOR disse a Moisés:

—Pegue o seu bordão e ajunte o povo, você e Arão, o seu irmão. E, diante do povo, falem à rocha, e ela dará a sua água. Assim vocês tirarão água da rocha e darão de beber à congregação e aos animais.

Então Moisés pegou o bordão que estava diante do SENHOR, como este lhe havia ordenado. Moisés e Arão reuniram o povo diante da rocha. Então Moisés lhes disse:

—Agora escutem, rebeldes! Será que teremos de fazer com que saia água desta rocha para vocês?

Moisés levantou a mão e feriu a rocha duas vezes com o seu bordão, e saíram muitas águas; e a congregação e os seus animais beberam. Mas o SENHOR disse a Moisés e a Arão:

—Porque não creram em mim, para me santificarem diante dos filhos de Israel, vocês não farão entrar este povo na terra que lhe dei.

Referências: Números 20:1-3,6-12

Textos relacionados: Êxodo 7:19-21; 8:16-17; 17:1-6; Deuteronômio 4:20-22; Atos 5:1-11

OLHE PARA O ALTO E VIVA

Então os israelitas partiram do monte Hor, pelo caminho do mar Vermelho, para rodear a terra de Edom. Mas o povo se tornou impaciente no caminho e falou contra Deus e contra Moisés, dizendo:

—Por que vocês nos tiraram do Egito, para que morramos neste deserto, onde não há pão nem água? Já estamos enjoados dessa comida ruim.

Então o SENHOR mandou para o meio do povo cobras venenosas, que mordiam o povo; e morreram muitos do povo de Israel. Então o povo foi a Moisés e disse:

—Nós pecamos, porque falamos contra o SENHOR Deus e contra você. Ore ao SENHOR, pedindo que tire de nós as cobras.

Então Moisés orou pelo povo. O SENHOR disse a Moisés:

—Faça uma serpente e coloque-a sobre uma haste. Quem for mordido e olhar para ela viverá.

Moisés fez uma serpente de bronze e a pôs sobre uma haste. Quando alguém era mordido por alguma cobra, se olhava para a serpente de bronze, ficava curado.

E assim como Moisés levantou a serpente no deserto, assim também é necessário que o Filho do Homem seja levantado, para que todo o que nele crê tenha a vida eterna.

Porque Deus amou o mundo de tal maneira que deu o seu Filho unigênito, para que todo o que nele crê não pereça, mas tenha a vida eterna. Porque Deus enviou o seu Filho ao mundo, não para que condenasse o mundo, mas para que o mundo fosse salvo por ele.

Referências: Números 21:4-9; João 3:14-17

Textos relacionados: Êxodo 16:6-12; Números 14:26-37; 2 Reis 18:1-4; Lamentações 3:25-40; 1 Coríntios 10:1-11

CONTRATADO PARA AMALDIÇOAR

Os filhos de Israel partiram e acamparam nas campinas de Moabe, do outro lado do Jordão, na altura de Jericó. Balaque, filho de Zipor, viu tudo o que Israel havia feito aos amorreus. E os moabitas tiveram grande medo deste povo, porque era muito numeroso. E andavam angustiados por causa dos filhos de Israel. [...]

Balaque, filho de Zipor, era o rei dos moabitas naquele tempo. Ele enviou mensageiros a Balaão, filho de Beor, a Petor, que está junto ao rio Eufrates, na terra dos filhos do seu povo, para chamá-lo, dizendo:

—Eis que um povo saiu do Egito, cobre a face da terra e está morando perto de mim. Venha agora e, por favor, amaldiçoe este povo, pois eles são mais poderosos do que eu; talvez assim eu possa atacá-los e expulsá-los da terra. Porque sei que a quem você abençoar será abençoado, e a quem você amaldiçoar será amaldiçoado.

Nenhum amonita ou moabita entrará na assembleia do SENHOR; nem ainda a sua décima geração entrará na assembleia do SENHOR, eternamente. Porque não foram ao encontro de vocês com pão e água, no caminho, quando vocês estavam saindo do Egito; e porque contrataram Balaão, filho de Beor, de Petor, da Mesopotâmia, para amaldiçoar vocês. Porém o SENHOR, o Deus de vocês, não quis ouvir Balaão; pelo contrário, mudou a maldição em bênção, porque o SENHOR, seu Deus, amava vocês.

Referências: Números 22:1-6; Deuteronômio 23:3-5

Textos relacionados: Gênesis 12:1-3; Números 22-24; Josué 24:8-10; 2 Pedro 2:15-16

JULHO

A Bíblia é para o governo do povo,
pelo povo, e para o povo.

John Wycliffe (1328–84)

Teólogo inglês

Quanto mais a Bíblia entrar em nossa
vida pública, mais grandiosa, pura e mais pura
e melhor se tornará essa vida.

David Josiah Brewer (1837–1910)

Juiz da Suprema Corte norte-americana

BALAÃO ABENÇOA ISRAEL

Balaão levantou os olhos e viu Israel acampado segundo as suas tribos. E o Espírito de Deus veio sobre Balaão e ele proferiu a sua palavra, dizendo:

"Palavra de Balaão, filho de Beor,
palavra do homem de olhos abertos;
palavra daquele que ouve
os ditos de Deus, daquele que tem
a visão do Todo-Poderoso e prostra-se,
porém de olhos abertos:
Como são boas as suas tendas, ó Jacó!
Como são boas as suas moradas, ó Israel!
São como vales que se estendem,
como jardins à beira dos rios,
como árvores de sândalo que o SENHOR plantou,
como cedros junto às águas.
Águas manarão de seus baldes, e as suas sementeiras
terão águas abundantes.
O seu rei se levantará mais do que Agague,
e o seu reino será exaltado.
Deus tirou do Egito o povo de Israel,
cujas forças são como as do boi selvagem;
consumirá as nações inimigas,
e quebrará seus ossos, e, com as suas flechas,
os atravessará.
Israel abaixou-se, deitou-se como leão
e como leoa; quem o despertará?
Benditos os que abençoarem você,
e malditos os que amaldiçoarem você".

Referências: Números 24:2-9

Textos relacionados: Gênesis 12:1-3; 22:15-18; 27:26-29; Deuteronômio 23:3-5; Josué 13:22; 24:8-10; Apocalipse 2:12-14

JULGADOS DEVIDO À IMORALIDADE

Quando Israel estava em Sitim, o povo começou a prostituir-se com as filhas dos moabitas. Estas convidaram o povo aos sacrifícios oferecidos aos seus deuses; e o povo comeu a carne dos sacrifícios e adorou os deuses dessas mulheres. Assim, quando Israel se juntou ao culto a Baal-Peor, a ira do SENHOR se acendeu contra Israel. O SENHOR disse a Moisés:

—Reúna todos os chefes do povo e enforque-os diante do SENHOR ao ar livre, e a ardente ira do SENHOR se afastará de Israel.

Então Moisés disse aos juízes de Israel:

—Cada um mate os homens da sua tribo que se juntaram a Baal-Peor.

Naquele momento, eis que um homem dos filhos de Israel trouxe para a sua tenda uma mulher midianita, à vista de Moisés e de toda a congregação dos filhos de Israel, enquanto eles choravam diante da tenda do encontro. Quando Fineias, filho de Eleazar, filho do sacerdote Arão, viu isso, levantou-se do meio da congregação, e, pegando uma lança, seguiu o homem israelita até o interior da tenda, e, com a lança, atravessou os dois, tanto o homem israelita quanto a mulher midianita, pelo ventre; então a praga cessou entre os filhos de Israel. Os que morreram da praga foram vinte e quatro mil.

Fujam da imoralidade sexual! Qualquer outro pecado que uma pessoa cometer é fora do corpo; mas aquele que pratica imoralidade sexual peca contra o próprio corpo. Será que vocês não sabem que o corpo de vocês é santuário do Espírito Santo, que está em vocês e que vocês receberam de Deus, e que vocês não pertencem a vocês mesmos? Porque vocês foram comprados por preço. Agora, pois, glorifiquem a Deus no corpo de vocês.

Referências: Números 25:1-9; 1 Coríntios 6:18-20

Textos relacionados: Deuteronômio 4:1-4; Josué 22:16-20; Salmo 106:28-31; Oseias 9:10; 1 Coríntios 10:1-8

VINGANÇA CONTRA MIDIÃ

O SENHOR disse a Moisés:

—Vingue os filhos de Israel dos midianitas. Depois disso você será reunido ao seu povo.

Então Moisés falou ao povo, dizendo:

—Armem alguns de vocês para a guerra, e que eles saiam contra os midianitas, para fazerem a vingança do SENHOR contra eles. Enviem à guerra mil homens de cada tribo entre todas as tribos de Israel.

Assim, dos milhares de Israel foram mandados mil homens de cada tribo: doze mil ao todo, armados para a guerra.

Eles atacaram os midianitas, como o SENHOR havia ordenado a Moisés, e mataram todos os homens. Mataram, além dos que já haviam sido mortos, os reis dos midianitas, Evi, Requém, Zur, Hur e Reba, cinco reis dos midianitas. Também mataram à espada Balaão, filho de Beor.

Porém os filhos de Israel levaram presas as mulheres dos midianitas e as suas crianças. Também levaram todos os seus animais, todo o seu gado e todos os seus bens. Queimaram todas as cidades em que os midianitas habitavam e todos os seus acampamentos.

Moisés, o sacerdote Eleazar, e todos os chefes da congregação saíram a recebê-los fora do arraial. Moisés se indignou contra os oficiais do exército, capitães dos milhares e capitães das centenas, que vinham do campo de batalha. Moisés lhes disse:

—Por que vocês deixaram viver todas as mulheres? Eis que estas, por conselho de Balaão, fizeram com que os filhos de Israel fossem infiéis ao SENHOR, no caso de Peor, e assim houve uma praga no meio da congregação do SENHOR.

Referências: Números 31:1-5,7-10,13-16

Textos relacionados: Números 25; Deuteronômio 21:10-14; Josué 13:16-22; Juízes 6–8; Romanos 12:16-21

AME O SENHOR, SEU DEUS

São estes os mandamentos, os estatutos e os juízos que o SENHOR, seu Deus, ordenou que fossem ensinados a vocês, para que vocês os cumprissem na terra em que vão entrar e possuir, para que durante todos os dias da sua vida vocês, os seus filhos, e os filhos dos seus filhos temam o SENHOR, seu Deus, e guardem todos os seus estatutos e mandamentos que eu lhes ordeno, e para que os seus dias sejam prolongados. Portanto, escute, Israel, e tenha o cuidado de cumprir esses mandamentos, para que tudo lhes corra bem e vocês muito se multipliquem na terra que mana leite e mel, como o SENHOR, o Deus dos seus pais, lhes prometeu.

Escute, Israel, o SENHOR, nosso Deus, é o único SENHOR. Portanto, ame o SENHOR, seu Deus, de todo o seu coração, de toda a sua alma e com toda a sua força. Estas palavras que hoje lhe ordeno estarão no seu coração. Você as inculcará a seus filhos, e delas falará quando estiver sentado em sua casa, andando pelo caminho, ao deitar-se e ao levantar-se. Também deve amarrá-las como sinal na sua mão, e elas lhe serão por frontal entre os olhos. E você as escreverá nos umbrais de sua casa e nas suas portas.

Quanto amo a tua lei!
É a minha meditação todo o dia!

Referências: Deuteronômio 6:1-9; Salmo 119:97

Textos relacionados: Deuteronômio 10:12-16; 11:18-21; Salmos 1; 119; Provérbios 22:6; Marcos 12:28-34; Lucas 10:25-28; 1 João 5:1-4

JOSUÉ, O SUCESSOR DE MOISÉS

Moisés foi e falou estas palavras a todo o Israel. Ele disse:

—Hoje estou com cento e vinte anos de idade. Já não tenho forças para fazer o meu trabalho, e o SENHOR me disse: "Você não passará o Jordão". O SENHOR, o Deus de vocês, passará adiante de vocês. Ele destruirá as nações que estão diante de vocês, e vocês tomarão posse delas. Josué passará adiante de vocês, como o SENHOR falou. O SENHOR fará com essas nações o que fez com Seom e Ogue, reis dos amorreus, e com a terra deles, que ele destruiu. Quando, pois, o SENHOR entregar nas suas mãos esses povos que estão diante de vocês, façam com eles segundo todo o mandamento que ordenei a vocês. Sejam fortes e corajosos, não tenham medo, nem fiquem apavorados diante deles, porque o SENHOR, seu Deus, é quem vai com vocês; ele não os deixará, nem os abandonará.

Moisés chamou Josué e lhe disse na presença de todo o Israel:

—Seja forte e corajoso, porque, com este povo, você entrará na terra que o SENHOR, sob juramento, prometeu dar a seus pais; e você os fará herdá-la. O SENHOR é quem irá à sua frente. Ele estará com você, não o deixará, nem o abandonará. Não tenha medo, nem fique assustado.

Referências: Deuteronômio 31:1-8

Textos relacionados: Números 21:21-35; Deuteronômio 2:24–3:17; 1 Reis 8:54-57; Hebreus 13:5-6

SEJA FORTE E CORAJOSO

Depois que Moisés, servo do SENHOR, morreu, o SENHOR falou a Josué, filho de Num, auxiliar de Moisés, dizendo:

—Moisés, meu servo, está morto. Prepare-se, agora, e passe este Jordão, você e todo este povo, e entre na terra que eu vou dar aos filhos de Israel. Todo lugar em que puserem a planta do pé eu darei a vocês, como prometi a Moisés. O território de vocês irá desde o deserto e o Líbano até o grande rio, o rio Eufrates, estendendo-se através de toda a terra dos heteus e até o mar Grande, na direção do poente do sol. Ninguém poderá resistir a você todos os dias da sua vida. Assim como estive com Moisés, estarei com você.Não o deixarei, nem o abandonarei. Seja forte e corajoso, porque você fará este povo herdar a terra que, sob juramento, prometi dar aos pais deles. Tão somente seja forte e muito corajoso para que você tenha o cuidado de fazer segundo toda a Lei que o meu servo Moisés lhe ordenou. Não se desvie dela, nem para a direita nem para a esquerda, para que seja bem-sucedido por onde quer que você andar. Não cesse de falar deste Livro da Lei; pelo contrário, medite nele dia e noite, para que você tenha o cuidado de fazer segundo tudo o que nele está escrito; então você prosperará e será bem--sucedido. Não foi isso que eu ordenei? Seja forte e corajoso! Não tenha medo, nem fique assustado, porque o SENHOR, seu Deus, estará com você por onde quer que você andar.

Referências: Josué 1:1-9

Textos relacionados: Deuteronômio 11:22-25; Salmos 1; 119; 1 Coríntios 16:13-14; Hebreus 3:1-6

RAABE ESCONDE OS ESPIAS ISRAELITAS

Da localidade de Sitim, Josué, filho de Num, enviou secretamente dois espias, dizendo:

—Vão e observem a terra e a cidade de Jericó.

Eles foram e entraram na casa de uma mulher prostituta, cujo nome era Raabe, e pousaram ali. Então a seguinte notícia chegou aos ouvidos do rei de Jericó:

— Eis que, esta noite, vieram aqui uns homens dos filhos de Israel para espiar a terra.

Por isso, o rei de Jericó mandou dizer a Raabe:

—Traga para fora esses homens que vieram a você e que estão aí em sua casa, porque vieram espiar toda a terra.

Mas a mulher, que havia escondido os dois homens, respondeu:

—É verdade que os homens vieram a mim, mas eu não sabia de onde eram. Quando o portão da cidade ia ser fechado, sendo já escuro, eles saíram. Não sei para onde foram. Se forem depressa atrás deles, ainda os alcançarão.

Ela, porém, os tinha levado para o terraço da casa e os havia escondido entre as canas de linho que havia colocado em ordem no terraço.

Os espias foram e chegaram ao monte. E ficaram lá durante três dias, até que os perseguidores voltaram a Jericó; porque os perseguidores os procuraram por todo o caminho, porém não os acharam. Assim, os dois homens voltaram. Desceram do monte, passaram o rio, e vieram a Josué, filho de Num, e lhe contaram tudo o que lhes havia acontecido. E disseram a Josué:

—Certamente o SENHOR entregou toda esta terra em nossas mãos, e todos os seus moradores estão se derretendo de medo por causa de nós.

Referências: Josué 2:1-6,22-24

Textos relacionados: Mateus 1:1-6; Hebreus 11:31; Tiago 2:25

OS ISRAELITAS CONQUISTAM JERICÓ

Ora, Jericó estava rigorosamente fechada por causa dos filhos de Israel; ninguém saía, nem entrava. Então o SENHOR disse a Josué:

—Olhe! Estou entregando em suas mãos a cidade de Jericó, o seu rei e os seus valentes. Vocês, todos os homens de guerra, devem rodear a cidade, marchando ao redor dela uma vez. Façam isso durante seis dias. Sete sacerdotes levarão sete trombetas de chifre de carneiro adiante da arca; no sétimo dia, rodeiem a cidade sete vezes, e os sacerdotes tocarão as trombetas. Quando eles tocarem longamente a trombeta de chifre de carneiro, e vocês ouvirem o som dela, todo o povo gritará bem alto; a muralha da cidade cairá, e o povo subirá nela, cada qual em frente de si.

Assim, o povo gritou, e os sacerdotes tocaram as trombetas. Ao ouvir o som da trombeta, o povo gritou com toda a força, as muralhas ruíram, e o povo subiu à cidade, cada qual em frente de si, e a tomaram. Destruíram totalmente a fio de espada tudo o que havia na cidade, tanto homens como mulheres, tanto jovens como velhos, também bois, ovelhas e jumentos.

Mas Josué conservou com vida a prostituta Raabe, a casa de seu pai e tudo o que ela possuía. E Raabe ficou morando no meio de Israel até o dia de hoje, porque escondeu os mensageiros que Josué tinha enviado para espiar Jericó.

Referências: Josué 6:1-5,20-21,25

Textos relacionados: Números 10:1-10; Juízes 7:1-22; Mateus 1:1-6

JOSUÉ CONQUISTA A TERRA DE CANAÃ

Como o SENHOR havia ordenado a Moisés, seu servo, assim Moisés ordenou a Josué; e assim Josué o fez. Nem uma só palavra deixou de cumprir de tudo o que o SENHOR havia ordenado a Moisés.

Assim Josué tomou toda aquela terra, a saber, a região montanhosa, todo o Neguebe, toda a terra de Gósen, a Sefelá, a Arabá e a região montanhosa de Israel com as suas planícies; desde o monte Halaque, que sobe a Seir, até Baal-Gade, no vale do Líbano, ao pé do monte Hermom; também venceu todos os seus reis e os matou. Por muito tempo, Josué fez guerra contra todos esses reis. Não houve cidade que fizesse paz com os filhos de Israel, a não ser os heveus, moradores de Gibeão; todas as demais foram tomadas por meio de guerra. Porque do SENHOR vinha o endurecimento do seu coração para saírem à guerra contra Israel, a fim de que fossem totalmente destruídos e não se tivesse piedade alguma; pelo contrário, fossem totalmente destruídos, como o SENHOR havia ordenado a Moisés.

Assim Josué tomou toda esta terra, segundo tudo o que o SENHOR tinha dito a Moisés. E Josué deu a terra em herança aos filhos de Israel, conforme as suas divisões e tribos. E a terra repousou da guerra.

Referências: Josué 11:15-20,23

Textos relacionados: Deuteronômio 7; 9:1-6; 18:9-14; 20:16-18; Josué 7–10

JOSUÉ SE DESPEDE DO POVO

Agora, pois, temam o SENHOR e o sirvam com integridade e com fidelidade. Joguem fora os deuses que os pais de vocês serviram do outro lado do Eufrates e no Egito e sirvam o SENHOR. Mas, se vocês não quiserem servir o SENHOR, escolham hoje a quem vão servir: se os deuses a quem os pais de vocês serviram do outro lado do Eufrates ou os deuses dos amorreus em cuja terra vocês estão morando. Eu e a minha casa serviremos o SENHOR.

Então o povo respondeu:

—Longe de nós abandonar o SENHOR para servir outros deuses! Porque o SENHOR é o nosso Deus. Ele é quem nos tirou, a nós e aos nossos pais, da terra do Egito, da casa da servidão. Ele é quem fez estes grandes sinais aos nossos olhos e nos guardou por todo o caminho em que andamos e entre todos os povos pelo meio dos quais passamos. O SENHOR expulsou de diante de nós todas estas gentes, até o amorreu, morador da terra. Portanto, nós também serviremos o SENHOR, pois ele é o nosso Deus.

Então Josué disse ao povo:

—Vocês não poderão servir o SENHOR, porque é Deus santo, Deus zeloso, que não perdoará a transgressão e os pecados de vocês. Se abandonarem o SENHOR e servirem deuses estranhos, ele se voltará contra vocês, e lhes fará mal, e os destruirá, depois de lhes ter feito bem.

Então o povo disse a Josué:

—Não! O que queremos é servir o SENHOR.

Referências: Josué 24:14-21

Textos relacionados: Êxodo 24:3-8; Levítico 26; Romanos 6; Hebreus 3–4

A ÉPOCA DOS JUÍZES

O povo serviu o SENHOR todos os dias de Josué e todos os dias dos anciãos que ainda sobreviveram por muito tempo depois de Josué e que viram todas as grandes obras que o SENHOR tinha feito por Israel.

Toda aquela geração também morreu e foi reunida aos seus pais. E, depois dela, se levantou uma nova geração, que não conhecia o SENHOR, nem as obras que ele havia feito por Israel. Então os filhos de Israel fizeram o que era mau aos olhos do SENHOR, servindo os baalins.

A ira do SENHOR se acendeu contra Israel e ele os entregou nas mãos de ladrões que os despojavam do que possuíam. Ele os entregou nas mãos dos seus inimigos ao redor; e não puderam mais resistir a eles. Por onde quer que fossem, a mão do SENHOR estava contra eles para seu mal, como o SENHOR lhes tinha dito e como lhes havia jurado. E estavam em grande aperto.

Então o SENHOR suscitou juízes, que os livraram das mãos dos que os atacavam e roubavam.

Quando o SENHOR lhes suscitava juízes, o SENHOR estava com o juiz e os livrava das mãos dos seus inimigos, todos os dias daquele juiz; porque o SENHOR se compadecia deles ante os seus gemidos, por causa dos que os afligiam e oprimiam. Mas, quando o juiz morria, eles voltavam a viver como antes e se tornavam piores do que os seus pais, seguindo outros deuses, servindo-os e adorando-os. Não abandonavam nenhuma das suas práticas, nem a sua obstinação.

Referências: Juízes 2:7,10-11,14-16,18-19

Textos relacionados: Deuteronômio 4:1-10; 11:18-25; Juízes 2:19–3:31; Salmo 78:1-6; Efésios 2:1-10

DÉBORA: PROFETIZA E JUÍZA

Os filhos de Israel tornaram a fazer o que era mau aos olhos do SENHOR, depois da morte de Eúde. E o SENHOR os entregou nas mãos de Jabim, rei de Canaã, que governava Hazor. O comandante do seu exército era Sísera, que morava em Harosete-Hagoim.

Os filhos de Israel clamaram ao SENHOR, porque Jabim tinha novecentos carros de ferro e, durante vinte anos, oprimia duramente os filhos de Israel.

Débora, profetisa, esposa de Lapidote, julgava Israel naquele tempo. Ela atendia debaixo da palmeira de Débora, entre Ramá e Betel, na região montanhosa de Efraim; e os filhos de Israel vinham até ali para apresentar as suas questões. Débora mandou chamar Baraque, filho de Abinoão, de Quedes de Naftali, e lhe disse:

—O SENHOR, Deus de Israel, deu a seguinte ordem: "Vá e reúna os seus homens no monte Tabor, escolhendo dez mil homens dos filhos de Naftali e dos filhos de Zebulom. Eu farei com que Sísera, comandante do exército de Jabim, se dirija até você junto ao ribeiro de Quisom, com os seus carros de guerra e as suas tropas; e eu o entregarei nas suas mãos".

Então Baraque disse a Débora:

—Se você for comigo, irei; mas, se você não for comigo, não irei.

Ela respondeu:

—Certamente irei com você, mas a honra da investida que você está empreendendo não será sua, porque o SENHOR entregará Sísera nas mãos de uma mulher.

E Débora foi com Baraque até Quedes.

Referências: Juízes 4:1-9

Textos relacionados: Êxodo 15:19-21; Juízes 5:1-12; 2 Reis 22:11-20; 2 Crônicas 34:19-28; Lucas 2:21-38

JAEL MATA O GENERAL CANANEU

Então Débora disse a Baraque:

—Prepare-se, porque este é o dia em que o SENHOR entregou Sísera em suas mãos. Não é verdade que o SENHOR está indo à sua frente?

Então Baraque desceu do monte Tabor, e dez mil homens o seguiram. E o SENHOR derrotou Sísera, todos os seus carros de guerra e todo o seu exército a fio de espada, diante de Baraque; e Sísera saltou do seu carro e fugiu a pé. Mas Baraque perseguiu os carros e os exércitos até Harosete-Hagoim. Todo o exército de Sísera caiu a fio de espada, sem escapar nem sequer um.

Porém Sísera fugiu a pé para a tenda de Jael, mulher de Héber, o queneu, pois havia paz entre Jabim, rei de Hazor, e a casa de Héber, o queneu. Jael saiu ao encontro de Sísera e lhe disse:

—Entre, meu senhor, entre na minha tenda. Não tenha medo.

Ele entrou na tenda de Jael, e ela pôs sobre ele uma coberta. Então Sísera disse:

—Por favor, me dê um pouco de água, porque estou com sede.

Ela abriu um odre de leite, e deu-lhe de beber. Depois o cobriu novamente. E ele lhe disse mais:

—Fique na porta da tenda. Se alguém vier e perguntar se há alguém aqui, responda que não.

Então Jael, mulher de Héber, pegou uma estaca da tenda e, lançando mão de um martelo, foi de mansinho até perto dele e lhe cravou a estaca na têmpora, de modo que ela penetrou na terra. Ele estava exausto e dormia profundamente; e foi assim que morreu.

Referências: Juízes 4:14-21

Textos relacionados: Juízes 3:12-30; 5:13-31; 1 Samuel 12:8-11; Hebreus 11:32-34

O NASCIMENTO DE SANSÃO, O FORTE

Os filhos de Israel tornaram a fazer o que era mau aos olhos do SENHOR, e por isso ele os entregou nas mãos dos filisteus durante quarenta anos.

Havia um homem de Zorá, da linhagem de Dã, chamado Manoá, cuja mulher era estéril e não tinha filhos. O Anjo do SENHOR apareceu a essa mulher e lhe disse:

—Eis que você é estéril e nunca teve filhos, mas você ficará grávida e dará à luz um filho. Por isso, tenha cuidado e não beba vinho nem bebida forte, e não coma nenhuma comida impura. Porque eis que você ficará grávida e dará à luz um filho sobre cuja cabeça não passará navalha. O menino será nazireu consagrado a Deus desde o ventre de sua mãe, e ele começará a livrar Israel do poder dos filisteus.

Depois, a mulher deu à luz um filho e lhe deu o nome de Sansão. O menino cresceu, e o SENHOR o abençoou. E o Espírito do SENHOR começou a agir nele em Maané-Dã, entre Zorá e Estaol.

Sansão julgou Israel, nos dias dos filisteus, durante vinte anos.

Referências: Juízes 13:1-5,24-25; 15:20

Textos relacionados: Gênesis 25:21-24; Números 6:1-21; Juízes 14–15; Lucas 1

SANSÃO E DALILA

Sansão foi a Gaza, viu ali uma prostituta e teve relações com ela. Foi dito aos gazitas:

—Sansão chegou aqui.

Eles cercaram o local e ficaram a noite toda esperando por ele, às escondidas, no portão da cidade. Ficaram em silêncio durante toda a noite, pois diziam:

—Vamos esperar até o raiar do dia. Então nós o matamos.

Porém Sansão ficou deitado somente até a meia-noite. Então se levantou, pegou ambas as folhas do portão da cidade e as arrancou juntamente com os seus batentes e a tranca. Pôs tudo sobre os ombros e levou ao alto do monte que está em frente de Hebrom.

Depois disto, Sansão se apaixonou por uma mulher do vale de Soreque, a qual se chamava Dalila. Então os governantes dos filisteus foram falar com ela e lhe disseram:

—Convença-o a revelar em que consiste a sua grande força e como poderíamos dominá-lo e amarrá-lo, para que assim possamos subjugá-lo. Cada um de nós dará a você mil e cem moedas de prata.

Então Dalila disse a Sansão:

—Peço que você me conte em que consiste a sua grande força e com que você poderia ser amarrado e subjugado.

Sansão respondeu:

—Se me amarrarem com sete cordas de arco ainda úmidas, ficarei fraco e serei como qualquer outro homem.

Os governantes dos filisteus trouxeram a Dalila sete cordas de arco, ainda úmidas; e com as cordas ela o amarrou. Dalila havia deixado alguns homens escondidos no seu quarto. Então ela disse:

—Sansão, os filisteus vêm vindo aí!

Mas ele arrebentou as cordas de arco como se arrebenta o fio da estopa chamuscada que é colocada perto do fogo. Assim, não se soube em que consistia a força que ele tinha.

Referências: Juízes 16:1-9

Textos relacionados: Juízes 14–15; Provérbios 5; 6:20–7:27; 31:1-3; 2 Timóteo 2:20-23

OS FILISTEUS CEGAM SANSÃO

Então ela lhe disse:

—Como você pode dizer que me ama, se não me revela o seu segredo? Por três vezes você zombou de mim e ainda não me contou em que consiste a sua grande força.

Ela o importunava e pressionava todos os dias com a mesma pergunta, de modo que a alma dele se angustiou até a morte. Então ele contou o seu segredo, dizendo:

—Nunca foi passada uma navalha na minha cabeça, porque sou nazireu consagrado a Deus desde o ventre de minha mãe. Se o meu cabelo for cortado, a minha força irá embora, ficarei fraco e serei como qualquer outro homem.

Quando Dalila viu que ele lhe havia contado o seu segredo, mandou chamar os governantes dos filisteus, dizendo:

—Venham mais esta vez, porque agora ele me contou o seu segredo.

Então os governantes dos filisteus vieram até ela e trouxeram com eles o dinheiro. Dalila fez com que Sansão dormisse no colo dela e, tendo chamado um homem, mandou rapar-lhe as sete tranças da cabeça, e assim começou a subjugá-lo. Sansão havia perdido a sua força. Então ela gritou:

—Sansão, os filisteus vêm vindo aí!

Ele despertou do sono e disse consigo mesmo:

—Vou sair como nas outras vezes e me livrarei.

Mas ele não sabia ainda que o Senhor já se havia retirado dele. Então os filisteus o agarraram, furaram os olhos dele e o levaram para Gaza. Amarraram-no com correntes de bronze e o puseram a virar um moinho na prisão.

Referências: Juízes 16:15-21

Textos relacionados: Números 6:2-21; 30:1-2; Provérbios 11:13; 20:19; Eclesiastes 5:4-6; Lucas 12:47-48

A VINGANÇA DE SANSÃO

Os governantes dos filisteus se reuniram para oferecer um grande sacrifício ao seu deus Dagom e para se alegrar. Diziam:

—O nosso deus entregou o nosso inimigo Sansão nas nossas mãos.

Com alegria no coração, disseram:

—Mandem vir Sansão, para que ele nos divirta.

Trouxeram Sansão do cárcere, e ele os divertia. Quando o fizeram ficar em pé entre as colunas, Sansão disse ao moço que o guiava pela mão:

—Deixe-me apalpar as colunas que sustentam o templo, para que eu possa me encostar nelas.

Ora, o templo estava cheio de homens e mulheres, e também ali estavam todos os governantes dos filisteus. E sobre o teto havia uns três mil homens e mulheres, que olhavam enquanto Sansão os divertia.

Sansão clamou ao SENHOR e disse:

—SENHOR Deus, peço-te que te lembres de mim. Dá-me força só mais esta vez, ó Deus, para que eu me vingue dos filisteus, que furaram os meus olhos.

Em seguida, Sansão abraçou-se às duas colunas do meio, que sustentavam o templo, e fez força sobre elas, com a mão direita em uma e com a esquerda na outra. E disse:

—Que eu morra com os filisteus.

E empurrou com toda a sua força, e o templo caiu sobre os governantes e sobre todo o povo que ali estava. Assim, foram mais os que Sansão matou quando morreu do que os que ele havia matado durante toda a sua vida.

Referências: Juízes 16:23,25-30

Textos relacionados: Salmo 3; Isaías 1:24; Jeremias 5:7-9,29; 9:9; Hebreus 11:32-34

NOEMI E RUTE: AMOR E LEALDADE

Nos dias em que os juízes julgavam, houve fome na terra de Israel. E um homem de Belém de Judá foi morar por algum tempo na terra de Moabe, com a sua mulher e os seus dois filhos. Este homem se chamava Elimeleque, e sua mulher se chamava Noemi. Os filhos se chamavam Malom e Quiliom [...]. Algum tempo depois, Elimeleque, o marido de Noemi, morreu, e ela ficou sozinha com os dois filhos. Estes casaram com mulheres moabitas. O nome de uma delas era Orfa, e o nome da outra era Rute. E ficaram ali quase dez anos. Depois morreram também Malom e Quiliom, os dois filhos de Noemi. E assim ela ficou sozinha, sem os dois filhos e sem o marido.

Noemi disse às suas noras:

—Vão agora e voltem cada uma para a casa de sua mãe. E que o SENHOR seja bondoso com vocês, assim como vocês foram bondosas com os que morreram e comigo. O SENHOR faça com que vocês sejam felizes, cada uma na casa de seu novo marido.

Porém Rute respondeu:

—Não insista para que eu a deixe nem me obrigue a não segui-la! Porque aonde quer que você for, irei eu; e onde quer que pousar, ali pousarei eu. O seu povo é o meu povo, e o seu Deus é o meu Deus. Onde quer que você morrer, morrerei eu e aí serei sepultada. Que o SENHOR me castigue, se outra coisa que não seja a morte me separar de você.

Foi assim que Noemi voltou da terra de Moabe, com Rute, sua nora, a moabita. E chegaram a Belém no começo da colheita da cevada.

Referências: Rute 1:1-5,8-9,16-17,22

Textos relacionados: 2 Samuel 3:14-16; Provérbios 20:6; Cântico dos Cânticos 8:6-7; 1 Coríntios 13

RUTE CONHECE BOAZ

Noemi tinha um parente de seu marido, dono de muitos bens, da família de Elimeleque, o qual se chamava Boaz. Rute, a moabita, disse a Noemi:

—Deixe-me ir ao campo para apanhar espigas atrás daquele que me permitir fazer isso.

Noemi respondeu:

—Vá, minha filha!

Ela se foi, chegou ao campo e apanhava espigas atrás dos ceifeiros. Por casualidade entrou na parte do campo que pertencia a Boaz, que era da família de Elimeleque.

Então Boaz disse a Rute:

—Escute, minha filha, você não precisa ir colher em outro campo, nem se afastar daqui. Fique aqui com as minhas servas.

Então Rute se inclinou e, encostando o rosto no chão, disse a Boaz:

—Por que o senhor está me favorecendo e se importa comigo, se eu sou uma estrangeira?

Boaz respondeu:

—Já me contaram tudo o que você fez pela sua sogra, depois que você perdeu o marido. Sei que você deixou pai, mãe e a terra onde nasceu e veio para um povo que antes disso você não conhecia. O SENHOR lhe pague pelo bem que você fez. Que você receba uma grande recompensa do SENHOR, Deus de Israel, sob cujas asas você veio buscar refúgio.

Referências: Rute 2:1-3,8,10-12

Textos relacionados: Levítico 25:25-27; Salmo 91; Jeremias 32:6-14

RUTE PROPÕE CASAMENTO À BOAZ

Noemi, a sogra de Rute, disse:

—Minha filha, não é verdade que eu devo procurar um lar para você, para que você seja feliz? E esse Boaz, na companhia de cujas servas você esteve, não é um dos nossos parentes? Eis que esta noite ele estará limpando cevada na eira. Lave-se, ponha perfume, vista a sua melhor roupa e vá até a eira. Mas não deixe que ele perceba que você está ali, até que ele tenha acabado de comer e beber. Quando ele for dormir, repare bem o lugar onde ele vai se deitar. Então vá, descubra os pés dele e deite-se ali. Ele lhe dirá o que você deve fazer.

Quando Boaz terminou de comer e beber e estava já de coração um tanto alegre, foi deitar-se ao pé de um monte de cereais. Então Rute chegou de mansinho, descobriu os pés dele, e se deitou. Aconteceu que, no meio da noite, o homem se assustou e sentou-se; e eis que uma mulher estava deitada a seus pés.

Boaz perguntou:

—Quem é você?

Ela respondeu:

—Sou Rute, a sua serva. Estenda a sua capa sobre esta sua serva, porque o senhor é um resgatador.

Boaz respondeu:

—Que você seja bendita do SENHOR, minha filha! Você se mostrou mais bondosa agora do que no passado, pois não foi procurar um homem mais jovem, fosse rico ou fosse pobre. E agora, minha filha, não tenha medo. Tudo o que você falou eu vou fazer, porque todo o povo da cidade sabe que você é uma mulher virtuosa.

Referências: Rute 3:1-4,7-11

Textos relacionados: Gênesis 38:8-10; Deuteronômio 25:5-10; Hebreus 13:4

RUTE SE CASA COM BOAZ

Então Boaz disse aos anciãos e a todo o povo:

—Hoje vocês são testemunhas de que comprei de Noemi tudo o que pertencia a Elimeleque, a Quiliom e a Malom. E também tomo por mulher Rute, a moabita, que foi esposa de Malom, para perpetuar o nome deste sobre a sua herança, para que este nome não seja exterminado dentre seus irmãos e do portão da sua cidade. Hoje vocês são testemunhas disso.

Todo o povo que estava no portão e os anciãos disseram:

—Somos testemunhas.

E disseram a Boaz:

—Que o SENHOR faça a esta mulher, que está entrando na sua família, como fez a Raquel e Lia, que edificaram a casa de Israel. E que você, Boaz, seja um homem poderoso em Efrata, e que o seu nome se torne famoso em Belém. Que, com os filhos que o SENHOR lhe der dessa jovem, a sua casa seja como a de Perez, o filho que Tamar deu a Judá.

Assim Boaz recebeu Rute, e ela passou a ser a sua mulher. Ele teve relações com ela, e o SENHOR concedeu que ela ficasse grávida e tivesse um filho. Então as mulheres disseram a Noemi:

—Bendito seja o SENHOR, que não deixou hoje de lhe dar um neto que será o seu resgatador. Que o nome dele venha a ser famoso em Israel! Nele você terá renovação da vida e consolo na velhice, pois a sua nora, que ama você, o deu à luz, e para você ela é melhor do que sete filhos.

Noemi pegou o menino no colo e passou a cuidar dele. As vizinhas lhe deram nome, dizendo:

—Nasceu um filho para Noemi!

E o chamaram de Obede. Este veio a ser o pai de Jessé, pai de Davi.

Referências: Rute 4:9-17

Textos relacionados: Gênesis 29:31–30:4; 38; Miqueias 5:2; Mateus 1:1-6

EU SOU: O PÃO DA VIDA

Então eles disseram:

—Que sinal o senhor fará para que vejamos e creiamos no senhor? O que o senhor pode fazer? Nossos pais comeram o maná no deserto, como está escrito: "**Deu-lhes a comer pão do céu**".

Jesus lhes disse:

—Em verdade, em verdade lhes digo que não foi Moisés quem deu o pão do céu para vocês; quem lhes dá o verdadeiro pão do céu é meu Pai. Porque o pão de Deus é o que desce do céu e dá vida ao mundo.

Então lhe disseram:

—Senhor, dê-nos sempre desse pão.

Jesus respondeu:

—Eu sou o pão da vida. Quem vem a mim jamais terá fome, e quem crê em mim jamais terá sede. Porém eu já disse que vocês não creem, embora estejam me vendo. Todo aquele que o Pai me dá, esse virá a mim; e o que vem a mim, de modo nenhum o lançarei fora. Porque eu desci do céu, não para fazer a minha própria vontade, mas a vontade daquele que me enviou. E a vontade de quem me enviou é esta: que eu não perca nenhum de todos os que ele me deu; pelo contrário, eu o ressuscitarei no último dia. De fato, a vontade de meu Pai é que todo aquele que vir o Filho e nele crer tenha a vida eterna; e eu o ressuscitarei no último dia.

Referências: João 6:30-40

Textos relacionados: Deuteronômio 8:2; Provérbios 30:7-9; João 6:25-29; 1 Coríntios 10:16-17; Apocalipse 2:17

EU SOU: A LUZ DO MUNDO

De novo, Jesus lhes falou, dizendo:

—Eu sou a luz do mundo. Quem me segue não andará nas trevas; pelo contrário, terá a luz da vida.

Enquanto Jesus caminhava, viu um homem cego de nascença. E os seus discípulos perguntaram:

—Mestre, quem pecou para que este homem nascesse cego? Ele ou os pais dele?

Jesus respondeu:

—Nem ele pecou, nem os pais dele; mas isso aconteceu para que nele se manifestem as obras de Deus. É necessário que façamos as obras daquele que me enviou enquanto é dia; a noite vem, quando ninguém pode trabalhar. Enquanto estou no mundo, sou a luz do mundo.

Depois de dizer isso, Jesus cuspiu na terra, fez lama com a saliva e com a lama untou os olhos do cego. Então disse ao cego:

—Vá lavar-se no tanque de Siloé.

Siloé quer dizer "Enviado".

O cego foi, lavou-se e voltou vendo.

A vida estava nele e a vida era a luz dos homens. A luz resplandece nas trevas, e as trevas não prevaleceram contra ela.

Referências: João 8:12; 9:1-7; 1:4-5

Textos relacionados: Salmo 27:1; João 1:1-14; 3:19-22; 12:44-46; 1 João1:1-7; Apocalipse 21:2-27

EU SOU: A PORTA PARA AS OVELHAS

Em verdade, em verdade lhes digo: quem não entra no curral das ovelhas pela porta, mas sobe por outro lugar, esse é ladrão e salteador. Aquele, porém, que entra pela porta, esse é o pastor das ovelhas. Para este o porteiro abre, as ovelhas ouvem a sua voz, ele chama as suas próprias ovelhas pelo nome e as conduz para fora. Depois de levar para fora todas as que lhe pertencem, vai na frente delas, e elas o seguem, porque reconhecem a voz dele. Mas de modo nenhum seguirão o estranho; pelo contrário, fugirão dele, porque não conhecem a voz dos estranhos. Jesus fez esta comparação, mas eles não compreenderam o sentido daquilo que ele falava.

Então Jesus disse mais uma vez:

—Em verdade, em verdade lhes digo que eu sou a porta das ovelhas. Todos os que vieram antes de mim são ladrões e salteadores, mas as ovelhas não lhes deram ouvidos. Eu sou a porta. Se alguém entrar por mim, será salvo; entrará, sairá e achará pastagem. O ladrão vem somente para roubar, matar e destruir; eu vim para que tenham vida e a tenham em abundância.

Referências: João 10:1-10

Textos relacionados: Salmo 118:17-21; Mateus 7:13-14; 25:1-13; Lucas 13:23-29; João 14

EU SOU: O BOM PASTOR

Eu sou o bom pastor. O bom pastor dá a vida pelas ovelhas. O mercenário, que não é pastor, a quem não pertencem as ovelhas, vê o lobo chegando, abandona as ovelhas e foge; então o lobo as arrebata e dispersa. O mercenário foge, porque é mercenário e não se importa com as ovelhas. Eu sou o bom pastor. Conheço as minhas ovelhas, e elas me conhecem, assim como o Pai me conhece, e eu conheço o Pai; e dou a minha vida pelas ovelhas. Ainda tenho outras ovelhas, não deste aprisco. Preciso trazer também estas. Elas ouvirão a minha voz e, então, haverá um só rebanho e um só pastor. Por isso, o Pai me ama, porque eu dou a minha vida para recebê-la outra vez. Ninguém tira a minha vida; pelo contrário, eu espontaneamente a dou. Tenho autoridade para entregá-la e também para reavê-la. Este mandato recebi de meu Pai.

Carregando ele mesmo, em seu corpo, sobre o madeiro, os nossos pecados, para que nós, mortos para os pecados, vivamos para a justiça. **Pelas feridas dele vocês foram sarados. Porque vocês estavam desgarrados como ovelhas**; agora, porém, se converteram ao Pastor e Bispo da alma de vocês.

Referências: João 10:11-18; 1 Pedro 2:24-25

Textos relacionados: Salmo 23; Isaías 40:10-11; Zacarias 11:4-17; Mateus 25:31-46; Lucas 15:3-7; Hebreus 13:20-21

EU SOU: A RESSURREIÇÃO E A VIDA

Um homem chamado Lázaro estava doente. Ele era de Betânia, da aldeia de Maria e de sua irmã Marta.

Ao receber a notícia, Jesus disse:

—Essa doença não é para morte, mas para a glória de Deus, a fim de que o Filho de Deus seja glorificado por meio dela.

Quando Jesus chegou, encontrou Lázaro já sepultado havia quatro dias.

Então Marta disse a Jesus:

—Se o Senhor estivesse aqui, o meu irmão não teria morrido. Mas também sei que, mesmo agora, tudo o que o senhor pedir a Deus, ele concederá.

Jesus disse a ela:

—O seu irmão há de ressurgir.

Ao que Marta respondeu:

— Eu sei que ele há de ressurgir na ressurreição, no último dia.

Então Jesus declarou:

—Eu sou a ressurreição e a vida. Quem crê em mim, ainda que morra, viverá. E todo o que vive e crê em mim não morrerá eternamente. Você crê nisto?

Marta respondeu:

—Sim, Senhor! Eu creio que o senhor é o Cristo, o Filho de Deus que devia vir ao mundo.

E, depois de dizer isso, clamou em alta voz:

—Lázaro, venha para fora!

Aquele que tinha morrido saiu, tendo os pés e as mãos amarrados com ataduras e o rosto envolto num lenço. Então Jesus lhes ordenou:

—Desamarrem-no e deixem que ele vá.

Referências: João 11:1,4,17,21-27,43-44

Textos relacionados: Deuteronômio 32:39; João 5:19-26; Romanos 5–6; 2 Timóteo 1:8-10; 1 João 1:1-3

EU SOU: O CAMINHO, A VERDADE E A VIDA

Que o coração de vocês não fique angustiado; vocês creem em Deus, creiam também em mim. Na casa de meu Pai há muitas moradas. Se não fosse assim, eu já lhes teria dito. Pois vou preparar um lugar para vocês. E, quando eu for e preparar um lugar, voltarei e os receberei para mim mesmo, para que, onde eu estou, vocês estejam também. E vocês conhecem o caminho para onde eu vou.

Então Tomé disse a Jesus:

—Não sabemos para onde o Senhor vai. Como podemos saber o caminho?

Jesus respondeu:

—Eu sou o caminho, a verdade e a vida; ninguém vem ao Pai senão por mim. Se vocês me conheceram, conhecerão também o meu Pai. E desde agora vocês o conhecem e têm visto.

Filipe disse a Jesus:

—Senhor, mostre-nos o Pai, e isso nos basta.

Jesus respondeu:

—Há tanto tempo estou com vocês, Filipe, e você ainda não me conhece? Quem vê a mim vê o Pai. Como é que você diz: "Mostre-nos o Pai"?

Referências: João 14:1-9

Textos relacionados: Salmo 96; João 1:1-18; 3:13-16; Hebreus 10:19-22

EU SOU: A VIDEIRA VERDADEIRA

Eu sou a videira verdadeira, e o meu Pai é o lavrador. Todo ramo que, estando em mim, não der fruto, ele o corta; e todo o que dá fruto ele limpa, para que produza mais fruto ainda. Vocês já estão limpos por causa da palavra que lhes tenho falado. Permaneçam em mim, e eu permanecerei em vocês. Como o ramo não pode produzir fruto de si mesmo se não permanecer na videira, assim vocês não podem dar fruto se não permanecerem em mim.

Eu sou a videira, vocês são os ramos. Quem permanece em mim, e eu, nele, esse dá muito fruto; porque sem mim vocês não podem fazer nada. Se alguém não permanecer em mim, será lançado fora, à semelhança do ramo, e secará; e o apanham, lançam no fogo e o queimam. Se permanecerem em mim, e as minhas palavras permanecerem em vocês, pedirão o que quiserem, e lhes será feito. Nisto é glorificado o meu Pai: que vocês deem muito fruto; e assim mostrarão que são meus discípulos. Como o Pai me amou, também eu amei vocês; permaneçam no meu amor. Se vocês guardarem os meus mandamentos, permanecerão no meu amor, assim como também eu tenho guardado os mandamentos de meu Pai e no seu amor permaneço. Tenho lhes dito estas coisas para que a minha alegria esteja em vocês, e a alegria de vocês seja completa.

Referências: João 15:1-11

Textos relacionados: Salmo 80:8-19; Isaías 5:1-7; 27:2-6; Lucas 6:43-45; Gálatas 5:22-23;

ANA ORA POR UM FILHO

Houve um homem de Ramataim-Zofim, da região montanhosa de Efraim, cujo nome era Elcana, filho de Jeroão, filho de Eliú, filho de Toú, filho de Zufe, efraimita. Elcana tinha duas mulheres: uma se chamava Ana, e a outra se chamava Penina. Penina tinha filhos; Ana, porém, não tinha.

Todos os anos esse homem ia da sua cidade para adorar e sacrificar ao SENHOR dos Exércitos, em Siló, onde Hofni e Fineias, os dois filhos de Eli, eram sacerdotes do SENHOR. No dia em que Elcana oferecia o seu sacrifício, ele dava porções deste a Penina, sua mulher, e a todos os seus filhos e filhas. A Ana, porém, dava uma porção dobrada, porque ele a amava, mesmo que o SENHOR a tivesse deixado estéril. Penina, sua rival, a provocava excessivamente para a irritar, porque o SENHOR a tinha deixado sem filhos.

E Ana, com amargura de alma, orou ao SENHOR e chorou muito. Ela fez um voto, dizendo:

—SENHOR dos Exércitos, se de fato olhares para a aflição da tua serva, e te lembrares de mim, e não te esqueceres da tua serva, e lhe deres um filho homem, eu o dedicarei ao SENHOR por todos os dias da sua vida, e sobre a cabeça dele não passará navalha.

Referências: 1 Samuel 1:1-6,10-11

Textos relacionados: Gênesis 11:29-30; 25:21; 29:31; Salmo 113:9; Isaías 54:1; Lucas 1:4-22; 23:28-30; Hebreus 11:11

SAMUEL: O PRIMOGÊNITO DE ANA

Eles se levantaram de madrugada e adoraram diante do SENHOR. Depois, voltaram para casa, em Ramá. Elcana teve relações com Ana, sua mulher, e o SENHOR se lembrou dela. Ana ficou grávida e, passado o devido tempo, teve um filho, a quem deu o nome de Samuel, pois dizia:

—Do SENHOR o pedi.

Elcana, seu marido, foi com toda a sua casa para oferecer ao SENHOR o sacrifício anual e para cumprir o seu voto. Ana, porém, não foi. Ela disse a seu marido:

—Quando o menino for desmamado, eu o levarei para ser apresentado ao SENHOR e para lá ficar para sempre.

Depois de o ter desmamado, ela o levou consigo, com um novilho de três anos, uma medida de farinha e um odre de vinho, e o apresentou à Casa do SENHOR, em Siló. O menino ainda era muito pequeno. Depois de terem sacrificado o novilho, levaram o menino a Eli. E Ana disse:

—Ah! Meu senhor, tão certo como você vive, eu sou aquela mulher que esteve aqui ao seu lado, orando ao SENHOR. Era por este menino que eu orava, e o SENHOR Deus me concedeu o pedido que eu fiz. Por isso também o entrego ao SENHOR. Por todos os dias que viver, será dedicado ao SENHOR.

E ali eles adoraram o SENHOR.

Referências: 1 Samuel 1:19-22,24-28

Textos relacionados: Gênesis 8:1; 19:29; 30:22; Êxodo 2:24; Lucas 1:23-45; Atos 10:25-31; Apocalipse 16:19; 18:5

SAMUEL: PROFETA E JUIZ

Os filhos de Eli eram homens malignos e não se importavam com o Senhor.

Samuel ministrava diante do SENHOR, sendo ainda menino, vestido de uma estola sacerdotal de linho. Sua mãe lhe fazia uma túnica pequena e, de ano em ano, a levava para ele quando ia com o seu marido oferecer o sacrifício anual. Eli abençoava Elcana e a sua mulher e dizia:

—Que o SENHOR dê a você filhos desta mulher, em lugar do filho que devolveu ao SENHOR.

E voltavam para a sua casa. Assim, o SENHOR abençoou Ana e ela engravidava. Teve mais três filhos e duas filhas. E o menino Samuel crescia diante do SENHOR.

Samuel crescia, e o SENHOR estava com ele e não deixou que nenhuma de suas palavras caísse por terra. Todo o Israel, desde Dã até Berseba, reconheceu que Samuel estava confirmado como profeta do SENHOR. O SENHOR continuou a aparecer em Siló, porque em Siló o SENHOR se manifestava a Samuel por meio da palavra do SENHOR.

E Samuel julgou Israel durante todos os dias de sua vida. De ano em ano, fazia uma volta, passando por Betel, Gilgal e Mispa; e julgava Israel em todos esses lugares. Porém voltava a Ramá, porque a sua casa estava ali, onde julgava Israel e onde edificou um altar ao SENHOR.

Referências: 1 Samuel 2:12,18-21; 3:19-21; 7:15-17

Textos relacionados: Gênesis 4:25-26; Deuteronômio 18:15-19; Josué 21:45; Lucas 1:13-17

AGOSTO

Este livro irá mantê-lo longe do pecado,
ou o pecado irá mantê-lo longe deste livro.

Dwight L. Moody (1837–99)
Evangelista norte-americano

A Bíblia é o maior benefício que a raça humana pode experienciar. Uma única linha da Bíblia me consolou mais do que todos os outros livros que já li.

Immanuel Kant (1724–1804)
Filósofo alemão

A Bíblia é o único livro ao qual qualquer homem ponderado, ao procurar honestamente pela resposta de Deus nela, pode recorrer com qualquer pergunta honesta sobre a vida ou o destino que a encontrará.

John Ruskin (1819–1900)
Escritor inglês

ISRAEL PEDE POR UM REI

Quando Samuel ficou velho, constituiu os seus filhos por juízes sobre Israel.

Porém os filhos de Samuel não andaram pelos caminhos dele; ao contrário, inclinaram-se à avareza, aceitavam suborno e perverteram o direito. Então todos os anciãos de Israel se congregaram e foram falar com Samuel, em Ramá. Eles disseram:

—Veja! Você está ficando velho e os seus filhos não andam pelos seus caminhos. Por isso, queremos agora que você nos constitua um rei, para que nos governe, como acontece em todas as nações.

Mas Samuel não gostou desta palavra, quando disseram: "Dê-nos um rei, para que nos governe". Então Samuel orou ao SENHOR. E o SENHOR disse a Samuel:

—Atenda à voz do povo em tudo o que lhe pedem. Porque não foi a você que rejeitaram, mas a mim, para que eu não reine sobre eles. Segundo todas as obras que fizeram desde o dia em que os tirei do Egito até hoje, pois me deixaram e serviram outros deuses, assim também estão fazendo com você. Agora, pois, atenda à voz deles, porém advirta-os solenemente e explique-lhes qual será o direito do rei que vier a reinar sobre eles.

Samuel relatou todas as palavras do SENHOR ao povo, que lhe pedia um rei.

Porém o povo não atendeu à voz de Samuel e disse:

—Não! Queremos um rei sobre nós. Seremos como todas as outras nações. O nosso rei poderá nos governar, sair adiante de nós e fazer as nossas guerras.

Samuel ouviu todas as palavras do povo e as repetiu diante do SENHOR. Então o SENHOR disse a Samuel:

—Atenda à voz do povo e escolha um rei para eles.

Então Samuel disse aos filhos de Israel:

—Cada um de vocês volte para a sua cidade.

Referências: 1 Samuel 8:1,3-10,19-22

Textos relacionados: Deuteronômio 17:14-20; 1 Samuel 8:11-18; Isaías 9:6; Jeremias 10:1-10; 1 Timóteo 1:17

SAUL: O PRIMEIRO REI DE ISRAEL

Samuel convocou o povo para comparecer diante do SENHOR, em Mispa, e disse aos filhos de Israel:

—Assim diz o SENHOR, o Deus de Israel: "Eu tirei Israel do Egito e os livrei das mãos dos egípcios e das mãos de todos os reinos que os oprimiam. Mas hoje vocês rejeitaram o seu Deus, que os livrou de todos os seus males e trabalhos. Vocês lhe disseram: 'Não! Queremos um rei sobre nós.' Agora, pois, reúnam-se diante do SENHOR, por tribos e grupos de milhares".

Samuel fez com que todas as tribos se aproximassem, e a tribo sorteada foi a de Benjamim. Então Samuel chamou a tribo de Benjamim pelas suas famílias, e foi indicada a família de Matri. E da família de Matri foi indicado Saul, filho de Quis. Mas, quando o procuraram, não puderam encontrá-lo.

Então perguntaram ao SENHOR se aquele homem já havia chegado ali. E o SENHOR respondeu:

—Ele está aí escondido entre a bagagem.

Então correram e o tiraram de lá. Ele ficou em pé no meio do povo, e era o mais alto de todos; dos ombros para cima, ele sobressaía a todo o povo. Então Samuel disse a todo o povo:

—Vocês estão vendo quem o SENHOR escolheu? Pois em todo o povo não há ninguém semelhante a ele.

Então todo o povo começou a gritar:

—Viva o rei!

Samuel explicou ao povo o direito do reino, escreveu-o num livro e o pôs diante do SENHOR. Então Samuel despediu todo o povo, cada um para sua casa.

Referências: 1 Samuel 10:17-25

Textos relacionados: Deuteronômio 17:14-20; 1 Samuel 9:1–10:16; 11–14; João 12:12-15

O SENHOR REJEITA SAUL COMO REI

Samuel disse a Saul:

—Foi a mim que o SENHOR enviou para ungir você como rei sobre Israel, o povo dele. Agora ouça as palavras do SENHOR. Assim diz o SENHOR dos Exércitos: "Castigarei Amaleque pelo que fez a Israel, colocando-se no caminho de Israel, quando este saía do Egito. Portanto, vá e ataque os amalequitas, destruindo totalmente aquilo que eles tiverem. Não poupe ninguém. Mate homens e mulheres, meninos e crianças de peito, bois e ovelhas, camelos e jumentos".

Então Saul derrotou os amalequitas, desde Havilá até chegar a Sur, que está diante do Egito.

Mas Saul e o povo pouparam Agague, o melhor das ovelhas e dos bois, os animais gordos, os cordeiros e tudo o mais que era bom. A isso não quiseram destruir totalmente; porém toda coisa sem valor e desprezível destruíram.

Então a palavra do SENHOR veio a Samuel, dizendo:

—Lamento haver constituído Saul como rei, porque deixou de me seguir e não executou as minhas palavras.

Samuel encontrou Saul, e este lhe disse:

—Que você seja bendito do SENHOR! Executei as palavras do SENHOR.

Porém Samuel disse:

—Será que o SENHOR tem mais prazer em holocaustos e sacrifícios do que no obedecer à sua palavra? Eis que o obedecer é melhor do que o sacrificar, e o ouvir é melhor do que a gordura de carneiros. Porque a rebelião é como o pecado da feitiçaria, e a obstinação é como a idolatria e o culto a ídolos do lar. Por você ter rejeitado a palavra do SENHOR, também ele o rejeitou como rei.

Referências: 1 Samuel 15:1-3,7,9-11,13,22-23

Textos relacionados: Êxodo 17:8-16; Deuteronômio 25:17-19; Miqueias 6:6-8; Lucas 16:10-13

SAMUEL UNGE DAVI COMO REI

O SENHOR disse a Samuel:

—Até quando você terá pena de Saul, se eu o rejeitei como rei de Israel? Encha um chifre de azeite e ponha-se a caminho; vou enviar você a Jessé, o belemita, porque escolhi um dos filhos dele para ser rei.

Aconteceu que, quando eles chegaram, Samuel viu Eliabe e disse consigo:

—Certamente está diante do SENHOR o seu ungido.

Porém o SENHOR disse a Samuel:

—Não olhe para a sua aparência nem para a sua altura, porque eu o rejeitei. Porque o SENHOR não vê como o ser humano vê. O ser humano vê o exterior, porém o SENHOR vê o coração.

Assim Jessé fez passar os seus sete filhos diante de Samuel. Porém Samuel disse a Jessé:

—O SENHOR não escolheu nenhum destes.

E perguntou a Jessé:

—Esses são todos os seus filhos?

Jessé respondeu:

—Ainda falta um, o mais moço; ele está apascentando as ovelhas.

Então Samuel disse a Jessé:

—Mande chamá-lo, pois não nos sentaremos à mesa sem que ele venha.

Então mandou chamá-lo e o fez entrar. Davi era ruivo, de belos olhos e boa aparência. E o SENHOR disse a Samuel:

—Levante-se e unja-o, pois este é ele.

Samuel pegou o chifre do azeite e ungiu Davi no meio de seus irmãos. E, daquele dia em diante, o Espírito do SENHOR se apossou de Davi.

Referências: 1 Samuel 16:1,6-7,10-13

Textos relacionados: Salmo 78:70-72; Mateus 5:8; 12:33-35; Lucas 6:43-45; Atos 13:21-23

GOLIAS DESAFIA AS TROPAS DE ISRAEL

Os filisteus reuniram as suas tropas para a guerra em Socó, que fica em Judá. Eles acamparam entre Socó e Azeca, em Efes-Damim. Saul e os homens de Israel se reuniram e acamparam no vale de Elá, e ali ordenaram a batalha contra os filisteus. Os filisteus estavam num monte e os israelitas estavam no outro monte, ficando o vale no meio deles.

Então do arraial dos filisteus saiu um guerreiro chamado Golias. Ele era da cidade de Gate e tinha quase três metros de altura. Trazia na cabeça um capacete de bronze e vestia uma couraça de escamas de bronze, que pesava uns sessenta quilos. Trazia caneleiras de bronze nas pernas e um dardo de bronze sobre os ombros. A haste da sua lança era como o eixo do tecelão, e a ponta da sua lança era de ferro e pesava mais de sete quilos. E diante dele ia o escudeiro. Golias parou e gritou para as tropas de Israel:

—Para que vocês saíram para formar a linha de batalha? Não sou eu filisteu, e vocês, servos de Saul? Escolham entre vocês um homem que venha lutar comigo. Se ele puder lutar comigo e me matar, seremos servos de vocês. Mas, se eu o vencer e o matar, vocês serão nossos servos e nos servirão.

E o filisteu continuou:

—Hoje eu desafio as tropas de Israel. Deem-me um homem, para que lute comigo.

Quando Saul e todo o Israel ouviram estas palavras do filisteu, ficaram assustados e com muito medo.

Referências: 1 Samuel 17:1-11

Textos relacionados: Números 13:26-33; Deuteronômio 11:22-25; Salmo 15; Provérbios 14:27; 15:33; 29:25

DAVI ACEITA O DESAFIO DE GOLIAS

Davi disse a Saul:

—Que ninguém desanime por causa dele. Este seu servo irá e lutará contra esse filisteu.

Porém Saul disse a Davi:

—Você não poderá ir contra esse filisteu para lutar contra ele. Você ainda é jovem, e ele é guerreiro desde a sua mocidade.

Davi respondeu:

—Este seu servo apascentava as ovelhas do pai. Quando vinha um leão ou um urso e levava um cordeiro do rebanho, eu saía atrás dele, batia nele e livrava o cordeiro da sua boca. Se ele se levantava contra mim, eu o agarrava pela barba e o golpeava até matá-lo. Este seu servo matou tanto o leão como o urso. Este filisteu incircunciso será como um deles, porque afrontou os exércitos do Deus vivo.

E Davi continuou:

—O SENHOR me livrou das garras do leão e das garras do urso; ele me livrará das mãos desse filisteu.

Então Saul disse a Davi:

—Vá, e que o SENHOR esteja com você.

[Davi] pegou o seu cajado na mão, escolheu cinco pedras lisas do ribeiro, e as pôs no alforje de pastor, que trazia consigo. E, com a sua funda na mão, foi na direção do filisteu.

Referências: 1 Samuel 17:32-37,40

Textos relacionados: Salmos 31:11-18; 97:10; 144; Efésios 6:10-18; 1 Timóteo 4:12

DAVI MATA GOLIAS

O filisteu também vinha caminhando e se aproximava de Davi, tendo à frente dele o seu escudeiro. O filisteu olhou e, vendo Davi, o desprezou, porque era apenas um moço ruivo e de boa aparência. O filisteu disse a Davi:

—Será que eu sou um cachorro, para que você venha contra mim com pedaços de pau?

E, pelos seus deuses, o filisteu amaldiçoou Davi.

Davi, porém, disse ao filisteu:

—Você vem contra mim com espada, com lança e com escudo. Eu, porém, vou contra você em nome do SENHOR dos Exércitos, o Deus dos exércitos de Israel, a quem você afrontou. Hoje mesmo o SENHOR entregará você nas minhas mãos. Eu o matarei, cortarei a sua cabeça e hoje mesmo darei os cadáveres do arraial dos filisteus às aves dos céus e às feras da terra. E toda a terra saberá que há Deus em Israel. Toda esta multidão saberá que o SENHOR salva, não com espada, nem com lança. Porque do SENHOR é a guerra, e ele entregará todos vocês nas nossas mãos.

E aconteceu que, quando o filisteu se levantou e começou a se aproximar de Davi, este se apressou e, deixando as suas fileiras, correu de encontro ao filisteu. Davi meteu a mão no alforje, tirou dali uma pedra e, com a sua funda, a atirou contra o filisteu, atingindo-o na testa. A pedra se encravou na testa, e ele caiu com o rosto no chão. Assim Davi derrotou o filisteu, com uma funda e com uma pedra. Ele o derrubou e o matou. Não havia nenhuma espada na mão de Davi.

Referências: 1 Samuel 17:41-43,45-50

Textos relacionados: 2 Samuel 21:15-22; Salmo 27; Hebreus 11:32-34

SAUL SENTE INVEJA DE DAVI

Depois de Davi ter falado com Saul, a alma de Jônatas se ligou com a de Davi numa profunda amizade. E Jônatas o amou como à sua própria alma. Naquele dia, Saul reteve Davi e não permitiu que ele voltasse para a casa de seu pai. Jônatas e Davi fizeram uma aliança, porque Jônatas o amava como à sua própria alma. Jônatas tirou a capa que vestia e a deu a Davi. Deu também a sua armadura, inclusive a espada, o arco e o cinto. Davi saía aonde quer que Saul o enviava e tinha êxito, de modo que Saul o pôs sobre tropas do seu exército. E Davi era estimado por todo o povo e até pelos próprios servos de Saul.

E aconteceu que, quando eles estavam voltando para casa, depois de Davi ter matado o filisteu, as mulheres de todas as cidades de Israel saíram ao encontro do rei Saul, cantando e dançando, com tamborins, com alegria e com instrumentos musicais. As mulheres se alegravam e, cantando alternadamente, diziam:

"Saul matou os seus milhares,
porém Davi, os seus dez milhares".

Saul se indignou muito, pois estas palavras lhe desagradaram em extremo. Ele disse:

—Para Davi elas deram dez milhares, mas para mim apenas milhares. Na verdade, o que lhe falta, a não ser o reino?

Daquele dia em diante, Saul não via Davi com bons olhos.

Referências: 1 Samuel 18:1-9

Textos relacionados: Provérbios 27:4; Atos 5:12-19; 7:9-10; Romanos 13:12-14; 2 Coríntios 11:2; Gálatas 5:19-22

SAUL TENTA MATAR DAVI

Saul falou a seu filho Jônatas e a todos os servos sobre matar Davi. Mas Jônatas, filho de Saul, era muito afeiçoado a Davi. Por isso, Jônatas revelou esse plano a Davi, dizendo:

—Meu pai, Saul, quer matar você. Tenha cuidado amanhã cedo. Fique num lugar oculto e esconda-se. Eu sairei e estarei ao lado de meu pai no campo onde você estiver. Falarei com meu pai a respeito de você. Se eu descobrir alguma coisa, contarei a você.

Então Jônatas falou bem de Davi a Saul, seu pai, e lhe disse:

—Que o rei não peque contra o seu servo Davi, porque ele não pecou contra você. Pelo contrário, o que ele tem feito é muito bom para você. Arriscando a sua vida, ele matou o filisteu e o SENHOR efetuou grande livramento a todo o Israel. Você mesmo viu isso e ficou contente. Por que, então, você pecaria contra sangue inocente, matando Davi sem motivo?

Saul atendeu à voz de Jônatas e jurou:

—Tão certo como vive o SENHOR, ele não morrerá.

Jônatas chamou Davi, contou-lhe todas estas palavras e o levou a Saul. E Davi esteve diante de Saul como antes.

E o espírito mau, enviado da parte do SENHOR, veio sobre Saul. Ele estava sentado em sua casa, com a sua lança na mão, enquanto Davi dedilhava a harpa. Saul tentou encravar Davi na parede, porém ele se desviou e a lança foi se encravar na parede. Então Davi fugiu e escapou.

Referências: 1 Samuel 19:1-7,9-10

Textos relacionados: 1 Samuel 19–30; Salmos 52; 54; 59; Tiago 1:13-15

A MORTE DE SAUL E SEUS FILHOS

Os filisteus lutaram contra Israel. E os homens de Israel, fugindo da presença dos filisteus, caíram mortos no monte Gilboa. Os filisteus perseguiram Saul e seus filhos e mataram Jônatas, Abinadabe e Malquisua, filhos de Saul. A batalha se intensificou contra Saul. Os flecheiros o avistaram e ele foi ferido gravemente.

Então Saul disse ao seu escudeiro:

—Arranque a sua espada e atravesse-me com ela, para que não venham esses incircuncisos e zombem de mim.

Mas o seu escudeiro não quis fazer isso, porque estava com muito medo. Então Saul pegou a sua própria espada e se lançou sobre ela. Quando o escudeiro viu que Saul estava morto, também se lançou sobre a espada e morreu com ele. E assim morreram Saul e os seus três filhos; e toda a sua casa morreu juntamente com ele.

Quando os homens de Israel que estavam no vale viram que o exército de Israel fugiu e que Saul e seus filhos estavam mortos, abandonaram as cidades e fugiram. E vieram os filisteus e habitaram nelas.

Assim, Saul morreu por causa da transgressão cometida contra o SENHOR, por causa da palavra do SENHOR, que ele não tinha guardado; e também porque consultou uma médium e não o SENHOR, que, por isso, o matou e transferiu o reino a Davi, filho de Jessé.

Referências: 1 Crônicas 10:1-7,13-14

Textos relacionados: 1 Samuel 28:30-31; 2 Samuel 1; 16:15–17:23; Mateus 27:1-5; Atos 16:22-28

ALIANÇA DO SENHOR COM DAVI

E aconteceu que, quando o rei Davi já morava em seu palácio, pois o SENHOR lhe tinha dado descanso de todos os seus inimigos ao redor, o rei disse ao profeta Natã:

—Veja! Estou morando num palácio feito de cedro, mas a arca de Deus se encontra numa tenda.

Então Natã disse ao rei:

—Vá e faça tudo o que estiver em seu coração, porque o SENHOR está com você.

Porém, naquela mesma noite, a palavra do SENHOR veio a Natã.

Agora diga ao meu servo Davi: Assim diz o SENHOR dos Exércitos: "Eu tirei você das pastagens e do trabalho de andar atrás das ovelhas, para que você fosse príncipe sobre o meu povo, sobre Israel. Estive com você por onde quer que você andou e eliminei todos os seus inimigos diante de você. Engrandecerei o seu nome, como só os grandes têm na terra".

"O SENHOR também lhe faz saber que ele, o SENHOR, fará uma casa para você. Quando os seus dias se completarem e você descansar com os seus pais, então farei surgir depois de você o seu descendente, que procederá de você, e estabelecerei o seu reino. Este edificará um templo ao meu nome, e eu estabelecerei para sempre o trono do seu reino. Eu lhe serei por pai, e ele me será por filho. Se vier a transgredir, eu o castigarei com varas de homens e com açoites de filhos de homens. Mas a minha misericórdia não se afastará dele, como a retirei de Saul, a quem tirei de diante de você. Quanto a você, a sua casa e o seu reino serão firmados para sempre diante de mim; o seu trono será estabelecido para sempre."

Referências: 2 Samuel 7:1-4,8-9,11-16

Textos relacionados: 1 Crônicas 17; Salmos 2; 89; Jeremias 33:14-26; Romanos 1:1-4

O SENHOR COMO PASTOR

O SENHOR é o meu pastor;
nada me faltará.
Ele me faz repousar
em pastos verdejantes.
Leva-me para junto das águas
de descanso;
refrigera-me a alma.
Guia-me pelas veredas da justiça
por amor do seu nome.
Ainda que eu ande
pelo vale da sombra da morte,
não temerei mal nenhum,
porque tu estás comigo;
o teu bordão e o teu cajado
me consolam.
Preparas-me uma mesa
na presença dos meus adversários,
unges a minha cabeça com óleo;
o meu cálice transborda.
Bondade e misericórdia
certamente me seguirão
todos os dias da minha vida;
e habitarei na Casa do SENHOR
para todo o sempre.

Eu sou o bom pastor. O bom pastor dá a vida pelas ovelhas.

Referências: Salmo 23; João 10:11

Textos relacionados: Isaías 40:10-11; Miqueias 5:2-5; Hebreus 13:20-21; 1 Pedro 2:21-25; Apocalipse 7:15-17

DAVI ADULTERA COM BATE-SEBA

Decorrido um ano, no tempo em que os reis costumam sair para a guerra, Davi enviou Joabe, seus oficiais e todo o Israel. Eles destruíram os filhos de Amom e sitiaram a cidade de Rabá. Mas Davi ficou em Jerusalém.

Uma tarde, Davi se levantou do seu leito e andava passeando no terraço do palácio real. Dali viu uma mulher que estava tomando banho; ela era muito bonita. Davi mandou perguntar quem era. Disseram-lhe:

—É Bate-Seba, filha de Eliã e mulher de Urias, o heteu.

Então Davi mandou mensageiros que a trouxessem; ela veio, e ele se deitou com ela. Ora, Bate-Seba tinha acabado de se purificar da impureza da menstruação. Depois, ela voltou para casa.

A mulher concebeu e mandou dizer a Davi:

—Estou grávida.

Então Davi enviou mensageiros a Joabe, dizendo:

—Mande-me Urias, o heteu.

E Joabe mandou Urias a Davi. Quando Urias chegou, Davi perguntou como estava Joabe, como se achava o povo e como ia a guerra. Depois, Davi disse a Urias:

—Vá para casa e descanse.

Urias saiu do palácio real, e logo saiu atrás dele um presente do rei. Porém Urias dormiu junto ao portão do palácio, com todos os servos do seu senhor, e não foi para casa.

Referências: 2 Samuel 11:1-9

Textos relacionados: Deuteronômio 5:18; Jó 31:1; Salmo 119:9-16; Provérbios 5–6; 1 Coríntios 6:9-11

DAVI PLANEJA A MORTE DE URIAS

Pela manhã, Davi escreveu uma carta a Joabe e a mandou por Urias. Na carta escreveu o seguinte: "Ponham Urias na linha de frente, onde o combate for mais intenso. Depois deixem-no sozinho, para que seja ferido e morra".

Tendo sitiado a cidade, Joabe pôs Urias no lugar onde sabia que estavam homens valentes. Os homens da cidade saíram e lutaram contra Joabe. Alguns dos oficiais de Davi foram mortos; e morreu também Urias, o heteu.

Quando a mulher de Urias soube que o seu marido era morto, ela chorou por ele. Passado o luto, Davi mandou buscá-la e a trouxe para o palácio. Ela se tornou sua mulher e lhe deu um filho. Porém isto que Davi tinha feito pareceu mau aos olhos do SENHOR.

Então Davi disse a Natã:

—Pequei contra o SENHOR.

E Natã respondeu:

—Também o SENHOR perdoou o seu pecado; você não morrerá. Mas, porque com isto você deu motivo a que os inimigos do SENHOR blasfemassem, também o filho que lhe nasceu morrerá.

Então Natã foi para a sua casa.

Porque o salário do pecado é a morte, mas o dom gratuito de Deus é a vida eterna em Cristo Jesus, nosso Senhor.

Referências: 2 Samuel 11:14-17,26-27; 12:13-14; Romanos 6:23

Textos relacionados: Números 32:23; 2 Samuel 12:15-25; Provérbios 26:27; Mateus 1:1-6; Hebreus 13:4

ARREPENDIDO, DAVI ORA

Compadece-te de mim, ó Deus,
segundo a tua benignidade;
e, segundo a multidão das tuas misericórdias,
apaga as minhas transgressões.
Lava-me completamente da minha iniquidade
e purifica-me do meu pecado.
Pois eu conheço as minhas transgressões,
e o meu pecado está sempre diante de mim.
Pequei contra ti, contra ti somente,
e fiz o que é mau aos teus olhos,
de maneira que serás tido
por justo no teu falar e puro no teu julgar.
Eu nasci na iniquidade,
e em pecado me concebeu a minha mãe.
Eis que te agradas da verdade no íntimo
e no oculto me fazes conhecer a sabedoria.
Purifica-me com hissopo, e ficarei limpo;
lava-me, e ficarei mais alvo do que a neve.
Faze-me ouvir júbilo e alegria,
para que exultem os ossos que esmagaste.
Esconde o teu rosto dos meus pecados
e apaga todas as minhas iniquidades.
Cria em mim, ó Deus, um coração puro
e renova dentro de mim um espírito inabalável.
Não me lances fora da tua presença,
nem me retires o teu Santo Espírito.
Restitui-me a alegria da tua salvação
e sustenta-me com um espírito voluntário.
Então ensinarei aos transgressores os teus caminhos,
e os pecadores se converterão a ti.

Referências: Salmo 51:1-13

Textos relacionados: 2 Samuel 12; Salmo 32; Isaías 40:28-31; Habacuque 3:2; Tito 3:3-7

DAVI NOMEIA SALOMÃO COMO REI

Quando se aproximava o dia da morte de Davi, ele deu ordens a Salomão, seu filho, dizendo:

—Eu vou pelo caminho de todos os mortais. Portanto, tenha coragem e seja homem! Guarde os preceitos do SENHOR, seu Deus, andando nos seus caminhos, guardando os seus estatutos, os seus mandamentos, os seus juízos e os seus testemunhos, como está escrito na Lei de Moisés. Assim, você será bem-sucedido em tudo o que fizer e por onde quer que você for, e o SENHOR confirmará a promessa que me fez, dizendo: "Se os seus filhos guardarem o seu caminho, andando diante de mim fielmente, de todo o seu coração e de toda a sua alma, nunca lhe faltará sucessor ao trono de Israel".

Salomão assentou-se no trono do SENHOR como rei em lugar de Davi, seu pai. Ele prosperou, e todo o Israel lhe obedecia. Todos os oficiais, os soldados, e até todos os filhos do rei Davi prestaram homenagens ao rei Salomão. O SENHOR engrandeceu muito Salomão diante de todo o Israel e lhe deu majestade real, qual antes dele não teve nenhum rei em Israel.

Confie no SENHOR de todo o seu coração
e não se apoie no seu próprio entendimento.
Reconheça o SENHOR em todos os seus caminhos,
e ele endireitará as suas veredas.

Referências: 1 Reis 2:1-4; 1 Crônicas 29:23-25; Provérbios 3:5-6

Textos relacionados: 2 Samuel 7; 1 Reis 1; 1 Crônicas 17; 23–29; Mateus 1:1-6; Lucas 12:22-31

SALOMÃO PEDE SABEDORIA

Em Gibeão, o SENHOR apareceu a Salomão de noite, em sonhos. E Deus lhe disse:

—Peça o que você quer que eu lhe dê.

E agora, ó SENHOR, meu Deus, tu fizeste reinar teu servo em lugar de Davi, meu pai. Mas eu não passo de uma criança, não sei como devo agir. Teu servo está no meio do teu povo que escolheste, povo grande, tão numeroso que não se pode contar. Dá, pois, ao teu servo coração compreensivo para governar o teu povo, para que, com prudência, saiba discernir entre o bem e o mal. Pois quem seria capaz de governar este teu grande povo?

Estas palavras agradaram ao Senhor, por haver Salomão pedido tal coisa. E Deus lhe disse:

—Já que você pediu isso e não me pediu longevidade, nem riquezas, nem a morte de seus inimigos, mas pediu entendimento, para discernir o que é justo, eis que farei como você pediu. Eu lhe dou um coração sábio e inteligente, de maneira que antes de você nunca houve ninguém igual a você, nem haverá depois de você. Também lhe dou o que você não me pediu, tanto riquezas como glória, de modo que, entre os reis, não haverá ninguém semelhante a você durante os dias da sua vida. Se você andar nos meus caminhos e guardar os meus estatutos e os meus mandamentos, como fez Davi, seu pai, eu prolongarei os seus dias.

Referências: 1 Reis 3:5,7-14

Textos Relacionados: 1 Reis 3:16-28; 2 Crônicas 1:1-13; Provérbios 1–4; 8:10-21; Tiago 1:5-8

A SABEDORIA DE SALOMÃO

O povo de Judá e Israel era tão numeroso como a areia que está na praia do mar; eles comiam, bebiam e se alegravam. Salomão dominava sobre todos os reinos desde o Eufrates até a terra dos filisteus e até a fronteira do Egito. Esses reinos pagavam tributo e serviram Salomão durante todos os dias da sua vida.

Deus deu a Salomão sabedoria, entendimento fora do comum e uma inteligência tão vasta como a areia que está na praia do mar. A sabedoria de Salomão era maior do que a de todos os homens do Oriente e do que toda a sabedoria dos egípcios. Era mais sábio do que todos os homens: mais sábio do que Etã, ezraíta, e do que Hemã, Calcol e Darda, filhos de Maol. E a sua fama se espalhou por todas as nações ao redor. Compôs três mil provérbios, e os seus cânticos foram mil e cinco. Falou sobre todas as plantas, desde o cedro que está no Líbano até o hissopo que brota dos muros; também falou sobre os animais e as aves, os animais que rastejam e os peixes. De todos os povos vinha gente para ouvir a sabedoria de Salomão, e também mensageiros de todos os reis da terra que tinham ouvido falar da sua sabedoria.

Referências: 1 Reis 4:20-21,29-34

Textos relacionados: 1 Reis 10:1-13; Salmo 72; Provérbios 13:10; 16:16; 23:23; Mateus 12:38-42

OS PROVÉRBIOS DE SALOMÃO

Provérbios de Salomão,
filho de Davi, rei de Israel,
para aprender a sabedoria
e o ensino;
para entender as palavras
de inteligência;
para obter o ensino
do bom proceder,
a justiça, o juízo e a equidade;
para dar prudência aos simples
e conhecimento e discernimento
aos jovens.
Que o sábio ouça
e cresça em prudência;
e que o instruído adquira
habilidade
para entender provérbios
e parábolas,
as palavras e os enigmas
dos sábios.
O temor do SENHOR
é o princípio do saber,
mas os insensatos desprezam
a sabedoria e o ensino.

Visto que aumentavam as multidões em volta dele, Jesus começou a dizer:

—Esta é uma geração perversa! Pede sinal; mas nenhum sinal lhe será dado, senão o de Jonas. Porque, assim como Jonas foi sinal para os ninivitas, o Filho do Homem o será para esta geração. A rainha do Sul se levantará, no Juízo, com os homens desta geração e os condenará, porque veio dos confins da terra para ouvir a sabedoria de Salomão. E aqui está quem é maior do que Salomão.

Referências: Provérbios 1:1-7; Lucas 11:29-31

Textos relacionados: 2 Crônicas 9:1-12; Provérbios 10:1; 25:1; Cântico dos Cânticos 1–8; Jonas 3; 1 Coríntios 12:1-11

HONRE SEU PAI

Honre o seu pai e a sua mãe, para que você tenha uma longa vida na terra que o SENHOR, seu Deus, lhe dá.

Quem gera um tolo faz isso
para a sua própria tristeza;
o pai do insensato
não terá alegria.

Meu filho, se o seu coração
for sábio,
também o meu coração
se alegrará;
o meu íntimo exultará,
quando os seus lábios
falarem coisas retas.

Escute, meu filho, e seja sábio;
guie o seu coração
no caminho reto.

Que a palavra de Cristo habite ricamente em vocês. Instruam e aconselhem--se mutuamente em toda a sabedoria, louvando a Deus com salmos, hinos e cânticos espirituais, com gratidão no coração. E tudo o que fizerem, seja em palavra, seja em ação, façam em nome do Senhor Jesus, dando por ele graças a Deus Pai.

Esposas, que cada uma de vocês se sujeite a seu próprio marido, como convém no Senhor. Maridos, que cada um de vocês ame a sua esposa e não a trate com amargura. Filhos, em tudo obedeçam a seus pais, pois fazer isso é agradável diante do Senhor. Pais, não irritem os seus filhos, para que eles não fiquem desanimados.

Referências: Êxodo 20:12; Provérbios 17:21; 23:15-16,19; Colossenses 3:16-21

Textos relacionados: Êxodo 21:15; Levítico 19:3; Provérbios 10:1; 23:22-25; Efésios 6:1-3

A INSTRUÇÃO DO PAI

Filhos, escutem a instrução do pai;
estejam atentos para que
obtenham o entendimento.
Porque eu lhes dou boa instrução;
não abandonem o meu ensino.
Quando eu era menino
em companhia de meu pai,
uma criança inexperiente, mas única
aos olhos de minha mãe,
ele me ensinava e me dizia:
"Que o seu coração retenha
as minhas palavras;
guarde os meus mandamentos
e você viverá.
Adquira a sabedoria,
adquira o entendimento;
não se esqueça nem se afaste
das minhas palavras.
Não abandone a sabedoria,
e ela guardará você;
ame-a, e ela o protegerá.
O princípio da sabedoria é:
adquira a sabedoria;
sim, com tudo o que você possui,
adquira o entendimento.
Valorize a sabedoria, e ela o exaltará;
se você a abraçar, ela o honrará.
Ela porá um diadema de graça
em sua cabeça e lhe entregará
uma coroa de glória."
Meu filho, escute e aceite
as minhas palavras,
e os anos de sua vida
se multiplicarão.
Eu ensinei a você
o caminho da sabedoria
e o fiz andar pelas veredas da retidão.
Se você andar por elas, os seus passos
não se embaraçarão;
se você correr, não tropeçará.

Referências: Provérbios 4:1-12

Textos relacionados: Deuteronômio 6:1-9; Provérbios 1:8; 6:20-24; 31:1-9; 2 Timóteo 1:2-3

A DISCIPLINA DO PAI

Na luta contra o pecado, vocês ainda não resistiram até o sangue. E vocês se esqueceram da exortação que lhes é dirigida, como a filhos:

"Filho meu, não despreze
a correção que vem do Senhor,
nem desanime quando
você é repreendido por ele;
porque o Senhor corrige
a quem ama
e castiga todo filho
a quem aceita".

É para disciplina que vocês perseveram. Deus os trata como filhos. E qual é o filho a quem o pai não corrige? Mas, se estão sem essa correção, da qual todos se tornaram participantes, então vocês são bastardos e não filhos. Além disso, tínhamos os nossos pais humanos, que nos corrigiam, e nós os respeitávamos. Será que, então, não nos sujeitaremos muito mais ao Pai espiritual, para vivermos? Pois eles nos corrigiam por pouco tempo, segundo melhor lhes parecia; Deus, porém, nos disciplina para o nosso próprio bem, a fim de sermos participantes da sua santidade. Na verdade, toda disciplina, ao ser aplicada, não parece ser motivo de alegria, mas de tristeza. Porém, mais tarde, produz fruto pacífico aos que têm sido por ela exercitados, fruto de justiça.

Referências: Hebreus 12:4-11

Textos relacionados: Deuteronômio 8:5; 1 Samuel 2:12-36; Provérbios 3:11-12; 15:5; Apocalipse 3:14-20

UM MARIDO FIEL

Meu filho, dê atenção à minha sabedoria;
incline os ouvidos à minha inteligência,
para que você conserve o discernimento,
e para que os seus lábios guardem o conhecimento.
Porque os lábios da mulher imoral destilam mel,
e as suas palavras são mais suaves
do que o azeite; mas o seu fim é amargo como fel,
e cortante como uma espada de dois gumes.

Beba a água da sua própria cisterna
e das correntes do seu poço.
Por que você derramaria as suas fontes lá fora,
e os seus ribeiros de água pelas praças?
Que sejam para você somente
e não para os estranhos que estão com você.
Seja bendito o seu manancial,
e alegre-se com a mulher da sua mocidade,
corça amorosa e gazela graciosa.
Que os seios dela saciem você em todo o tempo;
embriague-se sempre com as suas carícias.
Meu filho, por que você andaria
cego atrás de uma estranha e abraçaria os seios de outra?
Porque os caminhos do homem
estão diante dos olhos do SENHOR,
e ele considera todas as suas veredas.
Quanto ao ímpio, as suas iniquidades o prenderão,
e com as cordas do seu pecado será detido.
Ele morrerá pela falta de disciplina,
e, pelo excesso de sua loucura, sai cambaleando por aí.

Referências: Provérbios 5:1-4,15-23

Textos relacionados: Êxodo 20:14; Levítico 20:10; Provérbios 2:16-22; 6:23-35; 7; Efésios 5:1-3

CANÇÃO DE AMOR AO MARIDO

Como a macieira
entre as árvores do bosque,
assim é o meu amado entre os jovens.
Desejo muito a sua sombra
e debaixo dela me assento,
e o seu fruto é doce ao meu paladar.
Ele me levou à sala do banquete,
e o seu estandarte sobre mim é o amor.

Ouço a voz do meu amado.
Eis que ele vem,
saltando sobre os montes,
pulando sobre as colinas.
O meu amado é semelhante
ao gamo ou ao filho da gazela.
Eis que ele está detrás de nossa parede,
olhando pelas janelas,
espreitando pelas grades.
O meu amado fala e me diz:
Levante-se, minha querida,
minha linda, e venha comigo.
Porque eis que passou o inverno,
a chuva cessou e se foi,
aparecem as flores na terra,
chegou o tempo de cantarem as aves,
e já se ouve a voz da rolinha em nossa terra.
A figueira começou a dar seus figos,
e as vinhas em flor exalam o seu aroma.
Levante-se, minha querida,
minha linda, e venha comigo.

Referências: Cântico dos Cânticos 2:3-4,8-13

Textos relacionados: Salmo 45; Cântico dos Cânticos 1–8; 2 Coríntios 11:2-3; 1 Pedro 3:1-6

MARIDO, AME A SUA ESPOSA

Maridos, que cada um de vocês ame a sua esposa, como também Cristo amou a igreja e se entregou por ela, para que a santificasse, tendo-a purificado por meio da lavagem de água pela palavra, para a apresentar a si mesmo como igreja gloriosa, sem mancha, nem ruga, nem coisa semelhante, porém santa e sem defeito. Assim também o marido deve amar a sua esposa como ama o próprio corpo. Quem ama a esposa ama a si mesmo. Porque ninguém jamais odiou o seu próprio corpo. Ao contrário, o alimenta e cuida dele, como também Cristo faz com a igreja; porque somos membros do seu corpo. Eis por que "**o homem deixará o seu pai e a sua mãe e se unirá à sua mulher, tornando-se os dois uma só carne**". Grande é este mistério, mas eu me refiro a Cristo e à igreja. No entanto, também quanto a vocês, que cada um ame a própria esposa como a si mesmo, e que a esposa respeite o seu marido.

Maridos, vocês, igualmente, vivam a vida comum do lar com discernimento, dando honra à esposa, por ser a parte mais frágil e por ser coerdeira da mesma graça da vida. Agindo assim, as orações de vocês não serão interrompidas.

Referências: Efésios 5:25-33; 1 Pedro 3:7

Textos relacionados: Gênesis 2:18-25; Oseias 3:1-3; Malaquias 2:13-16; Colossenses 3:19; Apocalipse 21:1-4

SALOMÃO CONSTRÓI O TEMPLO

Também Hirão, rei de Tiro, enviou os seus servos a Salomão, porque ouviu que Salomão havia sido ungido rei em lugar de seu pai. Acontece que Hirão sempre tinha sido amigo de Davi. Então Salomão enviou mensageiros a Hirão, dizendo:

—Você sabe que Davi, meu pai, não pôde edificar um templo ao nome do SENHOR, seu Deus, por causa das guerras em que se viu envolvido, até que o SENHOR pôs os seus inimigos debaixo dos pés dele. Porém a mim o SENHOR, meu Deus, tem dado descanso de todos os lados; não há nem inimigo, nem adversidade alguma. Por isso tenho a intenção de edificar um templo ao nome do SENHOR, meu Deus, como o SENHOR falou a Davi, meu pai, dizendo: "O seu filho, que porei em seu lugar no seu trono, esse edificará uma casa ao meu nome". Agora ordene que cortem cedros do Líbano para mim. Os meus servos estarão com os seus servos, e eu lhe pagarei o salário destes segundo o que você determinar. Porque você bem sabe que entre o meu povo não há quem saiba cortar a madeira como os sidônios.

Quando Hirão ouviu as palavras de Salomão, ficou muito contente e disse:

—Bendito seja hoje o SENHOR, que deu a Davi um filho sábio para reinar sobre este grande povo.

Referências: 1 Reis 5:1-7

Textos relacionados: 1 Reis 5–9; 2 Crônicas 2–8; Salmo 127; Mateus 12:1-6; João 2:13-21; Efésios 2:11-22

A SABEDORIA DO PREGADOR

Eu, o Pregador, venho sendo rei de Israel, em Jerusalém. Dediquei-me a investigar e a me informar com sabedoria a respeito de tudo o que se faz debaixo do céu. Que enfadonho trabalho Deus impôs aos filhos dos homens, para com ele os afligir!

Tudo tem o seu tempo
determinado,
e há tempo para todo propósito
debaixo do céu:
há tempo de nascer
e tempo de morrer;
tempo de plantar
e tempo de arrancar
o que se plantou;
tempo de matar
e tempo de curar;
tempo de derrubar
e tempo de construir;
tempo de chorar
e tempo de rir;
tempo de prantear
e tempo de saltar de alegria;
tempo de espalhar pedras
e tempo de ajuntar pedras;
tempo de abraçar
e tempo de deixar de abraçar;
tempo de procurar
e tempo de perder;
tempo de guardar
e tempo de jogar fora;
tempo de rasgar
e tempo de costurar;
tempo de ficar calado
e tempo de falar;
tempo de amar
e tempo de odiar;
tempo de guerra
e tempo de paz.

Referências: Eclesiastes 1:12-14; 3:1-8

Textos relacionados: Eclesiastes 1:1-11; Gálatas 4:4-5; 6:8-9; 1 Timóteo 2:3-6; 1 Pedro 5:5-6

PROVÉRBIOS DO PREGADOR: CONCLUSÃO

Melhor é serem dois do que um, porque maior é o pagamento pelo seu trabalho. Porque se caírem, um levanta o companheiro. Mas ai do que estiver só, pois, caindo, não haverá quem o levante. Também, se dois dormirem juntos, eles se aquecerão; mas, se for um sozinho, como se aquecerá? Se alguém quiser dominar um deles, os dois poderão resistir; o cordão de três dobras não se rompe com facilidade.

O Pregador, além de sábio, ainda ensinou ao povo o conhecimento; e, atentando e examinando, compôs muitos provérbios. O Pregador procurou achar palavras agradáveis e escrever com retidão palavras de verdade. As palavras dos sábios são como aguilhões, e as coleções de sentenças são como pregos bem-fixados; elas provêm de um único Pastor.

Além do mais, meu filho, leve em conta o seguinte: não há limite para fazer livros, e o muito estudar é enfado da carne.

De tudo o que se ouviu, a conclusão é esta: tema a Deus e guarde os seus mandamentos, porque isto é o dever de cada pessoa. Porque Deus há de trazer a juízo todas as obras, até as que estão escondidas, quer sejam boas, quer sejam más.

Referências: Eclesiastes 4:9-12; 12:9-14

Textos relacionados: 1 Samuel 20:24-42; Salmo 37; Provérbios 17:17; 27:6,10; 1 Coríntios 4:5; Apocalipse 20:11-15

OS PECADOS DE SALOMÃO

Além da filha de Faraó, Salomão amou muitas mulheres estrangeiras: moabitas, amonitas, edomitas, sidônias e heteias, mulheres das nações de que o SENHOR tinha dito aos filhos de Israel: "Não casem com elas, nem casem elas com vocês, pois perverteriam o coração de vocês, para seguirem os seus deuses". A estas Salomão se apegou pelo amor.

Sendo já velho, suas mulheres lhe perverteram o coração para seguir outros deuses, e o coração dele não era fiel ao SENHOR, seu Deus, como havia sido fiel o coração de Davi, seu pai.

O SENHOR se indignou contra Salomão, por ter desviado o seu coração do SENHOR, Deus de Israel, que lhe havia aparecido duas vezes e ordenado que não seguisse outros deuses. Ele, porém, não guardou o que o SENHOR lhe havia ordenado. Por isso o SENHOR disse a Salomão:

—Já que você procedeu assim e não guardou a minha aliança, nem os meus estatutos que lhe ordenei, vou tirar o reino de você e dá-lo a um dos seus servos. No entanto, por amor a Davi, seu pai, não farei isso enquanto você estiver vivo, mas durante o reinado do seu filho. Todavia, não tirarei o reino todo; darei uma tribo a seu filho, por amor a Davi, meu servo, e por amor a Jerusalém, que escolhi.

Referências: 1 Reis 11:1-2,4,9-13

Textos relacionados: Deuteronômio 7; Esdras; Neemias13:23-27; 1 Coríntios 7:39; 2 Coríntios 6:14-16

REINO DIVIDIDO

O tempo que Salomão reinou sobre todo o Israel, em Jerusalém, foi de quarenta anos. Salomão morreu e foi sepultado na Cidade de Davi, seu pai, e Roboão, seu filho, reinou em seu lugar.

Roboão foi a Siquém, porque todo o Israel se havia reunido ali, para o fazer rei.

Mandaram chamá-lo, e ele veio com toda a congregação de Israel a Roboão, para lhe dizer:

—O seu pai nos impôs um pesado jugo; alivie a dura servidão de seu pai e o pesado jugo que ele nos impôs, e nós o serviremos.

Roboão respondeu:

—Vão embora e voltem daqui a três dias.

E o povo se foi.

O rei deu uma resposta dura ao povo, porque havia desprezado o conselho dos anciãos. Preferiu seguir o conselho dos jovens, dizendo:

—Meu pai lhes impôs um pesado jugo, mas eu o tornarei ainda mais pesado. Meu pai castigou vocês com açoites; eu vou castigá-los com escorpiões.

Quando todo o Israel viu que o rei não lhe dava ouvidos, reagiu, dizendo:

—Que parte temos nós em Davi? Não temos herança no filho de Jessé! Às suas tendas, ó Israel! Cuide, agora, de sua casa, ó Davi!

Então Israel se foi às suas tendas.

Quando todo o Israel soube que Jeroboão tinha voltado, mandaram chamá-lo para a congregação e o fizeram rei sobre todo o Israel. Ninguém seguiu a casa de Davi, a não ser a tribo de Judá.

Referências: 1 Reis 11:42-43; 12:1,3-5,13-14,16,20

Textos relacionados: 1 Reis 11:26-40; 2 Crônicas 9:29–10:19; Provérbios 15:1

OS PECADOS DE JEROBOÃO

Jeroboão edificou Siquém, na região montanhosa de Efraim, e passou a residir ali; dali edificou Penuel. Então ele pensou: "Agora o reino voltará para a casa de Davi. Se este povo subir para fazer sacrifícios na Casa do Senhor, em Jerusalém, o coração deles se voltará para o senhor deles, para Roboão, rei de Judá. Eles me matarão e voltarão para ele, para o rei de Judá".

Por isso, depois de se aconselhar, o rei fez dois bezerros de ouro e disse ao povo:

—Basta de subir a Jerusalém! Eis aqui os seus deuses, ó Israel, que tiraram vocês da terra do Egito!

Pôs um em Betel e o outro em Dã. E isso se tornou em pecado, pois o povo ia até Dã, cada um para adorar o bezerro. Jeroboão fez também santuários nos lugares altos e, dentre o povo, constituiu sacerdotes que não eram dos filhos de Levi.

Isso se tornou em pecado à casa de Jeroboão, para destruí-la e extingui-la da face da terra.

Referências: 1 Reis 12:25-31; 13:34

Textos relacionados: Êxodo 32; 2 Reis 10:16-31; 23:1-15; 2 Crônicas 11:14-16; Atos 17:15-31; 1 Coríntios 6:9-10

SETEMBRO

Ao ler a palavra de Deus, você deve dizer constantemente a si mesmo: "Ela está falando comigo e sobre mim".

Søren Kierkegaard (1813–55)

Filósofo dinamarquês

Devo confessar a você que a majestade das Escrituras me surpreende... se tivesse sido uma invenção de homens, tais inventores seriam maiores do que os grandes heróis.

Jean-Jacques Rousseau (1712–78)

Filósofo francês

Depois de mais de 60 anos de leitura quase diária da Bíblia, nunca deixo de encontrá-la sempre nova e maravilhosamente em sintonia com as necessidades de cada dia que estão em constante mudança.

Cecil B. DeMille (1881–1959)

Produtor cinematográfico norte-americano

ELIAS CONFRONTA O REI ACABE

Acabe, filho de Onri, começou a reinar sobre Israel no trigésimo oitavo ano do reinado de Asa, rei de Judá. E Acabe, filho de Onri, reinou sobre Israel, em Samaria, vinte e dois anos. Acabe, filho de Onri, fez o que era mau aos olhos do Senhor, mais do que todos os reis que vieram antes dele. Como se fosse pouca coisa andar nos pecados de Jeroboão, filho de Nebate, Acabe foi mais longe e tomou por mulher Jezabel, filha de Etbaal, rei dos sidônios; e foi, serviu Baal e o adorou. Levantou um altar a Baal, no templo de Baal que tinha edificado em Samaria. Acabe fez também um poste da deusa Aserá, de maneira que cometeu mais abominações para irritar o Senhor, Deus de Israel, do que todos os reis de Israel que vieram antes dele.

Então Elias, o tesbita, dos moradores de Gileade, disse a Acabe:

—Tão certo como vive o SENHOR, Deus de Israel, a quem eu sirvo, não haverá orvalho nem chuva nos próximos anos, a não ser quando eu disser.

Então a palavra do SENHOR veio a Elias, dizendo:

—Saia daqui, vá para o leste e esconda-se junto ao ribeiro de Querite, nas imediações do Jordão. Você beberá a água do ribeiro; e eu ordenei aos corvos que sustentem você naquele lugar.

Elias foi e fez segundo a palavra do SENHOR. Retirou-se e ficou morando junto ao ribeiro de Querite, nas imediações do Jordão.

Se eu fechar o céu de modo que não haja chuva, ou se ordenar aos gafanhotos que consumam a terra, ou se enviar a peste entre o meu povo, se o meu povo, que se chama pelo meu nome, se humilhar, orar, me buscar e se converter dos seus maus caminhos, eu ouvirei dos céus, perdoarei os seus pecados e sararei a sua terra.

Referências: 1 Reis 16:29-33; 17:1-5; 2 Crônicas 7:13-14

Textos relacionados: Deuteronômio 11:16-17; Marcos 6:14-15; Lucas 1:11-17; 9:7-8; Tiago 5:17-18

ELIAS DESAFIA OS PROFETAS DE BAAL

Muito tempo depois, no terceiro ano da seca, a palavra do SENHOR veio a Elias, dizendo:

—Vá apresentar-se a Acabe, porque farei cair chuva sobre a terra.

Quando Acabe viu Elias, disse:

—Então é você, o perturbador de Israel?

Elias respondeu:

—Eu não tenho perturbado Israel. Quem tem perturbado Israel é você e a casa de seu pai, porque vocês abandonaram os mandamentos do SENHOR e seguiram os baalins. Agora ordene que todo o Israel venha se encontrar comigo no monte Carmelo. Convoque também os quatrocentos e cinquenta profetas de Baal e os quatrocentos profetas da deusa Aserá que são sustentados por Jezabel.

Então Acabe enviou mensageiros a todos os filhos de Israel e ajuntou os profetas no monte Carmelo. Depois, Elias se aproximou de todo o povo e disse:

—Até quando vocês ficarão pulando de um lado para outro? Se o SENHOR é Deus, sigam-no; se é Baal, sigam-no.

Porém o povo não disse uma só palavra. Então Elias disse ao povo:

—Eu sou o único que restou dos profetas do SENHOR, e os profetas de Baal são quatrocentos e cinquenta homens. Tragam, agora, dois novilhos. Eles que escolham para si um dos novilhos e, cortando-o em pedaços, o ponham sobre a lenha, porém não ponham fogo. Eu prepararei o outro novilho e o porei sobre a lenha, mas não porei fogo. Então eles invocarão o nome de seu deus, e eu invocarei o nome do SENHOR. E há de ser que o deus que responder com fogo esse é que é Deus.

E todo o povo respondeu:

—É uma boa proposta!

Referências: 1 Reis 18:1,17-24

Textos relacionados: Deuteronômio 12:28-31; 32:36-39; Marcos 8:27-29; Lucas 9:28-36; Tiago 5:14-18

O SENHOR DERROTA BAAL

Elias disse aos profetas de Baal:

—Escolham um dos novilhos e preparem-no primeiro, porque vocês são muitos. Depois, invoquem o nome do deus de vocês, mas não ponham fogo na lenha.

Pegaram o novilho que lhes foi trazido, prepararam-no e invocaram o nome de Baal, desde a manhã até o meio-dia, dizendo:

—Ó Baal, responde-nos!

Porém não se ouviu nenhuma voz e não houve quem respondesse.

Passado o meio-dia, eles profetizaram, até a hora do sacrifício da tarde; porém não houve voz, nem resposta, nem atenção alguma.

Quando chegou a hora do sacrifício da tarde, o profeta Elias se aproximou do altar e disse:

—Ó SENHOR, Deus de Abraão, de Isaque e de Israel, que hoje se fique sabendo que tu és Deus em Israel, e que eu sou o teu servo e que, segundo a tua palavra, fiz todas estas coisas. Responde-me, SENHOR, responde-me, para que este povo saiba que tu, SENHOR, és Deus e que fizeste o coração deles voltar para ti.

Então caiu fogo do SENHOR e consumiu o holocausto, a lenha, as pedras e a terra, e ainda lambeu a água que estava na vala. Quando o povo viu isso, todos se prostraram com o rosto em terra e disseram:

—O SENHOR é Deus! Só o SENHOR é Deus!

Então Elias disse:

—Prendam os profetas de Baal! Que nem um deles escape!

Eles os prenderam, e Elias os fez descer até o ribeiro de Quisom e ali os matou.

Referências: 1 Reis 18:25-26,29,36-40

Textos relacionados: Deuteronômio 13; 17:2-5; 18:18-22; 1 Reis 21–22; 2 Reis 9:30–10:28; Filipenses 2:5-11

JONAS DESOBEDECE AO SENHOR

A palavra do SENHOR veio a Jonas, filho de Amitai, dizendo:

—Levante-se, vá à grande cidade de Nínive e pregue contra ela, porque a sua maldade subiu até a minha presença.

Jonas se levantou, mas para fugir da presença do SENHOR, para Társis. Desceu a Jope, e encontrou um navio que ia para Társis. Pagou a passagem e embarcou no navio, para ir com eles para Társis, para longe da presença do SENHOR.

Mas o SENHOR lançou sobre o mar um forte vento, e levantou-se uma tempestade tão violenta, que parecia que o navio estava a ponto de se despedaçar. Então os marinheiros ficaram com medo e clamavam cada um ao seu deus. Lançaram no mar a carga que estava no navio, para que ele ficasse mais leve.

Os marinheiros diziam uns aos outros:

—Vamos lançar sortes para descobrir quem é o culpado desse mal que caiu sobre nós.

Lançaram sortes, e a sorte caiu sobre Jonas.

Então lhe perguntaram:

—O que devemos fazer com você, para que o mar se acalme?

Disseram isto porque o mar ia se tornando cada vez mais tempestuoso. Jonas respondeu:

—Peguem-me e me lancem no mar; então o mar ficará calmo. Porque eu sei que, por minha causa, esta grande tempestade caiu sobre vocês.

Em seguida, os marinheiros pegaram Jonas e o lançaram no mar; e a fúria do mar se acalmou. Então esses homens temeram muito o SENHOR; ofereceram sacrifícios ao SENHOR e fizeram votos.

O SENHOR ordenou que um grande peixe engolisse Jonas. E Jonas esteve três dias e três noites no ventre do peixe.

Referências: Jonas 1:1-5,7,11-12,15-17

Textos relacionados: 2 Reis 14:25; Mateus 12:38-41; 16:1-4; Lucas 11:29-32

JONAS ORA NO VENTRE DO PEIXE

Então Jonas, do ventre do peixe, orou ao SENHOR, seu Deus, e disse:
"Na minha angústia,
clamei ao SENHOR, e ele me respondeu;
do ventre do abismo, gritei, e tu ouviste a minha voz.
Pois me lançaste nas profundezas,
no coração dos mares, e a corrente das águas me cercou;
todas as tuas ondas e as tuas vagas passaram sobre mim.
Então eu disse: 'Estou excluído da tua presença;
será que tornarei a ver o teu santo templo?'".
"As águas me cercaram até a alma,
o abismo me rodeou; e as algas se enrolaram
na minha cabeça.
Desci até os fundamentos dos montes;
desci até a terra, cujos ferrolhos se fecharam
atrás de mim para sempre.
Tu, porém, fizeste a minha vida
subir da sepultura, ó SENHOR, meu Deus!
Quando, dentro de mim, desfalecia a minha alma,
eu me lembrei do SENHOR;
e subiu a ti a minha oração, no teu santo templo.
Os que adoram ídolos vãos abandonam aquele
que lhes é misericordioso.
Mas, com a voz do agradecimento,
eu te oferecerei sacrifício; o que prometi cumprirei.
Ao SENHOR pertence a salvação!".
E o SENHOR falou ao peixe, e este vomitou Jonas na terra.

Referências: Jonas 2

Textos relacionados: 2 Reis 17:13-15; Salmos 42; 69; Isaías 44:9-20; Atos 27

O SENHOR MUDOU DE IDEIA

A palavra do SENHOR veio a Jonas pela segunda vez, dizendo:

—Levante-se, vá à grande cidade de Nínive e pregue contra ela a mensagem que eu lhe darei.

Jonas se levantou e foi a Nínive, segundo a palavra do SENHOR. Ora, Nínive era uma cidade muito importante diante de Deus; eram necessários três dias para percorrê-la. Jonas começou a percorrer a cidade caminho de um dia, e pregava, dizendo:

—Ainda quarenta dias, e Nínive será destruída.

Os ninivitas creram em Deus. Proclamaram um jejum e vestiram roupa feita de pano de saco, desde o maior até o menor.

Quando esta notícia chegou ao rei de Nínive, ele se levantou do seu trono, tirou os trajes reais, cobriu-se de pano de saco e sentou-se sobre cinzas. E mandou proclamar e divulgar em Nínive o seguinte:

—Por mandado do rei e dos seus nobres, ninguém — nem mesmo os animais, bois e ovelhas — pode comer coisa alguma; não lhes deem pasto, nem deixem que bebam água. Todos devem ser cobertos de pano de saco, tanto as pessoas como os animais. Então clamarão fortemente a Deus e se converterão, cada um do seu mau caminho e da violência que há nas suas mãos. Quem sabe? Talvez Deus se volte e mude de ideia, e então se afaste do furor da sua ira, para que não pereçamos.

Deus viu o que fizeram, como se converteram do seu mau caminho; e Deus mudou de ideia quanto ao mal que tinha dito que lhes faria e não o fez.

Referências: Jonas 3

Textos relacionados: Êxodo 32:1-14; Jeremias 18:1-11; Joel 2:12-14; Lucas 11:29-32

JOEL CHAMA ISRAEL AO ARREPENDIMENTO

Ainda assim, agora mesmo, diz o SENHOR:
"Convertam-se a mim de todo o coração;
com jejuns, com choro e com pranto.
Rasguem o coração, e não as suas roupas".
Convertam-se ao SENHOR, seu Deus,
porque ele é bondoso e compassivo,
tardio em irar-se e grande em misericórdia,
e muda de ideia quanto ao mal que havia anunciado.
Quem sabe se ele não se voltará
e mudará de ideia, e, ao passar, deixe uma bênção,
para que vocês possam trazer ofertas de cereais
e libações ao SENHOR, seu Deus?
Toquem a trombeta em Sião,
proclamem um santo jejum,
convoquem uma reunião solene.
Reúnam o povo, santifiquem a congregação,
congreguem os anciãos, reúnam as crianças
e os que mamam no peito.
Que o noivo saia do seu quarto,
e a noiva, dos seus aposentos.
Que os sacerdotes, ministros do SENHOR,
chorem entre o pórtico e o altar, e orem:
"Poupa o teu povo, ó SENHOR,
e não faças da tua herança
um objeto de deboche e de zombaria entre as nações.
Por que hão de dizer entre os povos:
'Onde está o Deus deles?'".
Então o SENHOR teve grande amor pela sua terra
e se compadeceu do seu povo.

Referências: Joel 2:12-18

Textos relacionados: Êxodo 34:1-7; Deuteronômio 10:16; Jonas 3; Tiago 4:6-8

AMÓS: JULGAMENTO E ESPERANÇA

Eis que os olhos do Senhor Deus estão contra este reino pecador, e eu o destruirei da face da terra. Mas não destruirei por completo a casa de Jacó", diz o SENHOR.

Todos os pecadores do meu povo
morrerão à espada, os que dizem:
'O mal não nos alcançará nem nos encontrará'".
"Naquele dia, levantarei
o tabernáculo caído de Davi.
Vou reparar as suas brechas
e levantá-lo das suas ruínas.
Vou restaurá-lo, para que volte a ser como era
nos dias da antiguidade,
para que o meu povo tome posse
do restante de Edom e de todas as nações
que são chamadas pelo meu nome",
diz o SENHOR, que faz estas coisas.
"Eis que vêm dias", diz o SENHOR,
"em que o que lavra virá logo após o que colhe,
e o que pisa as uvas virá logo após
o que lança semente.
Os montes destilarão vinho,
e todas as colinas se derreterão.
Mudarei a sorte do meu povo de Israel.
Eles reedificarão as cidades destruídas
e nelas habitarão.
Plantarão vinhas e beberão o seu vinho;
farão pomares e comerão dos seus frutos.
Eu os plantarei na sua terra, e, dessa terra que lhes dei,
nunca mais serão arrancados", diz o SENHOR, seu Deus.

Referências: Amós 9:8,10-15

Textos relacionados: 2 Samuel 7; Atos 15:1-21; Romanos 9–11

OSEIAS: A IRA E A COMPAIXÃO DO SENHOR

"Quando Israel era menino, eu o amei;
e do Egito chamei o meu filho.
Quanto mais eu os chamava, tanto mais se afastavam de mim;
sacrificavam a baalins e queimavam incenso
às imagens de escultura.
Mas fui eu que ensinei Efraim a andar; tomei-os nos meus braços,
mas eles não entenderam que era eu que os curava.
Atraí-os com cordas humanas,
com laços de amor; fui para eles como quem alivia
o jugo de sobre o pescoço e me inclinei para dar-lhes de comer".
"Não voltarão para a terra do Egito, mas o assírio será o seu rei,
porque se recusam a voltar para mim".

Como poderia eu abandoná-lo, Efraim?
Como poderia entregá-lo, Israel?
Como faria com você o que fiz com Admá?
Como poderia fazer de você outra Zeboim?
Meu coração se comove dentro de mim;
toda a minha compaixão se manifesta.
Não executarei o furor da minha ira;
não voltarei para destruir Efraim.
Porque eu sou Deus e não homem;
sou o Santo no meio de vocês.
Não virei com ira".
"Seguirão o SENHOR, que rugirá como leão.
E, quando ele rugir, os filhos, tremendo,
virão do Ocidente; tremendo, como passarinhos,
virão os do Egito, e, como pombas, os da terra da Assíria.
Eu os farei habitar em suas próprias casas", diz o SENHOR.

Referências: Oseias 11:1-5,8-11

Textos relacionados: Gênesis 19:1-29; Deuteronômio 29:18-23; Zacarias 10:6-12; 2 Pedro 3:8-15

ISAÍAS VÊ O SENHOR

No ano da morte do rei Uzias, eu vi o SENHOR assentado sobre um alto e sublime trono, e as abas de suas vestes enchiam o templo. Serafins estavam por cima dele. Cada um tinha seis asas: com duas cobria o rosto, com duas cobria os pés e com duas voava. E clamavam uns para os outros, dizendo:

"Santo, santo, santo é o SENHOR dos Exércitos;
toda a terra está cheia da sua glória".

Os umbrais das portas se moveram com a voz do que clamava, e o templo se encheu de fumaça. Então eu disse:

—Ai de mim! Estou perdido! Porque sou homem de lábios impuros, e habito no meio de um povo de lábios impuros; e os meus olhos viram o Rei, o SENHOR dos Exércitos!

Então um dos serafins voou para mim, trazendo na mão uma brasa viva, que havia tirado do altar com uma pinça. Com a brasa tocou a minha boca e disse:

—Eis que esta brasa tocou os seus lábios. A sua iniquidade foi tirada, e o seu pecado, perdoado.

Depois disto, ouvi a voz do SENHOR, que dizia:

—A quem enviarei, e quem há de ir por nós?

Eu respondi:

—Eis-me aqui, envia-me a mim.

Referências: Isaías 6:1-8

Textos relacionados: Êxodo 3:1-6; 33:15-23; Jó 19:25-27; Mateus 5:8; 13:10-17; João 12:37-41; Apocalipse 4

MIQUEIAS: OS PECADOS DE ISRAEL

Palavra do SENHOR que em visão veio a Miqueias, de Moresete, a respeito de Samaria e Jerusalém. Isso aconteceu nos dias de Jotão, Acaz e Ezequias, reis de Judá.

"Escutem, todos os povos!
Prestem atenção, ó terra e todos os seus moradores!
O Senhor DEUS será testemunha contra vocês;
do seu santo templo, o Senhor falará.
Porque eis que o SENHOR sai do seu lugar;
ele desce e anda sobre os altos da terra.
Os montes debaixo dele se derretem,
e os vales se fendem; são como a cera diante do fogo,
como as águas que se precipitam num abismo."
"Tudo isso por causa da transgressão de Jacó
e dos pecados da casa de Israel.
Qual é a transgressão de Jacó?
Será que não é Samaria?
E quais são os lugares altos de Judá?
Será que não é Jerusalém?
Por isso, farei de Samaria um montão de pedras no campo,
uma terra de plantar vinhas.
Farei com que as pedras rolem
para o vale e deixarei descobertos os seus alicerces.
Todas as suas imagens de escultura
serão despedaçadas, e tudo o que ela ganhou
com a sua impureza será queimado.
De todos os seus ídolos eu farei uma ruína.
Visto que ela os ajuntou com pagamento por prostituição,
em pagamento por prostituição eles serão transformados."

Referências: Miqueias 1:1-7

Textos relacionados: Deuteronômio 5:6-10; Juízes 10:11-16; Salmos 68:1-3; 97; Jeremias 26; Atos 1:1-8

ISRAEL VAI PARA O EXÍLIO

No nono ano do reinado de Oseias, o rei da Assíria conquistou Samaria e levou os israelitas para a Assíria. Ele os fez habitar em Hala, junto a Habor, rio de Gozã, e nas cidades dos medos.

Isso aconteceu porque os filhos de Israel pecaram contra o SENHOR, seu Deus, que os tirou da terra do Egito e os livrou do poder de Faraó, rei do Egito; e temeram outros deuses. Andaram nos estatutos das nações que o SENHOR expulsou de diante dos filhos de Israel e nos costumes estabelecidos pelos reis de Israel. Os filhos de Israel fizeram contra o SENHOR, seu Deus, o que não era reto; edificaram para si lugares altos em todas as suas cidades, desde a torre dos vigias até a cidade fortificada. Levantaram para si colunas e postes da deusa Aserá, em todas as colinas mais elevadas e debaixo de todas as árvores frondosas. Queimaram ali incenso em todos os lugares altos, como as nações que o SENHOR havia expulsado de diante deles. Cometeram ações perversas para provocarem o SENHOR à ira e serviram os ídolos, dos quais o SENHOR lhes tinha dito: "Não façam estas coisas".

O SENHOR advertiu Israel e Judá por meio de todos os profetas e de todos os videntes, dizendo: "Voltem-se dos seus maus caminhos e guardem os meus mandamentos e os meus estatutos, segundo toda a Lei que ordenei aos pais de vocês e que lhes enviei por meio dos meus servos, os profetas". Porém eles não quiseram ouvir; se tornaram obstinados e foram teimosos como os seus pais, que não creram no SENHOR, seu Deus.

Referências: 2 Reis 17:6-14

Textos relacionados: Deuteronômio 28:14-68; 2 Reis 15:16-20; Atos 7:51-53

EZEQUIAS: UM BOM REI

No terceiro ano do reinado de Oseias, filho de Elá, rei de Israel, Ezequias, filho de Acaz, rei de Judá, começou a reinar. Tinha vinte e cinco anos de idade quando começou a reinar e reinou vinte e nove anos em Jerusalém. A mãe dele se chamava Abi e era filha de Zacarias. Ezequias fez o que era reto aos olhos do SENHOR, segundo tudo o que Davi, seu pai, havia feito. Removeu os lugares altos, quebrou as colunas e derrubou o poste da deusa Aserá. Também fez em pedaços a serpente de bronze que Moisés havia feito. Os filhos de Israel chamavam essa serpente de Neustã e até aquele dia lhe queimavam incenso.

Ezequias confiou no SENHOR, Deus de Israel, de maneira que não houve ninguém como ele entre todos os reis de Judá, nem antes nem depois dele. Porque se apegou ao SENHOR, não deixou de segui-lo e guardou os mandamentos que o SENHOR ordenou a Moisés. Assim, o SENHOR estava com ele, e ele teve êxito em todos os seus empreendimentos. Rebelou-se contra o rei da Assíria e não o serviu. Derrotou os filisteus até Gaza e o seu território, desde a torre dos vigias até a cidade fortificada.

No quarto ano do reinado de Ezequias, que era o sétimo ano do reinado de Oseias, filho de Elá, rei de Israel, Salmaneser, rei da Assíria, atacou a cidade de Samaria e a cercou. Ao fim de três anos, a cidade foi conquistada. Sim, no ano sexto do reinado de Ezequias, que era o nono ano do reinado de Oseias, rei de Israel, Samaria foi conquistada.

Referências: 2 Reis 18:1-10

Textos relacionados: Números 21:1-9; Deuteronômio 28:1-14; 2 Crônicas 29–31; Provérbios 25:1; Mateus 1:1-10

O SENHOR LIBERTA JUDÁ DA ASSÍRIA

No décimo quarto ano do reinado de Ezequias, Senaqueribe, rei da Assíria, atacou todas as cidades fortificadas de Judá e as conquistou.

E Ezequias orou diante do SENHOR, dizendo:

—Ó SENHOR, Deus de Israel, que estás entronizado acima dos querubins, somente tu és o Deus de todos os reinos da terra; tu fizeste os céus e a terra. Inclina, ó SENHOR, os ouvidos e ouve; abre, SENHOR, os olhos e vê; ouve as palavras de Senaqueribe, as quais ele enviou para afrontar o Deus vivo. É verdade, SENHOR, que os reis da Assíria assolaram todas as nações e suas terras e lançaram no fogo os deuses deles, porque não eram deuses, mas objetos de madeira e pedra, feitos por mãos humanas; por isso, os destruíram. Agora, ó SENHOR, nosso Deus, livra-nos das mãos dele, para que todos os reinos da terra saibam que só tu, ó SENHOR, és Deus.

Então Isaías, filho de Amoz, mandou dizer a Ezequias:

—Assim diz o SENHOR, o Deus de Israel: "Eu ouvi a oração que você me fez a respeito de Senaqueribe, rei da Assíria".

Naquela mesma noite, o Anjo do SENHOR saiu e matou cento e oitenta e cinco mil homens no arraial dos assírios. De manhã, quando os restantes se levantaram, lá estavam todos aqueles cadáveres. Então Senaqueribe, rei da Assíria, levantou acampamento, foi embora, voltou para Nínive e por lá ficou.

Referências: 2 Reis 18:13; 19:15-20,35-36

Textos relacionados: 2 Reis 19–20; 2 Crônicas 32; Isaías 36–39; Atos 12

NAUM: DEUS É VINGADOR

O SENHOR é Deus zeloso e vingador,
o SENHOR é vingador e cheio de ira;
o SENHOR toma vingança contra os seus adversários
e reserva indignação para os seus inimigos.
O SENHOR é tardio em irar-se,
mas grande em poder e jamais inocenta o culpado.
O SENHOR tem o seu caminho na tormenta e na tempestade,
e as nuvens são a poeira dos seus pés.

Quem pode suportar a sua indignação?
E quem subsistirá diante do furor da sua ira?
A sua cólera se derrama como fogo,
e as rochas são por ele demolidas.
O SENHOR é bom, é fortaleza no dia da angústia
e conhece os que nele se refugiam.
Mas, com inundação transbordante,
acabará de uma vez com o lugar dessa cidade;
com trevas, o SENHOR perseguirá os seus inimigos.
O que é que vocês estão planejando contra o SENHOR?
Ele mesmo os consumirá completamente;
a angústia não se levantará duas vezes!

Os seus pastores dormem, ó rei da Assíria;
os seus nobres cochilam.
O seu povo está espalhado pelos montes,
e não há quem possa ajuntá-lo.
Não há remédio para o seu mal; o seu ferimento é grave.
Todos os que ouvirem falar
do que aconteceu com você baterão palmas.
Pois quem não foi vítima da sua crueldade sem fim?

Referências: Naum 1:2-3,6-9; 3:18-19

Textos relacionados: Êxodo 34:1-7; Jonas; João 3:31-36; Romanos 1:18-19; Efésios 5:5-6

SOFONIAS: JERUSALÉM SERÁ CORRIGIDA

Ai da cidade opressora, rebelde e manchada!
Não atende ninguém, não aceita disciplina,
não confia no SENHOR, nem se aproxima do seu Deus.
Os seus príncipes são leões rugidores
no meio dela, os seus juízes são lobos do anoitecer,
que não deixam os ossos para serem roídos no dia seguinte.
Os seus profetas são levianos e falsos.
Os seus sacerdotes profanam o santuário
e fazem violência à lei.
O SENHOR é justo, no meio da cidade;
ele não comete injustiça.
Manhã após manhã,
ele traz o seu juízo à luz; não falha.
Mas o injusto não sabe o que é vergonha.

Cante, ó filha de Sião!
Grite de alegria, ó Israel!
Alegre-se e exulte de todo o coração, ó filha de Jerusalém.
O SENHOR retirou as sentenças
que eram contra você e afastou os seus inimigos.
O Rei de Israel, o SENHOR, está no meio de você;
você não precisa mais temer nenhum mal.
Naquele dia, se dirá a Jerusalém:
"Não tenha medo, ó Sião,
não desfaleçam as suas mãos".
O SENHOR, seu Deus,
está no meio de você, poderoso para salvar.
Ele ficará muito contente com você.
Ele a renovará no seu amor,
e se encherá de júbilo por causa de você.

Referências: Sofonias 3:1-5,14-17

Textos relacionados: Salmos 25; 34:1-5; Isaías 40; Romanos 10:9-11

O CHAMADO DE JEREMIAS: PARTE 1

Palavras de Jeremias, filho de Hilquias, um dos sacerdotes que estavam em Anatote, na terra de Benjamim. A palavra do SENHOR veio a ele no décimo terceiro ano do reinado de Josias, filho de Amom e rei de Judá. Veio também nos dias de Jeoaquim, filho de Josias, rei de Judá, até o fim do décimo primeiro ano do reinado de Zedequias, filho de Josias, rei de Judá. No quinto mês desse ano, os moradores de Jerusalém foram levados ao exílio.

A palavra do SENHOR veio a mim, dizendo:

"Antes de formá-lo no ventre materno, eu já o conhecia; e, antes de você nascer, eu o consagrei e constituí profeta às nações".

Então eu disse:

—Ah! Senhor DEUS! Eis que não sei falar, porque não passo de uma criança.

Mas o SENHOR me disse:

"Não diga: 'Não passo de uma criança.'
Porque a todos a quem eu o enviar, você irá;
e tudo o que eu lhe ordenar, você falará.
Não tenha medo de ninguém,
porque eu estou com você
para livrá-lo", diz o SENHOR.

Depois, o SENHOR estendeu a mão e tocou na minha boca.

E o SENHOR me disse:

"Eis que ponho as minhas palavras na sua boca.
Veja! Hoje eu o constituo
sobre as nações e sobre os reinos,
para arrancar e derrubar,
para destruir e arruinar,
e também para edificar e plantar".

Referências: Jeremias 1:1-10

Textos relacionados: Êxodo 4:10-12; Salmo 136; Isaías 6; Lucas 1:13-16; 1 Timóteo 4:12

O CHAMADO DE JEREMIAS: PARTE 2

Outra vez a palavra do SENHOR veio a mim, dizendo:

—O que você está vendo?

Eu respondi:

—Vejo uma panela fervendo, cuja boca se inclina do Norte para cá.

Então o SENHOR disse:

—Do Norte se derramará o mal sobre todos os habitantes da terra. Pois eis que convoco todas as tribos dos reinos do Norte, diz o SENHOR; elas virão, e cada reino porá o seu trono à entrada dos portões de Jerusalém e contra todas as suas muralhas ao redor e contra todas as cidades de Judá. Pronunciarei as minhas sentenças contra os moradores dessas cidades, por causa de toda a maldade deles; pois me abandonaram, queimaram incenso a deuses estranhos e adoraram as obras das suas próprias mãos. Você, Jeremias, prepare-se e vá dizer-lhes tudo o que eu ordenar a você. Não se assuste por causa deles, para que eu não tenha de fazer com que você fique assustado na presença deles. Quanto a mim, eis que hoje ponho você por cidade fortificada, por coluna de ferro e por muralha de bronze, contra todo o país, contra os reis de Judá, contra as suas autoridades, contra os seus sacerdotes e contra o seu povo. Eles lutarão contra você, mas não conseguirão derrotá-lo; porque eu estou com você para livrá-lo, diz o SENHOR.

Referências: Jeremias 1:13-19

Textos relacionados: Deuteronômio 28; Josué 1; Ezequiel 11; 24; 33:1-20, 1 João 5:3-4

SALVO PELA PROFECIA DE MIQUEIAS

No princípio do reinado de Jeoaquim, filho de Josias, rei de Judá, veio esta palavra do SENHOR:

Diga-lhes o seguinte: Assim diz o SENHOR: "Se vocês não me derem ouvidos para andarem na minha lei, que pus diante de vocês, e para ouvirem as palavras dos meus servos, os profetas, que sempre de novo lhes tenho enviado e aos quais até agora vocês não quiseram ouvir, então farei com que este templo seja como Siló e farei desta cidade maldição para todas as nações da terra".

Quando Jeremias acabou de falar ao povo tudo o que o SENHOR lhe havia ordenado, os sacerdotes, os profetas e todo o povo o prenderam, dizendo:

—Você será morto. Como você ousa profetizar em nome do SENHOR, dizendo que este templo será como Siló, e que esta cidade será destruída e ficará sem moradores?

E todo o povo se ajuntou contra Jeremias, na Casa do SENHOR.

Também alguns dos anciãos da terra se levantaram e falaram a toda a congregação do povo, dizendo:

—Miqueias, de Moresete, profetizou nos dias de Ezequias, rei de Judá, e falou a todo o povo de Judá, dizendo:

Assim diz o SENHOR dos Exércitos:
"Sião será lavrada como um campo, Jerusalém se tornará
em montões de ruínas, e o monte do templo,
numa colina coberta de mato".

—Por acaso, Ezequias, rei de Judá, e todo o Judá mataram Miqueias? Não é fato que Ezequias temeu o SENHOR e implorou o favor do SENHOR? E o SENHOR não mudou de ideia a respeito do mal que tinha falado contra eles? E nós vamos trazer tão grande mal sobre nós mesmos?

Referências: Jeremias 26:1,4-6,8-9,17-19

Textos relacionados: Jeremias 18:1-11; 19:1–20:2; 38:1-13; Lamentações 3:52-57; Miqueias 3:9-12; Mateus 16:13-14

JUDÁ VAI PARA O EXÍLIO

Zedequias tinha vinte e um anos de idade quando começou a reinar e reinou onze anos em Jerusalém. Zedequias fez o que era mau aos olhos do SENHOR, seu Deus, e não se humilhou diante do profeta Jeremias, que falava da parte do SENHOR.

O SENHOR, Deus de seus pais, sempre de novo falou-lhes por meio dos seus mensageiros, porque teve compaixão do seu povo e da sua própria morada. Mas eles zombaram dos mensageiros de Deus, desprezaram as palavras dele e debocharam dos seus profetas, até que a ira do SENHOR veio sobre o seu povo, e não houve mais remédio.

Por isso, o SENHOR trouxe contra eles o rei dos caldeus, que matou os seus jovens à espada, na casa do santuário deles. Não teve piedade nem dos jovens nem das moças, nem dos adultos nem dos velhos; entregou todos nas mãos do rei dos caldeus. Todos os utensílios da Casa de Deus, grandes e pequenos, os tesouros da Casa do SENHOR e os tesouros do rei e dos seus príncipes, tudo ele levou para a Babilônia. Os caldeus queimaram a Casa de Deus e derrubaram a muralha de Jerusalém. Queimaram todos os seus palácios, destruindo também todos os seus objetos de valor. Os que escaparam da espada, a esses ele levou para a Babilônia, onde se tornaram escravos dele e de seus filhos, até o tempo do reino da Pérsia. Isto aconteceu para que se cumprisse a palavra do SENHOR, por boca de Jeremias, até que a terra desfrutasse dos seus sábados. Durante todos os dias da sua desolação a terra repousou, até que os setenta anos se cumpriram.

Referências: 2 Crônicas 36:11-12,15-21

Textos relacionados: Levítico 26:1-43; 2 Reis 20:12-18; 25; Isaías 39; Jeremias 25; 38; 52; Mateus 1:1-17

LAMENTO PELA RUÍNA DE JERUSALÉM

Como jaz solitária a cidade outrora populosa!
Tornou-se como viúva
a que foi grande entre as nações!
Princesa entre as províncias,
ficou sujeita a trabalhos forçados!
Chora amargamente de noite,
e as lágrimas lhe correm pelo rosto.
Entre todos os seus amantes
não tem quem a console.
Todos os seus amigos a traíram;
tornaram-se seus inimigos.

Então eu disse: "Não tenho mais forças.
A minha esperança no SENHOR acabou".
Lembra-te da minha aflição e do meu andar errante,
do absinto e da amargura.
Minha alma continuamente
se lembra disso e se abate dentro de mim.
Quero trazer à memória o que pode me dar esperança.
As misericórdias do SENHOR são a causa
de não sermos consumidos,
porque as suas misericórdias não têm fim;
renovam-se cada manhã.
Grande é a tua fidelidade.
"A minha porção é o SENHOR", diz a minha alma;
"portanto, esperarei nele".
O SENHOR é bom para os que esperam nele,
para aqueles que o buscam.
Bom é aguardar a salvação do SENHOR,
e isso, em silêncio.

Referências: Lamentações 1:1-2; 3:18-26

Textos relacionados: Salmo 137; Ezequiel 19; 24; Mateus 23:33-39

O SENHOR PROMETE VINGANÇA

"Eis que a sua alma está orgulhosa!
A sua alma não é reta nele;
mas o justo viverá pela sua fé.
Assim como o vinho é enganoso,
também o arrogante não se contém.
O seu apetite é como a sepultura;
ele é como a morte, que nunca se farta.
Ele ajunta para si todas as nações
e congrega todos os povos."
Não é fato que todos esses povos proferirão contra ele um provérbio, um dito em tom de zombaria? Eles dirão: "Ai daquele que acumula o que não é seu — até quando? —, e daquele que se enche de coisas penhoradas!".

Ouvi isso, e o meu íntimo se comoveu;
os meus lábios tremeram ao ouvir a sua voz.
A podridão entrou nos meus ossos,
e os meus joelhos vacilaram,
pois, em silêncio, devo esperar o dia da angústia,
que virá contra o povo que nos ataca.
Ainda que a figueira não floresça, nem haja fruto na videira;
ainda que a colheita da oliveira decepcione,
e os campos não produzam mantimento;
ainda que as ovelhas desapareçam do aprisco,
e nos currais não haja mais gado,
mesmo assim eu me alegro no SENHOR,
e exulto no Deus da minha salvação.
DEUS, o Senhor, é a minha fortaleza.
Ele dá aos meus pés a ligeireza das corças,
e me faz andar nas minhas alturas.

Referências: Habacuque 2:4-6; 3:16-19

Textos relacionados: Gênesis 9:5-6; 12:1-3; Romanos 1:16-17; Gálatas 3:8-14; Hebreus 10:32-39

OBADIAS: O DIA DO SENHOR

"Naquele dia", diz o SENHOR,
"destruirei os sábios de Edom
e o entendimento do monte de Esaú".

"Por causa da violência feita ao seu irmão Jacó,
você ficará coberto de vergonha
e será exterminado para sempre.
No dia em que estranhos levaram os bens
de seu irmão Jacó, você estava presente;
quando estrangeiros entraram pelos portões
e lançaram sortes sobre Jerusalém,
você mesmo era um deles.
Você não devia ter olhado com prazer
para o dia do seu irmão, o dia da sua calamidade.
Você não devia ter-se alegrado pelo que aconteceu
com os filhos de Judá, no dia da sua ruína.
Você não devia ter falado de boca cheia, no dia da angústia."

"Porque o Dia do SENHOR está prestes a vir
sobre todas as nações.
Você será tratado da mesma forma
como tratou os outros; o mal que você fez
cairá sobre a sua cabeça.
Porque, assim como vocês beberam no meu santo monte,
assim todas as nações beberão sem parar;
irão beber, engolir, e serão como se
nunca tivessem existido."
"Mas, no monte Sião, haverá livramento.
O monte será santo, e os da casa de Jacó
tomarão posse de sua herança."

Referências: Obadias 1:8,10-12,15-17

Textos relacionados: Isaías 13; Joel 3; 2 Pedro 3

VISÃO DA RESTAURAÇÃO DE ISRAEL

Veio sobre mim a mão do SENHOR, e ele me levou pelo Espírito do SENHOR e me deixou no meio de um vale que estava cheio de ossos.

Então ele me disse:

—Profetize para estes ossos e diga-lhes: "Ossos secos, ouçam a palavra do SENHOR".

—Assim diz o Senhor DEUS a estes ossos: "Eis que farei entrar em vocês o espírito, e vocês viverão. Porei tendões sobre vocês, farei crescer carne sobre vocês e os cobrirei de pele. Porei em vocês o espírito, e vocês viverão. Então vocês saberão que eu sou o SENHOR".

Então profetizei como me havia sido ordenado. Enquanto eu profetizava, houve um ruído, um barulho de ossos que batiam contra ossos e se ajuntavam, cada osso ao seu osso.

Então ele me disse:

—Profetize ao espírito. Profetize, filho do homem, e diga ao espírito: Assim diz o Senhor DEUS: "Venha dos quatro ventos, ó espírito, e sopre sobre estes mortos, para que vivam".

Profetizei como ele me havia ordenado. O espírito entrou neles, eles viveram e se puseram em pé. Formavam um exército, um enorme exército.

Então ele me disse:

—Filho do homem, esses ossos são toda a casa de Israel. Eis que dizem: "Os nossos ossos estão secos, perdemos a nossa esperança, fomos exterminados". Portanto, profetize e diga-lhes: Assim diz o Senhor DEUS: "Eis que abrirei as sepulturas de vocês e os farei sair delas, ó povo meu, e os levarei de volta à terra de Israel".

"Porei em vocês o meu Espírito, e vocês viverão. Eu os estabelecerei na sua própria terra, e vocês saberão que eu sou o SENHOR. Eu falei e eu o cumprirei, diz o SENHOR."

Referências: Ezequiel 37:1,4-7,9-12,14

Textos relacionados: Deuteronômio 30:1-10; Salmo 80; Isaías 40; Ezequiel 36; Atos 17:24-25; 2 Tessalonicenses 2:7-8

O ESCRITO NA PAREDE

O rei Belsazar deu um grande banquete a mil homens importantes do seu reino e bebeu vinho na presença deles. Enquanto Belsazar bebia e apreciava o vinho, mandou trazer os utensílios de ouro e de prata que Nabucodonosor, o seu pai, havia tirado do templo de Jerusalém, para que ele, os homens importantes do reino e as mulheres e concubinas do rei os usassem para beber vinho.

Beberam o vinho e deram louvores aos deuses de ouro, de prata, de bronze, de ferro, de madeira e de pedra. No mesmo instante, apareceram uns dedos de mão humana, que começaram a escrever na parede caiada do palácio real, no lugar iluminado pelo candelabro; e o rei via os dedos que estavam escrevendo. Então o semblante do rei empalideceu, e os seus pensamentos o deixaram perturbado; as suas pernas bambearam, e os seus joelhos batiam um no outro.

A rainha-mãe, que tinha ouvido os gritos do rei e dos homens importantes do reino, entrou na sala do banquete e disse:

—Que o rei viva eternamente! Não deixe que os seus pensamentos o perturbem, nem fique assim tão pálido. Há aqui no seu reino um homem que tem o espírito dos santos deuses. Nos dias de seu pai, se achou nele luz, inteligência e sabedoria como a sabedoria dos deuses. O seu pai, o rei Nabucodonosor, sim, o seu pai, ó rei, o constituiu chefe dos magos, dos encantadores, dos caldeus e dos feiticeiros, porque nesse Daniel, a quem o rei tinha dado o nome de Beltessazar, se acharam espírito excelente, conhecimento e inteligência, interpretação de sonhos, declaração de enigmas e solução de casos difíceis. Portanto, chame Daniel, e ele dará a interpretação.

Referências: Daniel 5:1-2,4-6,10-12

Textos relacionados: Gênesis 41; Daniel 1–4; Joel 2:28-32; Atos 2:1-21

DANIEL INTERPRETA A ESCRITA

Então Daniel foi levado à presença do rei. O rei falou com Daniel e lhe perguntou:

Eu, porém, tenho ouvido dizer que você é capaz de dar interpretações e solucionar casos difíceis. Portanto, se você puder ler o que está escrito e me revelar a sua interpretação, você será vestido de púrpura, receberá uma corrente de ouro para pôr no pescoço e será o terceiro homem mais importante do meu reino.

Então Daniel respondeu e disse na presença do rei:

— O senhor pode ficar com os seus presentes e dar as suas recompensas a outra pessoa. No entanto, vou ler para o rei o que está escrito na parede e lhe darei a interpretação.

Se levantou contra o Senhor do céu, mandando trazer os utensílios do templo dele, para que o senhor, ó rei, as suas mulheres e concubinas, juntamente com os homens importantes do reino, bebessem vinho neles. Além disso, o senhor deu louvores aos deuses de prata, de ouro, de bronze, de ferro, de madeira e de pedra, que não veem, não ouvem e não sabem nada. Mas o senhor não deu glória a Deus, em cuja mão estão a sua vida e todos os seus caminhos. É por isso que ele enviou aquela mão que escreveu na parede. E o que está escrito é isto: MENE, MENE, TEQUEL e PARSIM.

—Esta é a interpretação daquilo: MENE: Deus contou os dias do seu reinado, ó rei, e pôs um fim nele. TEQUEL: Você foi pesado na balança e achado em falta. PERES: O seu reino foi dividido e entregue aos medos e aos persas.

Naquela mesma noite, Belsazar, rei dos caldeus, foi morto. E Dario, o medo, se apoderou do reino, quando tinha mais ou menos sessenta e dois anos de idade.

Referências: Daniel 5:13,16-17,23-28,30-31

Textos relacionados: Isaías 47; Daniel 4; Mateus 24:14-22; 1 Coríntios 12

CIRO MANDA ISRAEL PARA CASA

No primeiro ano do reinado de Ciro, rei da Pérsia, para que se cumprisse a palavra do SENHOR, por boca de Jeremias, o SENHOR despertou o espírito de Ciro, rei da Pérsia, que ordenou que se proclamasse em todo o seu reino e que se pusesse por escrito o seguinte:

"Assim diz Ciro, rei da Pérsia:

O SENHOR, Deus dos céus, me deu todos os reinos da terra e me encarregou de lhe edificar um templo em Jerusalém, que fica em Judá. Aquele dentre vocês que for do seu povo, que o seu Deus esteja com ele e que suba para Jerusalém, que fica em Judá, e edifique a Casa do SENHOR, Deus de Israel; ele é o Deus que está em Jerusalém. Todo aquele que restar, seja qual for o lugar em que habita, que os homens desse lugar o ajudem com prata, ouro, bens e gado, além das dádivas voluntárias para a Casa de Deus, em Jerusalém."

Então se levantaram os chefes de famílias de Judá e de Benjamim, os sacerdotes e os levitas e todos aqueles cujo espírito Deus despertou, para subirem a edificar a Casa do SENHOR, em Jerusalém. Todos os que moravam nos arredores os ajudaram com objetos de prata e de ouro, bens, gado e coisas preciosas, além de todas as ofertas voluntárias.

Também o rei Ciro entregou os utensílios da Casa do SENHOR, os quais Nabucodonosor tinha trazido de Jerusalém e colocado na casa de seus deuses.

Referências: Esdras 1:1-7

Textos relacionados: 2 Crônicas 36:22-23; Jeremias 25:11-12; 29:10-14

AGEU: RECONSTRUA O TEMPLO!

Assim diz o SENHOR dos Exércitos: Este povo diz: "Ainda não chegou o tempo, o tempo em que a Casa do SENHOR deve ser reconstruída".

Por isso, a palavra do SENHOR veio por meio do profeta Ageu, dizendo:

—Acaso é tempo de vocês morarem em casas luxuosas, enquanto este templo permanece em ruínas? Portanto, assim diz o SENHOR dos Exércitos: Considerem o que tem acontecido com vocês. Vocês semearam muito e colheram pouco; comem, mas isso não chega para matar a fome; bebem, mas isso não dá para ficarem satisfeitos; põem roupa, mas ninguém se aquece; e o que recebe salário, recebe-o para colocá-lo numa sacola furada.

—Assim diz o SENHOR dos Exércitos: Considerem o que tem acontecido com vocês. Vão até o monte, tragam madeira e reconstruam o templo. Dele me agradarei e serei glorificado, diz o Senhor. Vocês esperavam que fosse muito, mas o que veio foi pouco, e esse pouco, quando o levaram para casa, eu o dissipei com um sopro. E por quê? — pergunta o SENHOR dos Exércitos. Porque o meu templo permanece em ruínas, enquanto cada um de vocês corre por causa de sua própria casa. Por isso, os céus retêm o seu orvalho, e a terra não produz os seus frutos. Fiz vir a seca sobre a terra e sobre os montes, sobre o cereal, sobre o vinho, sobre o azeite, sobre o que o solo produz, sobre as pessoas, sobre os animais e sobre todo trabalho das mãos.

Então Zorobabel, filho de Salatiel, e Josué, filho de Jozadaque, o sumo sacerdote, e todo o remanescente do povo atenderam à voz do SENHOR, seu Deus, e às palavras do profeta Ageu, as quais o SENHOR, seu Deus, havia ordenado que ele dissesse. E o povo temeu diante do SENHOR.

Referências: Ageu 1:2-12

Textos relacionados: Ageu 2; Zacarias 1–6; 1 Coríntios 3:19-17; 2 Coríntios 6:14-16; Efésios 2:11-22

ZACARIAS ENCORAJA OS EXILADOS

No vigésimo quarto dia do décimo primeiro mês, que é o mês de sebate, no segundo ano do reinado de Dario, a palavra do SENHOR veio ao profeta Zacarias, filho de Baraquias, filho de Ido. Tive de noite uma visão, e eis um homem montado num cavalo vermelho. Ele estava parado entre as murtas que havia num vale profundo. Atrás dele se achavam cavalos vermelhos, baios e brancos.

Eles responderam ao anjo do SENHOR, que estava entre as murtas, e disseram:

—Nós já percorremos a terra, e eis que toda a terra está, agora, calma e tranquila.

Então o anjo do SENHOR disse:

—Ó SENHOR dos Exércitos, até quando não terás compaixão de Jerusalém e das cidades de Judá, contra as quais estás indignado há setenta anos?

E o SENHOR respondeu com palavras boas, palavras consoladoras, ao anjo que falava comigo. E este me disse:

—Proclame: "Assim diz o SENHOR dos Exércitos: Tenho grande amor por Jerusalém e Sião. E, com grande indignação, estou irado contra as nações que vivem confiantes. Porque eu estava um pouco indignado, mas elas agravaram o mal. Portanto, assim diz o SENHOR: Voltei-me para Jerusalém com misericórdia, e nela será reconstruído o meu templo, diz o SENHOR dos Exércitos. E o cordel será estendido sobre Jerusalém".

—Proclame outra vez, dizendo: Assim diz o SENHOR dos Exércitos: "As minhas cidades voltarão a transbordar de bens; o SENHOR voltará a consolar Sião e voltará a escolher Jerusalém".

Referências: Zacarias 1:7-8,11-17

Textos relacionados: Isaías 40:1-2; Zacarias 1–6; 1 Coríntios 14:3; 2 Coríntios 1:3-7

OS EXILADOS RECONSTROEM O TEMPLO

Quando os adversários de Judá e Benjamim ouviram que os que haviam voltado do cativeiro estavam reconstruindo o templo ao SENHOR, Deus de Israel, aproximaram-se de Zorobabel e dos chefes de famílias e lhes disseram:

—Deixem-nos ajudar na construção, porque buscamos o mesmo Deus que vocês buscam. Já temos oferecido sacrifícios a ele desde os dias de Esar-Hadom, rei da Assíria, que nos fez vir para este lugar.

Porém Zorobabel, Jesua e os outros chefes de famílias de Israel responderam:

—Vocês não têm nada a ver conosco na construção do templo ao nosso Deus. Nós mesmos, sozinhos, vamos construí-lo ao SENHOR, Deus de Israel, como Ciro, rei da Pérsia, nos ordenou.

Então o povo da terra começou a desanimar o povo de Judá, perturbando-o no trabalho de construção. Contrataram conselheiros para frustrar o plano deles. Fizeram isso durante todo o reinado de Ciro, rei da Pérsia, até o reinado de Dario, rei da Pérsia.

Então Tatenai, o governador da região deste lado do Eufrates, Setar-Bozenai e os seus companheiros assim o fizeram com toda a diligência, segundo o que o rei Dario havia decretado. Os anciãos dos judeus iam construindo e prosperando em virtude do que profetizaram os profetas Ageu e Zacarias, filho de Ido. Reconstruíram o templo e o terminaram segundo a ordem do Deus de Israel e segundo o decreto de Ciro, de Dario e de Artaxerxes, reis da Pérsia. Terminaram a construção deste templo no terceiro dia do mês de adar, no sexto ano do reinado do rei Dario.

Referências: Esdras 4:1-5; 6:13-15

Textos relacionados: Esdras 3–6; Ezequiel 40–48; Ageu 1–2; João 2:13-21.

OUTUBRO

A Bíblia está sempre comigo. De fato, não me considero apto a usar a caneta sem antes consultar o Livro dos livros.

Hayim Nahman Bialik (1873–1934)

Poeta judeu

A Bíblia é o melhor presente que Deus deu ao homem... Se não fosse por ela não saberíamos distinguir o certo do errado.

Abraham Lincoln (1809–65)

Presidente norte-americano

Há muitas coisas na Bíblia contra as quais todos os meus instintos humanos se rebelam, é algo tão forte que lamento a necessidade que me forçou a lê-la do começo ao fim.

Helen Keller (1880–1968)

Autora norte-americana e palestrante

NEEMIAS ORA PELOS EXILADOS

Palavras de Neemias, filho de Hacalias. No mês de quisleu, no vigésimo ano, quando eu estava na cidadela de Susã, veio Hanani, um dos meus irmãos, com alguns homens de Judá. Então lhes perguntei a respeito dos judeus que escaparam e que sobreviveram ao exílio e a respeito de Jerusalém. E eles me responderam:

—Os restantes, os que sobreviveram ao exílio e se encontram lá na província, estão em grande miséria e humilhação. As muralhas de Jerusalém continuam em ruínas, e os seus portões foram destruídos pelo fogo.

Quando ouvi estas palavras, eu me sentei, chorei e lamentei por alguns dias. Fiquei jejuando e orando diante do Deus dos céus. Eu disse:

—Ah! SENHOR, Deus dos céus, Deus grande e temível, que guardas a aliança e a misericórdia para com aqueles que te amam e guardam os teus mandamentos! Estejam atentos os teus ouvidos, e os teus olhos, abertos, para que atendas a oração do teu servo, que hoje faço diante de ti, dia e noite, pelos filhos de Israel, teus servos. Faço confissão dos pecados dos filhos de Israel, os quais temos cometido contra ti. Eu e a casa de meu pai pecamos. Temos procedido de forma totalmente corrupta contra ti e não guardamos os mandamentos, nem os estatutos, nem os juízos que ordenaste a Moisés, teu servo. Lembra-te da palavra que ordenaste a Moisés, teu servo, dizendo: "Se vocês forem infiéis, eu os espalharei entre os povos; mas, se vocês se converterem a mim e guardarem os meus mandamentos, e os cumprirem, então, ainda que os seus desterrados estejam nos lugares mais distantes da terra, de lá os ajuntarei e os trarei para o lugar que escolhi para fazer habitar o meu nome".

Referências: Neemias 1:1-9

Textos relacionados: Levítico 26:14-46; Deuteronômio 7:6-15; 28:15-68; Daniel 9:1-19; Tiago 5:13-16

RECONSTRUÇÃO DA MURALHA DE JERUSALÉM

Assim, reconstruímos a muralha. E toda a muralha foi acabada até a metade da sua altura, porque o povo tinha ânimo para trabalhar.

Mas, quando Sambalate, Tobias, os árabes, os amonitas e os asdoditas ouviram que a reparação das muralhas de Jerusalém ia adiante e que já se começavam a fechar-lhe as brechas, ficaram muito irados. Todos se ajuntaram de comum acordo para virem atacar Jerusalém e criar confusão ali. Porém nós oramos ao nosso Deus e, como proteção, pusemos guarda contra eles, de dia e de noite.

Daquele dia em diante, metade dos meus homens trabalhava na obra, e a outra metade empunhava lanças, escudos, arcos e couraças; e os chefes estavam por trás de toda a casa de Judá que reconstruía a muralha. Os carregadores, que por si mesmos tomavam as cargas, cada um com uma das mãos fazia a obra e com a outra segurava a arma. Os construtores, cada um trazia a sua espada na cintura, enquanto construíam. O que tocava a trombeta estava ao meu lado.

A reconstrução da muralha foi terminada aos vinte e cinco dias do mês de elul, em cinquenta e dois dias. Quando todos os nossos inimigos ouviram isso, todos os gentios à nossa volta temeram e decaíram muito no seu próprio conceito, porque reconheceram que foi por intervenção do nosso Deus que fizemos esta obra.

Referências: Neemias 4:6-9,16-18; 6:15-16

Textos relacionados: Neemias 2–6; Salmos 27; 51:18-19; 127:1; João 16:33; 1 João 4:4

ORE PELA PAZ EM JERUSALÉM

Alegrei-me quando me disseram:
"Vamos à Casa do SENHOR".
Pararam os nossos pés
junto às suas portas, ó Jerusalém!
Jerusalém, você que está construída
como uma cidade bem sólida,
para onde sobem as tribos,
as tribos do SENHOR, como convém a Israel,
para renderem graças ao nome do SENHOR.
Lá estão os tronos de justiça,
os tronos da casa de Davi.
Orem pela paz de Jerusalém!
"Que sejam prósperos aqueles que a amam.
Reine paz em seu meio
e prosperidade nos seus palácios."
Por amor dos meus irmãos e amigos,
eu peço: "Haja paz em você!".
Por amor da Casa do SENHOR,
nosso Deus, buscarei o seu bem.

Referências: Salmo 122

Textos relacionados: Salmo 85; Zacarias 9:9-17; Lucas 13:34-35; Efésios 2:11-22

ESDRAS LÊ A LEI PARA OS EXILADOS

Esdras, o sacerdote, trouxe a Lei diante da congregação, composta por homens, mulheres e todos os que eram capazes de entender o que ouviam. Era o primeiro dia do sétimo mês. Esdras leu o livro em voz alta, diante da praça que fica em frente ao Portão das Águas, desde o amanhecer até o meio-dia, na presença dos homens, das mulheres e dos que podiam entender. E todo o povo tinha os ouvidos atentos ao Livro da Lei.

Esdras abriu o livro à vista de todo o povo, porque se encontrava num lugar mais elevado do que todo o povo. Quando abriu o livro, todo o povo se pôs em pé. Esdras louvou o SENHOR, o grande Deus, e todo o povo, levantando as mãos, respondeu:

—Amém! Amém!

Inclinaram-se e adoraram o SENHOR, com o rosto em terra.

E Jesua, Bani, Serebias, Jamim, Acube, Sabetai, Hodias, Maaseias, Quelita, Azarias, Jozabade, Hanã, Pelaías e os levitas ensinavam a Lei ao povo; e o povo permanecia no seu lugar. Eles iam lendo o Livro da Lei de Deus, claramente, dando explicações, de maneira que o povo entendesse o que se lia.

Neemias, que era o governador, e Esdras, sacerdote e escriba, e os levitas que ensinavam o povo disseram a todos:

—Este dia é consagrado ao SENHOR, nosso Deus, e por isso vocês não devem prantear nem chorar.

Porque todo o povo chorava, ouvindo as palavras da Lei. Então lhes disse:

—Agora vão, comam e bebam o que tiverem de melhor. E mandem porções aos que não têm nada preparado para si. Porque este dia é consagrado ao nosso Senhor. Portanto, não fiquem tristes, porque a alegria do SENHOR é a força de vocês.

Referências: Neemias 8:2-3,5-10

Textos relacionados: Deuteronômio 16:13-15; Esdras 6:19-22; Isaías 58; Mateus 13:18-23; Atos 17:10-11

A PÉRSIA PRECISA DE UMA RAINHA

Isto aconteceu nos dias de Assuero, o Assuero que reinou sobre cento e vinte e sete províncias, desde a Índia até a Etiópia. Naqueles dias, quando Assuero reinava na cidadela de Susã, no terceiro ano do seu reinado, deu um banquete a todos os seus oficiais e servidores. O exército da Pérsia e da Média, bem como os nobres e os governadores das províncias estavam presentes.

No sétimo dia, quando o seu coração já estava alegre por causa do vinho, o rei Assuero ordenou a Meumã, Bizta, Harbona, Bigtá, Abagta, Zetar e Carcas, os sete eunucos que serviam na presença dele, que trouxessem à sua presença a rainha Vasti, com a coroa real. Ele queria mostrar aos povos e aos príncipes a beleza dela, pois ela era muito bonita. Porém a rainha Vasti se recusou a atender a ordem do rei, transmitida por meio dos eunucos. Diante disso, o rei muito se enfureceu e se inflamou de raiva.

Então Memucã disse na presença do rei e dos príncipes:

—A rainha Vasti não somente ofendeu o rei, mas também todos os príncipes e todos os povos de todas as províncias do rei Assuero.

Se for do agrado do rei, que ele baixe um decreto real, e que se inscreva nas leis dos persas e dos medos e não se revogue, que Vasti fica proibida de comparecer à presença do rei Assuero. E que o rei dê o reino dela a outra que seja melhor do que ela. Quando este decreto do rei for proclamado em todo o seu reino, que é tão vasto, todas as mulheres darão honra a seu marido, tanto ao mais importante como ao menos importante.

Referências: Ester 1:1-3,10-12,16,19-20

Textos relacionados: Esdras 4:1-6; Provérbios 31:1-9; Daniel 9:1-2; 1 Coríntios 6:9-10

ESTER SE TORNA A RAINHA DA PÉRSIA

Ora, na cidadela de Susã havia um judeu da tribo de Benjamim chamado Mordecai, filho de Jair, filho de Simei, filho de Quis. Ele tinha sido levado de Jerusalém com os exilados que foram deportados com Jeconias, rei de Judá, a quem Nabucodonosor, rei da Babilônia, havia levado para o exílio. Mordecai havia criado Hadassa, que é Ester, filha de seu tio, que era órfã de pai e mãe. A jovem era bonita e formosa. Depois que o pai e a mãe dela morreram, Mordecai a adotou como filha.

Quando a ordem e o decreto do rei foram divulgados, muitas moças foram levadas para a cidadela de Susã, sob os cuidados de Hegai. Levaram também Ester ao palácio real e a entregaram aos cuidados de Hegai, guarda das mulheres. A moça lhe pareceu formosa e alcançou favor diante dele. Por isso Hegai se apressou em dar-lhe os produtos de beleza e a alimentação especial. Também lhe deu sete moças escolhidas do palácio real e a transferiu com essas moças para os melhores aposentos do harém. Ester não havia declarado o seu povo nem a sua parentela, pois Mordecai lhe havia ordenado que não dissesse nada a respeito disso. Mordecai passeava todos os dias diante do pátio do harém, para saber como Ester estava passando e o que ia acontecer com ela.

O rei amou Ester mais do que todas as mulheres, e ela alcançou diante dele favor e aprovação mais do que todas as virgens. E o rei pôs a coroa real na cabeça dela e a fez rainha em lugar de Vasti.

Referências: Ester 2:5-11,17

Textos relacionados: Gênesis 39; 41; Neemias 1:1-11; 1 Pedro 3:1-6

HAMÃ PLANEJA MATAR OS JUDEUS

Depois disto, o rei Assuero engrandeceu Hamã, filho de Hamedata, agagita, e o exaltou, e lhe deu um cargo mais elevado do que o de todos os oficiais que estavam com ele. Todos os servos do rei, que estavam à porta do rei, se inclinavam e se prostravam diante de Hamã, porque esta era a ordem do rei a respeito dele. Mordecai, porém, não se inclinava nem se prostrava.

Quando Hamã viu que Mordecai não se inclinava nem se prostrava diante dele, encheu-se de furor. Porém julgou que era pouco, nos seus propósitos, atentar apenas contra Mordecai, porque lhe haviam declarado de que povo era Mordecai. Por isso, Hamã procurou destruir todos os judeus, povo de Mordecai, que havia em todo o reino de Assuero.

Então Hamã disse ao rei Assuero:

—Existe um povo espalhado e disperso entre os povos em todas as províncias do seu reino, cujas leis são diferentes das leis de todos os povos. Eles não cumprem as leis do rei e por isso não convém tolerá-los. Se for do agrado do rei, decrete-se que sejam mortos, e eu porei nas mãos dos que executarem a obra trezentas e quarenta toneladas de prata, para que entrem nos tesouros do rei.

Então o rei tirou da mão o seu anel-sinete e o deu a Hamã, filho de Hamedata, agagita, inimigo dos judeus, e lhe disse:

—Fique com essa prata e faça com esse povo o que bem quiser.

Referências: Ester 3:1-2,5-6,8-11

Textos relacionados: Gênesis 12:1-3; Deuteronômio 30:1-7; Ester 4–6; Salmo 44:1-8; Daniel 3; 6; Romanos 9-11

A RUÍNA DE HAMÃ

O rei foi com Hamã ao banquete da rainha Ester. No segundo dia, durante o banquete do vinho, o rei perguntou a Ester:

—Qual é o seu pedido, rainha Ester? Você será atendida. O que você quer? Até a metade do reino lhe será dado.

Então a rainha Ester disse:

—Se eu tiver obtido o seu favor, ó rei, e se for do agrado do rei, que a minha vida seja a resposta ao meu pedido e que, como desejo, eu possa ter o meu povo. Porque fomos vendidos, eu e o meu povo, para sermos destruídos, mortos e aniquilados de vez. Se ainda nos tivessem vendido como escravos e escravas, eu me calaria, pois não valeria a pena incomodar o rei por uma coisa dessas.

Então o rei Assuero perguntou à rainha Ester:

—Quem é esse cujo coração o instigou a fazer uma coisa dessas? Onde está esse homem?

Ester respondeu:

—O adversário e inimigo é este malvado Hamã.

Então Hamã ficou apavorado diante do rei e da rainha.

Então Harbona, um dos eunucos que serviam o rei, disse:

—Eis que existe junto à casa de Hamã a forca de vinte e dois metros de altura que ele preparou para Mordecai, aquele que havia falado em defesa do rei.

Então o rei disse:

—Que ele seja enforcado nela!

E assim enforcaram Hamã na forca que ele tinha preparado para Mordecai. Então o furor do rei se aplacou.

Referências: Ester 7:1-6,9-10

Textos relacionados: Deuteronômio 23:3-5; Ester 8–10; Joel 3:1-8; Obadias 1:15; Apocalipse 19:11–20:10

MALAQUIAS: MENSAGEIRO DA ALIANÇA

Eis que eu envio o meu mensageiro, que preparará o caminho diante de mim. De repente, o Senhor, a quem vocês buscam, virá ao seu templo; e o mensageiro da aliança, a quem vocês desejam, eis que ele vem, diz o SENHOR dos Exércitos.

Mas quem poderá suportar o dia da sua vinda? E quem poderá subsistir quando ele aparecer? Porque ele é como o fogo do ourives e como o sabão dos lavandeiros. Ele se assentará como derretedor e purificador de prata. Purificará os filhos de Levi e os refinará como ouro e como prata. E eles trarão ao SENHOR as ofertas justas. Então a oferta de Judá e de Jerusalém será agradável ao SENHOR, como nos dias da antiguidade e como nos primeiros anos.

Pois eis que vem o dia, queimando como fornalha. Todos os soberbos e todos os que praticam o mal serão como a palha; o dia que vem os queimará, diz o SENHOR dos Exércitos, de modo que não lhes deixará nem raiz nem ramo. Mas para vocês que temem o meu nome nascerá o sol da justiça, trazendo salvação nas suas asas. Vocês sairão e saltarão como bezerros soltos da estrebaria. Vocês pisarão os ímpios, pois eles se farão cinzas debaixo das plantas dos pés de vocês, naquele dia que prepararei, diz o SENHOR dos Exércitos.

Eis que eu lhes enviarei o profeta Elias, antes que venha o grande e terrível Dia do SENHOR. Ele converterá o coração dos pais aos seus filhos e o coração dos filhos aos seus pais, para que eu não venha e castigue a terra com maldição.

Referências: Malaquias 3:1-4; 4:1-3,5-6

Textos relacionados: Isaías 60; Mateus 3:1-12; 17:10-13; Lucas 11:1-17

PROMESSA DA SEGUNDA VINDA DE CRISTO

Mas agora diz o SENHOR,
que me formou desde o ventre para ser o seu servo,
para trazer Jacó de volta e reunir Israel a ele,
porque sou glorificado diante do SENHOR,
e o meu Deus é a minha força.
Sim, ele diz: “Para você, é muito pouco
ser o meu servo para restaurar as tribos de Jacó
e trazer de volta o remanescente de Israel.
Farei também com que você seja
uma luz para os gentios, para que você seja
a minha salvação até os confins da terra”.

“E você, Belém-Efrata, que é pequena demais para figurar
como grupo de milhares de Judá,
de você me sairá aquele que há de reinar em Israel,
e cujas origens são desde os tempos antigos,
desde os dias da eternidade.”
Portanto, o SENHOR os entregará
até o tempo em que a que está em dores
tiver dado à luz; então o restante de seus irmãos
voltará aos filhos de Israel.
Ele se manterá firme e apascentará o povo
na força do SENHOR, na majestade do nome do SENHOR,
seu Deus; e eles habitarão seguros,
porque, agora, ele será engrandecido até os confins da terra.
E ele será a nossa paz.
Quando a Assíria vier à nossa terra
e quando entrar em nossas fortalezas,
levantaremos contra ela sete pastores e oito chefes do povo.

Referências: Isaías 49:5-6; Miqueias 5:2-5

Textos relacionados: Gênesis 35:14-19; Rute 4:10-17; 1 Samuel 17:12; Mateus 2:1-6

JESUS: FILHO DE DEUS; FILHO DO HOMEM

"Eu estava olhando
nas minhas visões da noite.
E eis que vinha
com as nuvens do céu
alguém como um filho do homem.
Ele se dirigiu ao Ancião de Dias,
e o fizeram chegar até ele.
Foi-lhe dado o domínio,
a glória e o reino,
para que as pessoas de todos
os povos, nações e línguas
o servissem.
O seu domínio é domínio eterno,
que não passará,
e o seu reino
jamais será destruído."

Antigamente, Deus falou, muitas vezes e de muitas maneiras, aos pais, pelos profetas, mas, nestes últimos dias, nos falou pelo Filho, a quem constituiu herdeiro de todas as coisas e pelo qual também fez o universo. O Filho, que é o resplendor da glória de Deus e a expressão exata do seu Ser, sustentando todas as coisas pela sua palavra poderosa, depois de ter feito a purificação dos pecados, assentou-se à direita da Majestade, nas alturas, tendo-se tornado tão superior aos anjos quanto herdou mais excelente nome do que eles. Pois a qual dos anjos Deus em algum momento disse:

"Você é meu Filho,
hoje eu gerei você"?
E, outra vez:
"Eu lhe serei Pai,
e ele me será Filho"?

Referências: Daniel 7:13-14; Hebreus 1:1-5

Textos relacionados: 2 Samuel 7:14; 1 Crônicas 17:13; Salmo 2:7; Mateus 23:63-64; Marcos 14:61-62; Lucas 22:67-70; João 1:32-34

O NASCIMENTO DE JESUS CRISTO

O nascimento de Jesus Cristo foi assim: Maria, a sua mãe, estava comprometida para casar com José. Mas, antes de se unirem, ela se achou grávida pelo Espírito Santo. José, com quem Maria estava para casar, sendo um homem justo e não querendo envergonhá-la em público, resolveu deixá-la sem que ninguém soubesse. Enquanto ele refletia sobre isso, eis que lhe apareceu em sonho um anjo do Senhor, dizendo:

—José, filho de Davi, não tenha medo de receber Maria como esposa, porque o que nela foi gerado é do Espírito Santo. Ela dará à luz um filho e você porá nele o nome de Jesus, porque ele salvará o seu povo dos pecados deles.

Ora, tudo isto aconteceu para se cumprir o que foi dito pelo Senhor por meio do profeta:

“Eis que a virgem conceberá
e dará à luz um filho,
e ele será chamado pelo nome
de Emanuel”.
(“Emanuel” significa: “Deus conosco”.)

Quando José despertou do sono, fez como o anjo do Senhor lhe havia ordenado e recebeu Maria por esposa. Porém não teve relações com ela enquanto ela não deu à luz um filho, a quem pôs o nome de Jesus.

Referências: Mateus 1:18-25

Textos relacionados: Isaías 7:14; Mateus 2; Lucas 1–2; João 4:1-42

O MENINO JESUS NO TEMPLO

Todos os anos os pais de Jesus iam a Jerusalém, para a Festa da Páscoa. Quando ele atingiu os doze anos, foram a Jerusalém, segundo o costume da festa. Terminados os dias da festa, ao regressarem, o menino Jesus ficou em Jerusalém, sem que os pais dele o soubessem. Pensando, porém, que ele estava entre os companheiros de viagem, andaram um dia inteiro e, então, começaram a procurá-lo entre os parentes e os conhecidos. E, como não o encontraram, voltaram a Jerusalém à sua procura. Três dias depois, o acharam no templo, assentado no meio dos doutores, ouvindo-os e fazendo-lhes perguntas. E todos os que ouviam o menino se admiravam muito da sua inteligência e das suas respostas. Logo que os pais o viram, ficaram maravilhados. E a sua mãe lhe disse:

—Filho, por que você fez isso conosco? Seu pai e eu estávamos aflitos à sua procura.

Ele respondeu:

—Por que me procuravam? Não sabiam que eu tinha de estar na casa de meu Pai?

Não compreenderam, porém, as palavras que lhes disse. E voltou com eles para Nazaré e era submisso a eles. E a mãe dele guardava todas estas coisas no coração.

E Jesus crescia em sabedoria, estatura e graça, diante de Deus e dos homens.

Referências: Lucas 2:41-52

Textos relacionados: 1 Samuel 2:21,26; Salmos 26:8; 27:4; 65; Mateus 2:13-23; João 2:13-17; 2 Coríntios 4:18–5:4

JESUS É BATIZADO

Princípio do evangelho de Jesus Cristo, Filho de Deus. Como está escrito na profecia de Isaías:

"Eis que envio o meu mensageiro
adiante de você,
o qual preparará o seu caminho.
Voz do que clama no deserto:
Preparem o caminho do Senhor,
endireitem as suas veredas".

E foi assim que João Batista apareceu no deserto, pregando batismo de arrependimento para remissão de pecados. E toda a região da Judeia e todos os moradores de Jerusalém iam até ele. E, confessando os seus pecados, eram batizados por ele no rio Jordão. A roupa de João era feita de pelos de camelo. Ele usava um cinto de couro e se alimentava de gafanhotos e mel silvestre.

E João pregava, dizendo:

—Depois de mim vem aquele que é mais poderoso do que eu, do qual não sou digno de, curvando-me, desamarrar as correias das suas sandálias. Eu batizei vocês com água; ele, porém, os batizará com o Espírito Santo.

Naqueles dias, Jesus veio de Nazaré da Galileia e foi batizado por João no rio Jordão. Logo ao sair da água, Jesus viu os céus se abrindo e o Espírito descendo como pomba sobre ele. Então veio uma voz dos céus, que dizia:

—Você é o meu Filho amado; em você me agrado.

Referências: Marcos 1:1-11

Textos relacionados: Isaías 40:3; Malaquias 3:1; Mateus 3; Lucas 3; João 1:19-34

JESUS É TENTADO PELO INIMIGO

A seguir, Jesus foi levado pelo Espírito ao deserto, para ser tentado pelo diabo. E, depois de jejuar quarenta dias e quarenta noites, teve fome. Então o tentador, aproximando-se, disse a Jesus:

—Se você é o Filho de Deus, mande que estas pedras se transformem em pães.

Jesus, porém, respondeu:

—Está escrito:

"O ser humano não viverá só de pão,
mas de toda palavra que procede da boca de Deus".

Então o diabo levou Jesus à Cidade Santa, colocou-o sobre o pináculo do templo e disse:

— Se você é o Filho de Deus, jogue-se para baixo, porque está escrito:

"Aos seus anjos ele dará ordens a seu respeito.
E eles o sustentarão nas suas mãos,
para que você não tropece em alguma pedra".

Jesus respondeu:

—Também está escrito: "**Não ponha à prova o Senhor, seu Deus**".

O diabo ainda levou Jesus a um monte muito alto, mostrou-lhe todos os reinos do mundo e a glória deles e disse:

— Tudo isso lhe darei se, prostrado, você me adorar.

Então Jesus lhe ordenou:

—Vá embora, Satanás, porque está escrito:

"Adore o Senhor, seu Deus, e preste culto somente a ele".

Com isto, o diabo deixou Jesus, e eis que vieram anjos e o serviram.

Referências: Mateus 4:1-11

Textos relacionados: Deuteronômio 6:13,16; 8:3; Salmo 91:11-12; Marcos 1:12-13; Lucas 4:1-13

O PRIMEIRO MILAGRE DE JESUS

Três dias depois, houve um casamento em Caná da Galileia, e a mãe de Jesus estava ali. Jesus também foi convidado, com os seus discípulos, para o casamento. Tendo acabado o vinho, a mãe de Jesus lhe disse:

—Eles não têm mais vinho.

Mas Jesus respondeu:

—Por que a senhora está me dizendo isso? Ainda não é chegada a minha hora.

Então ela falou aos serventes:

—Façam tudo o que ele disser.

Jesus lhes disse:

—Encham de água esses potes.

E eles os encheram totalmente. Então lhes disse:

—Agora tirem um pouco e levem ao responsável pela festa.

Eles o fizeram. Quando o responsável pela festa provou a água transformada em vinho — ele não sabia de onde tinha vindo, por mais que os serventes que haviam tirado a água soubessem —, chamou o noivo e lhe disse:

—Todos costumam servir primeiro o vinho bom e, quando já beberam muito, servem o vinho inferior; você, porém, guardou o melhor vinho até agora!

Assim, em Caná da Galileia, Jesus deu início a seus sinais. Ele manifestou a sua glória, e os seus discípulos creram nele.

Há, porém, ainda muitas outras coisas que Jesus fez. Se todas elas fossem relatadas uma por uma, penso que nem no mundo inteiro caberiam os livros que seriam escritos.

Referências: João 2:1-5,7-11; 21:25

Textos relacionados: Isaías 55; Joel 3:16-18; Amós 9:11-15; João 20:30-31

VOCÊ PRECISA NASCER DE NOVO

Havia entre os fariseus um homem chamado Nicodemos, um dos principais dos judeus. Este, de noite, foi até Jesus e lhe disse:

—Rabi, sabemos que o senhor é Mestre vindo da parte de Deus, porque ninguém pode fazer estes sinais que o senhor faz, se Deus não estiver com ele.

Jesus respondeu:

—Em verdade, em verdade lhe digo que, se alguém não nascer de novo, não pode ver o Reino de Deus.

Nicodemos perguntou:

—Como pode um homem nascer, sendo velho? Será que pode voltar ao ventre materno e nascer uma segunda vez?

Jesus respondeu:

—Em verdade, em verdade lhe digo: quem não nascer da água e do Espírito não pode entrar no Reino de Deus.

Então Nicodemos perguntou:

—Como pode ser isso?

Jesus respondeu:

—Você é mestre em Israel e não compreende estas coisas?

Se vocês não creem quando falo sobre coisas terrenas, como crerão se eu lhes falar sobre as celestiais? Ora, ninguém subiu ao céu, a não ser aquele que de lá desceu, o Filho do Homem.

—E assim como Moisés levantou a serpente no deserto, assim também é necessário que o Filho do Homem seja levantado, para que todo o que nele crê tenha a vida eterna.

—Porque Deus amou o mundo de tal maneira que deu o seu Filho unigênito, para que todo o que nele crê não pereça, mas tenha a vida eterna.

Referências: João 3:1-5,9-10,12-16

Textos relacionados: Números 21:1-9; João 1:1-13; 1 Pedro 1; 1 João 2:28-29; 3:1-10; 4:7-8; 5

OS PRIMEIROS DISCÍPULOS DE JESUS

Aconteceu que Jesus estava junto ao lago de Genesaré, e a multidão o apertava para ouvir a palavra de Deus. Então ele viu dois barcos junto à praia do lago. Os pescadores tinham desembarcado e estavam lavando as redes. Entrando num dos barcos, que era o de Simão, Jesus pediu-lhe que o afastasse um pouco da praia; e, assentando-se, do barco ensinava as multidões. Quando acabou de falar, Jesus disse a Simão:

—Leve o barco para o lugar mais fundo do lago e então lancem as redes de vocês para pescar.

Em resposta, Simão disse:

—Mestre, havendo trabalhado toda a noite, nada apanhamos; mas, sob esta sua palavra, lançarei as redes.

Fazendo isso, apanharam grande quantidade de peixes; e as redes deles começaram a se romper. Então fizeram sinais aos companheiros do outro barco, para que fossem ajudá-los. E foram e encheram ambos os barcos, a ponto de quase afundarem. Vendo isto, Simão Pedro prostrou-se aos pés de Jesus, dizendo:

—Senhor, afaste-se de mim, porque sou pecador.

Pois, à vista da pesca que fizeram, a admiração se apoderou dele e de todos os seus companheiros, bem como de Tiago e João, filhos de Zebedeu, que eram seus sócios. Então Jesus disse a Simão:

—Não tenha medo! De agora em diante você será pescador de gente.

E, arrastando eles os barcos para a praia, deixando tudo, o seguiram.

Referências: Lucas 5:1-11

Textos relacionados: Isaías 51:1-13; Mateus 4:18-22; Marcos 1:16-20; João 1:35-51

CURAR DOENÇAS; PERDOAR PECADOS

E aconteceu que, num daqueles dias, Jesus estava ensinando, e achavam-se ali assentados fariseus e mestres da Lei, vindos de todas as aldeias da Galileia, da Judeia e de Jerusalém. E o poder do Senhor estava com ele para curar. Vieram, então, alguns homens trazendo um paralítico deitado num leito. Eles procuravam levá-lo para dentro e colocá-lo diante de Jesus. E, não encontrando uma forma de fazer isso por causa da multidão, subiram ao telhado e, por entre as telhas, desceram o paralítico no seu leito, deixando-o no meio das pessoas, diante de Jesus. Vendo-lhes a fé, Jesus disse ao paralítico:

—Homem, os seus pecados estão perdoados.

E os escribas e fariseus começaram a pensar:

—Quem é este que diz blasfêmias? Quem pode perdoar pecados, a não ser um, que é Deus?

Jesus, porém, conhecendo os pensamentos deles, disse-lhes:

—O que vocês estão pensando em seu coração? O que é mais fácil? Dizer: "Os seus pecados estão perdoados", ou dizer: "Levante-se e ande"? Mas isto é para que vocês saibam que o Filho do Homem tem autoridade sobre a terra para perdoar pecados.

E disse ao paralítico:

—Eu digo a você: Levante-se, pegue o seu leito e vá para casa.

E imediatamente ele se levantou diante de todos e, pegando o leito em que até então estava deitado, voltou para casa, glorificando a Deus. Todos ficaram muito admirados, davam glória a Deus e, cheios de temor, diziam:

—Hoje vimos coisas extraordinárias!

Referências: Lucas 5:17-26

Textos relacionados: Salmo 25:1-11; Miqueias 7:18; Mateus 9:1-8; Marcos 2:1-12

A AUTORIDADE DE JESUS

Jesus entrou no barco e os seus discípulos o seguiram. E eis que levantou-se no mar uma grande tempestade, de modo que as ondas cobriam o barco. Jesus, porém, estava dormindo. Mas os discípulos foram acordá-lo, dizendo:

—Senhor, salve-nos! Estamos perecendo!

Então Jesus perguntou:

—Por que vocês são tão medrosos, homens de pequena fé?

E, levantando-se, repreendeu os ventos e o mar; e tudo ficou bem calmo. E aqueles homens ficaram admirados, dizendo:

—Quem é este que até os ventos e o mar lhe obedecem?

Quando Jesus chegou à outra margem, à terra dos gadarenos, dois endemoniados foram ao seu encontro, saindo dentre os túmulos. Eles eram tão furiosos, que ninguém podia passar por aquele caminho. E eis que gritaram:

—O que você quer conosco, Filho de Deus? Você veio aqui nos atormentar antes do tempo?

Ora, uma grande manada de porcos estava pastando não longe deles. Então os demônios pediram a Jesus com insistência:

—Se você vai nos expulsar, mande-nos para a manada de porcos.

Jesus disse:

—Pois vão.

E eles, saindo, entraram nos porcos; e eis que toda a manada se precipitou, despenhadeiro abaixo, para dentro do mar, e morreram nas águas.

Referências: Mateus 8:23-32

Textos relacionados: Deuteronômio 14:8; Isaías 65:1-4; Jonas 1; Marcos 4:35–5:20; Lucas 8:22-39

FÉ E CURA

Enquanto Jesus lhes dizia estas coisas, eis que um chefe da sinagoga, aproximando-se, o adorou e disse:

—Minha filha morreu agora mesmo; mas venha impor a mão sobre ela, e ela viverá.

E Jesus se levantou e o seguiu, juntamente com os seus discípulos.

E eis que uma mulher, que durante doze anos vinha sofrendo de uma hemorragia, veio por trás de Jesus e tocou na borda da capa dele. Porque dizia consigo mesma: "Se eu apenas tocar na capa dele, ficarei curada". Então Jesus, voltando-se e vendo-a, disse:

—Coragem, filha, a sua fé salvou você.

E, desde aquele instante, a mulher ficou sã.

Tendo Jesus chegado à casa do chefe e vendo os tocadores de flauta e o povo em alvoroço, disse:

—Saiam daqui! Porque a menina não está morta, mas dorme.

E riam-se dele. Mas, quando o povo tinha sido colocado para fora, Jesus entrou, tomou a menina pela mão, e ela se levantou. E a notícia deste acontecimento se espalhou por toda aquela terra.

Alguém de vocês está sofrendo? Faça oração. Alguém está alegre? Cante louvores. Alguém de vocês está doente? Chame os presbíteros da igreja, e estes façam oração sobre ele, ungindo-o com óleo, em nome do Senhor. E a oração da fé salvará o enfermo, e o Senhor o levantará. E, se houver cometido pecados, estes lhe serão perdoados. Portanto, confessem os seus pecados uns aos outros e orem uns pelos outros, para que vocês sejam curados. Muito pode, por sua eficácia, a súplica do justo.

Referências: Mateus 9:18-26; Tiago 5:13-16

Textos relacionados: Habacuque 2:4; Mateus 9:27-30; Marcos 5:21-43; Lucas 7:1-10,36-50; 8:22-25,40-56; 17:11-19; 18:35-43

JESUS REAGE À FALTA DE FÉ

Então Jesus foi para casa. E outra vez se ajuntou uma multidão, de tal modo que nem podiam comer. E, quando os parentes de Jesus ouviram isto, saíram para prendê-lo, porque diziam:

—Está fora de si.

Os escribas, que tinham vindo de Jerusalém, diziam:

—Ele está possuído de Belzebu. Ele expulsa os demônios pelo poder do maioral dos demônios.

Então, convocando-os, Jesus lhes disse, por meio de parábolas:

—Como pode Satanás expulsar Satanás? Se um reino estiver dividido contra si mesmo, tal reino não pode subsistir. Se uma casa estiver dividida contra simesma, tal casa não poderá subsistir. Se Satanás se levantou contra si mesmo e está dividido, não pode subsistir; é o seu fim. Ninguém pode entrar na casa do valente para roubar-lhe os bens, sem primeiro amarrá-lo; e só então saqueará a casa dele. Em verdade lhes digo que tudo será perdoado aos filhos dos homens: os pecados e as blasfêmias que proferirem. Mas aquele que blasfemar contra o Espírito Santo nunca terá perdão, visto que é réu de pecado eterno.

Jesus disse isto porque diziam: "Está possuído de um espírito imundo".

Referências: Marcos 3:20-30

Textos relacionados: Êxodo 22:28; Salmo 106:1-37; Mateus 12:22-37; 13:53-58; Marcos 6:1-6; Lucas 11:14-23; 12:10

JESUS ALIMENTA CINCO MIL

Então Jesus, erguendo os olhos e vendo que uma grande multidão se aproximava, disse a Filipe:

—Onde compraremos pão para lhes dar de comer?

Mas Jesus dizia isto para testá-lo, porque sabia o que estava para fazer. Filipe respondeu:

—Nem mesmo duzentos denários de pão seriam suficientes para que cada um recebesse um pedaço.

Um dos discípulos, chamado André, irmão de Simão Pedro, disse a Jesus:

—Aqui está um menino que tem cinco pães de cevada e dois peixinhos. Mas o que é isto para tanta gente?

Jesus disse:

—Façam com que todos se assentem no chão.

Havia muita relva naquele lugar. Assim, os homens se assentaram, e eram quase cinco mil. Então Jesus pegou os pães e, tendo dado graças, distribuiu-os entre eles; e também igualmente os peixes, tanto quanto queriam. E, quando já estavam satisfeitos, Jesus disse aos seus discípulos:

—Recolham os pedaços que sobraram, para que nada se perca.

Assim, pois, o fizeram e encheram doze cestos de pedaços dos cinco pães de cevada, que sobraram depois que todos tinham comido.

Quando as pessoas viram o sinal que Jesus havia feito, disseram:

—Este é verdadeiramente o profeta que devia vir ao mundo.

Referências: João 6:5-14

Textos relacionados: Deuteronômio 8:2-3; Mateus 14:13-21; Marcos 6:32-44; Lucas 9:10-17

QUEM É JESUS?

Indo Jesus para a região de Cesareia de Filipe, perguntou a seus discípulos:

—Quem os outros dizem que é o Filho do Homem?

E eles responderam:

—Uns dizem que é João Batista; outros dizem que é Elias; e outros dizem que é Jeremias ou um dos profetas.

Ao que Jesus perguntou:

—E vocês, quem dizem que eu sou?

Respondendo, Simão Pedro disse:

—O senhor é o Cristo, o Filho do Deus vivo.

Então Jesus lhe afirmou:

—Bem-aventurado é você, Simão Barjonas, porque não foi carne e sangue que revelaram isso a você, mas meu Pai, que está nos céus. Também eu lhe digo que você é Pedro, e sobre esta pedra edificarei a minha igreja, e as portas do inferno não prevalecerão contra ela. Eu lhe darei as chaves do Reino dos Céus; o que você ligar na terra terá sido ligado nos céus; e o que você desligar na terra terá sido desligado nos céus.

Então Jesus ordenou aos discípulos que não dissessem a ninguém que ele era o Cristo.

Desde esse tempo, Jesus começou a mostrar aos seus discípulos que era necessário que ele fosse para Jerusalém, sofresse muitas coisas nas mãos dos anciãos, dos principais sacerdotes e dos escribas, fosse morto e, no terceiro dia, ressuscitasse.

Referências: Mateus 16:13-21

Textos relacionados: Isaías 52:14-15; Marcos 8:27-33; Lucas 9:18-22; João 6:67-71

A TRANSFIGURAÇÃO

Seis dias depois, Jesus tomou consigo Pedro, Tiago e João e os levou, em particular, a sós, a um alto monte. E Jesus foi transfigurado diante deles. As suas roupas se tornaram resplandecentes, de um branco muito intenso, como nenhum lavandeiro no mundo as poderia alvejar. E lhes apareceu Elias com Moisés, e estavam falando com Jesus. Então Pedro, tomando a palavra, disse a Jesus:

—Mestre, bom é estarmos aqui. Façamos três tendas: uma para o senhor, outra para Moisés e outra para Elias.

Pois não sabia o que dizer, por estarem eles apavorados. A seguir, veio uma nuvem que os envolveu; e dela veio uma voz que dizia:

—Este é o meu Filho amado; escutem o que ele diz!

E, de repente, olhando ao redor, não viram mais ninguém com eles, a não ser Jesus.

Ao descerem do monte, Jesus lhes ordenou que não divulgassem as coisas que tinham visto, até o dia em que o Filho do Homem ressuscitasse dentre os mortos. Eles guardaram a recomendação, perguntando uns aos outros o que seria esse ressuscitar dentre os mortos.

E o Verbo se fez carne e habitou entre nós, cheio de graça e de verdade, e vimos a sua glória, glória como do unigênito do Pai.

Referências: Marcos 9:2-10; João 1:14

Textos relacionados: Êxodo 40:33-35; Mateus 17:1-9; Lucas 9:28-36; Romanos 16:25-27; 1 Timóteo 1:17; Judas 1:24-25

PEQUENA FÉ, GRANDES RESULTADOS

Quando eles chegaram para junto da multidão, um homem se aproximou de Jesus, ajoelhou-se e disse:

—Senhor, tenha compaixão do meu filho, porque ele tem convulsões e sofre muito; pois muitas vezes cai no fogo e outras tantas cai na água. Apresentei-o aos seus discípulos, mas eles não puderam curá-lo.

Jesus exclamou:

—Ó geração incrédula e perversa! Até quando estarei com vocês? Até quando terei de suportá-los? Tragam o menino até aqui.

E Jesus repreendeu o demônio, e este saiu do menino; e, desde aquela hora, o menino ficou curado.

Então os discípulos, aproximando-se de Jesus, perguntaram em particular:

—Por que motivo nós não pudemos expulsá-lo?

Jesus respondeu:

—Por causa da pequenez da fé que vocês têm. Pois em verdade lhes digo que, se tiverem fé como um grão de mostarda, dirão a este monte: "Mude-se daqui para lá", e ele se mudará. Nada lhes será impossível. [Mas esse tipo de demônio só pode ser expulso por meio de oração e jejum.]

Quando eles estavam reunidos na Galileia, Jesus lhes disse:

—O Filho do Homem está para ser entregue nas mãos dos homens, e estes o matarão; mas, ao terceiro dia, ressuscitará.

Então os discípulos ficaram muito tristes.

Em verdade, em verdade lhes digo que aquele que crê em mim fará também as obras que eu faço e outras maiores fará, porque eu vou para junto do Pai. E tudo o que vocês pedirem em meu nome, isso farei, a fim de que o Pai seja glorificado no Filho.

Referências: Mateus 17:14-23; João 14:12-13

Textos relacionados: 1 Samuel 16:14-23; Marcos 9:14-32; Lucas 9:37-45; Romanos 4:18-21; 11:1-23; Hebreus 3:16-19

JESUS ENSINA OS DISCÍPULOS A ORAR

Jesus estava orando em certo lugar e, quando terminou, um dos seus discípulos lhe pediu:

—Senhor, ensine-nos a orar como também João ensinou os discípulos dele.

Então Jesus disse:

—Quando vocês orarem, digam:

"Pai, santificado seja o teu nome;
venha o teu Reino;
o pão nosso de cada dia
dá-nos diariamente;
perdoa-nos os nossos pecados,
pois também nós perdoamos
a todo o que nos deve;
e não nos deixes cair em tentação".

Jesus disse ainda:

—Se um de vocês tiver um amigo e for procurá-lo à meia-noite, dizendo: "Amigo, me empreste três pães, porque outro amigo meu chegou de viagem e eu não tenho nada para lhe oferecer"; e se o outro lhe responder lá de dentro: "Deixe-me em paz! A porta já está fechada, e eu e os meus filhos já estamos deitados. Não posso me levantar para lhe dar os pães", digo a vocês que, se ele não se levantar para dar esses pães por ser seu amigo, ele o fará por causa do incômodo e lhe dará tudo de que tiver necessidade.

—Por isso, digo a vocês: Peçam e lhes será dado; busquem e acharão; batam, e a porta será aberta para vocês. Pois todo o que pede recebe; o que busca encontra; e a quem bate, a porta será aberta.

Referências: Lucas 11:1-10

Textos relacionados: Salmo 89:19-29; Isaías 9:6-7; Mateus 6:6-13; 7:7-11; Apocalipse 3:14-22

JESUS ABENÇOA AS CRIANÇAS

Surgiu entre os discípulos uma discussão sobre qual deles seria o maior. Mas Jesus, sabendo o que se passava no coração deles, pegou uma criança, colocou-a junto de si e lhes disse:

—Quem receber esta criança em meu nome é a mim que recebe; e quem receber a mim recebe aquele que me enviou; porque aquele que for o menor de todos entre vocês, esse é que é grande.

Então trouxeram algumas crianças a Jesus para que as abençoasse, mas os discípulos os repreendiam. Jesus, porém, vendo isto, indignou-se e disse-lhes:

—Deixem que os pequeninos venham a mim; não os impeçam, porque dos tais é o Reino de Deus. Em verdade lhes digo: Quem não receber o Reino de Deus como uma criança de maneira nenhuma entrará nele.

Então, tomando as crianças nos braços e impondo-lhes as mãos, as abençoava.

Naquela hora, Jesus exultou no Espírito Santo e exclamou:

—Graças te dou, ó Pai, Senhor do céu e da terra, porque escondeste estas coisas dos sábios e instruídos e as revelaste aos pequeninos. Sim, ó Pai, porque assim foi do teu agrado.

—Tudo me foi entregue por meu Pai. Ninguém sabe quem é o Filho, a não ser o Pai; e também ninguém sabe quem é o Pai, a não ser o Filho e aquele a quem o Filho o quiser revelar.

Referências: Lucas 9:46-48; Marcos 10:13-16; Lucas 10:21-22

Textos relacionados: Salmo 127:3-5; Mateus 18:1-14; 19,13-15; Marcos 9:33-37; Lucas 18:15-17

JESUS CURA NO SÁBADO

Num sábado, Jesus estava ensinando numa das sinagogas. E chegou ali uma mulher possuída de um espírito de enfermidade, havia já dezoito anos; ela andava encurvada, sem poder se endireitar de modo nenhum. Ao vê-la, Jesus a chamou e lhe disse:

—Mulher, você está livre da sua enfermidade.

E, impondo-lhe as mãos, ela imediatamente se endireitou e dava glória a Deus. O chefe da sinagoga, indignado por ver que Jesus curava no sábado, disse à multidão:

—Há seis dias em que se deve trabalhar. Venham nesses dias para serem curados, mas não no sábado.

Porém o Senhor lhe respondeu:

—Hipócritas! Cada um de vocês não desprende da manjedoura, no sábado, o seu boi ou o seu jumento, para levá-lo a beber? Por que motivo não se devia livrar deste cativeiro, em dia de sábado, esta filha de Abraão, a quem Satanás trazia presa há dezoito anos?

Tendo Jesus dito estas palavras, todos os seus adversários ficaram envergonhados. Entretanto, o povo se alegrava por todos os feitos gloriosos que Jesus realizava.

Referências: Lucas 13:10-17

Textos relacionados: Êxodo 20:8-11; Mateus 12:1-14; Marcos 2:23–3:6; Lucas 6:1-11; 14:1-6; João 5:1-18

ENSINO SOBRE DIVÓRCIO E CELIBATO

Alguns fariseus se aproximaram de Jesus e, testando-o, perguntaram:

—É lícito ao homem repudiar a sua mulher por qualquer motivo?

Jesus respondeu:

—Vocês não leram que o Criador, desde o princípio, os fez homem e mulher e que disse: "Por isso o homem deixará o seu pai e a sua mãe e se unirá à sua mulher, tornando-se os dois uma só carne"? De modo que já não são mais dois, porém uma só carne. Portanto, que ninguém separe o que Deus ajuntou.

Os fariseus perguntaram:

—Então por que Moisés ordenou dar uma carta de divórcio e repudiar a mulher?

Jesus respondeu:

—Foi por causa da dureza do coração de vocês que Moisés permitiu que vocês repudiassem a mulher, mas não foi assim desde o princípio. Eu, porém, lhes digo: quem repudiar a sua mulher, não sendo por causa de relações sexuais ilícitas, e casar com outra comete adultério.

Os discípulos de Jesus disseram:

—Se essa é a situação do homem em relação à sua mulher, não convém casar.

Jesus, porém, lhes respondeu:

—Nem todos são aptos para aceitar este ensinamento, mas apenas aqueles a quem isso é dado. Porque há eunucos de nascença; há outros a quem os homens fizeram tais; e há outros que se fizeram eunucos, por causa do Reino dos Céus. Quem é apto para aceitar isto, que aceite.

Referências: Mateus 19:3-12

Textos relacionados: Gênesis 1:27; 2:24; Deuteronômio 24:1-4; Malaquias 2:13-16; Marcos 10:2-12; Lucas 16:18

TESOUROS NO CÉU

Certo homem de destaque perguntou a Jesus:

—Bom Mestre, que farei para herdar a vida eterna?

Jesus respondeu:

—Por que você me chama de bom? Ninguém é bom, a não ser um, que é Deus. Você conhece os mandamentos: "Não cometa adultério", "não mate", "não furte", "não dê falso testemunho", "honre o seu pai e a sua mãe".

Então o homem disse:

—Tudo isso tenho observado desde a minha juventude.

Ouvindo isso, Jesus lhe disse:

—Uma coisa ainda falta a você: venda tudo o que tem, dê o dinheiro aos pobres e você terá um tesouro nos céus; depois, venha e siga-me.

Mas, ouvindo ele estas palavras, ficou muito triste, porque era riquíssimo.

Jesus, vendo-o assim triste, disse:

—Como é difícil para os que têm riquezas entrar no Reino de Deus! Porque é mais fácil um camelo passar pelo fundo de uma agulha do que um rico entrar no Reino de Deus.

Os que ouviram isto perguntaram:

—Sendo assim, quem pode ser salvo?

Mas Jesus respondeu:

—O que é impossível para o ser humano é possível para Deus.

Então Pedro disse:

—Eis que nós deixamos nossa casa e seguimos o senhor.

Jesus lhes respondeu:

—Em verdade lhes digo que não há ninguém que tenha deixado casa, mulher, irmãos, pais ou filhos, por causa do Reino de Deus, que não receba, no presente, muitas vezes mais e, no mundo por vir, receberá a vida eterna.

Referências: Lucas 18:18-30

Textos relacionados: Êxodo 20:12-16; Deuteronômio 5:16-20; Mateus 19:16-30; Marcos 10:17-31; 1 Coríntios 13:3

NOVEMBRO

A Bíblia é viva, ela sempre fala comigo.

Martinho Lutero (1483–1546)

Teólogo e reformador alemão

Aquele que lê corretamente as Escrituras
transforma as palavras em ações.

São Bernardo de Claraval (1090–1153)

Monge francês

A Bíblia apresenta diante de nós ideais que estão ao alcance
dos mais fracos e dos mais humildes e, ainda assim,
tão elevados que os melhores e mais nobres são mantidos
com o rosto sempre voltado para o alto.

William Jennings Bryan (1860–1925)

Orador e político norte-americano

JESUS NA CASA DE UM PECADOR

Entrando em Jericó, Jesus atravessava a cidade. Eis que um homem rico, chamado Zaqueu, chefe dos publicanos, procurava ver quem era Jesus, mas não podia, por causa da multidão, por ser ele de pequena estatura. Então, correndo adiante, subiu num sicômoro a fim de ver Jesus, porque ele havia de passar por ali. Quando Jesus chegou àquele lugar, olhando para cima, disse:

—Zaqueu, desça depressa, porque hoje preciso ficar na sua casa.

Zaqueu desceu depressa e o recebeu com alegria. Todos os que viram isto murmuravam, dizendo que Jesus tinha se hospedado com um homem pecador. Zaqueu, por sua vez, se levantou e disse ao Senhor:

—Senhor, vou dar a metade dos meus bens aos pobres. E, se extorqui alguma coisa de alguém, vou restituir quatro vezes mais.

Então Jesus lhe disse:

—Hoje houve salvação nesta casa, pois também este é filho de Abraão. Porque o Filho do Homem veio buscar e salvar o perdido.

E, assim como aos homens está ordenado morrerem uma só vez, vindo, depois disso, o juízo, assim também Cristo, tendo-se oferecido uma vez por todas para tirar os pecados de muitos, aparecerá segunda vez, não para tirar pecados, mas para salvar aqueles que esperam por ele.

Referências: Lucas 19:1-10; Hebreus 9:27-28

Textos relacionados: Ezequiel 34:7-16; Marcos 2:14-17; Lucas 7:36-47

JESUS É UNGIDO EM BETÂNIA

Seis dias antes da Páscoa, Jesus foi para Betânia, onde estava Lázaro, a quem ele tinha ressuscitado dentre os mortos. Prepararam-lhe, ali, uma ceia. Marta servia, e Lázaro era um dos que estavam à mesa com Jesus. Então Maria, pegando um frasco de perfume de nardo puro, muito precioso, ungiu os pés de Jesus e os enxugou com os seus cabelos. E toda a casa se encheu com o cheiro do perfume. Mas Judas Iscariotes, um dos seus discípulos, aquele que estava para trair Jesus, disse:

—Por que este perfume não foi vendido por trezentos denários e o valor não foi dado aos pobres?

Ele disse isso não porque se preocupava com os pobres, mas porque era ladrão e, tendo a bolsa do dinheiro, tirava o que era colocado nela. Mas Jesus disse:

—Deixe-a! Que ela guarde isto para o dia do meu sepultamento. Porque os pobres estão sempre com vocês, mas a mim vocês nem sempre terão.

Uma numerosa multidão dos judeus ficou sabendo que Jesus estava em Betânia. Eles foram até lá não só por causa dele, mas também para ver Lázaro, a quem ele tinha ressuscitado dentre os mortos. Mas os principais sacerdotes resolveram matar também Lázaro, porque muitos dos judeus, por causa dele, voltavam crendo em Jesus.

Referências: João 12:1-11

Textos relacionados: Salmo 16:9-11; Mateus 26:6-13; Marcos 14:3-9; Lucas 7:36-50; João 11

JESUS EM UM JUMENTINHO

E aconteceu que, ao aproximar-se de Betfagé e de Betânia, junto ao monte das Oliveiras, Jesus enviou dois dos seus discípulos, dizendo-lhes:

—Vão até a aldeia que fica ali adiante e, ao entrar, encontrarão preso um jumentinho, o qual ainda ninguém montou; desprendam o jumentinho e tragam aqui. Se alguém perguntar: "Por que o estão desprendendo?", respondam assim: "Porque o Senhor precisa dele".

E, indo os que foram mandados, acharam tudo conforme Jesus lhes tinha dito. Quando eles estavam soltando o jumentinho, os donos do animal disseram:

—Por que estão desprendendo o jumentinho?

Eles responderam:

—Porque o Senhor precisa dele.

Então trouxeram o jumentinho até Jesus e, pondo as suas capas sobre o animal, ajudaram Jesus a montar.

À medida que Jesus avançava, as pessoas estendiam as suas capas no caminho. E, quando Jesus se aproximava da descida do monte das Oliveiras, toda a multidão dos discípulos começou, com muita alegria, a louvar a Deus em alta voz, por todos os milagres que tinham visto. Diziam:

"Bendito é o Rei que vem em nome do Senhor!
Paz no céu e glória nas maiores alturas!".

Alguns dos fariseus lhe disseram em meio à multidão:

—Mestre, repreenda os seus discípulos!

Mas Jesus respondeu:

—Eu afirmo a vocês que, se eles se calarem, as próprias pedras clamarão.

Referências: Lucas 19:29-40

Textos relacionados: Salmo 118; Mateus 21:1-9; Marcos 11:1-10; João 12:12-19

PARÁBOLA DA VINHA

A seguir, Jesus passou a contar ao povo esta parábola:

—Certo homem plantou uma vinha, arrendou-a para uns lavradores e ausentou-se do país por prazo considerável. No devido tempo, mandou um servo aos lavradores para que lhe dessem do fruto da vinha. Mas os lavradores, depois de espancá-lo, o despacharam de mãos vazias. Em vista disso, enviou-lhes outro servo, mas também a este espancaram e, depois de insultá-lo, despacharam de mãos vazias. Mandou ainda um terceiro; também a este, depois de feri-lo, expulsaram. Então o dono da vinha disse: "Que farei? Enviarei o meu filho amado; talvez o respeitem".

—Mas, quando os lavradores viram o filho, começaram a discutir entre si: "Este é o herdeiro; vamos matá-lo, para que a herança seja nossa". E, lançando-o fora da vinha, o mataram.

—Que lhes fará, pois, o dono da vinha? Virá, exterminará aqueles lavradores e entregará a vinha a outros.

Ao ouvir isto, disseram:

—Que tal não aconteça!

Mas Jesus, com o olhar fixo neles, disse:

—Que quer dizer então o que está escrito: "A pedra que os construtores rejeitaram, essa veio a ser a pedra angular"? Todo o que cair sobre esta pedra ficará em pedaços; e aquele sobre quem ela cair ficará reduzido a pó.

Naquela mesma hora, os escribas e os principais sacerdotes procuravam prender Jesus, porque entenderam que ele havia contado essa parábola contra eles; mas temiam o povo.

Referências: Lucas 20:9-19

Textos relacionados: Salmo 118; Mateus 21:33-46; Marcos 12:1-12

A ÚLTIMA CEIA

Então um dos doze, chamado Judas Iscariotes, foi falar com os principais sacerdotes. Ele disse:

—Quanto me darão para que eu o entregue a vocês?

E pagaram-lhe trinta moedas de prata. E, desse momento em diante, Judas buscava uma boa ocasião para entregar Jesus.

No primeiro dia da Festa dos Pães sem Fermento, os discípulos vieram a Jesus e lhe perguntaram:

—Onde quer que façamos os preparativos para que o senhor possa comer a Páscoa?

E ele lhes respondeu:

—Vão até a cidade, procurem certo homem e digam: "O Mestre diz: O meu tempo está próximo. É em sua casa que celebrarei a Páscoa com os meus discípulos".

E eles fizeram como Jesus lhes havia ordenado e prepararam a Páscoa.

Ao cair da tarde, Jesus pôs-se à mesa com os doze discípulos. E, enquanto comiam, Jesus disse:

—Em verdade lhes digo que um de vocês vai me trair.

E eles, muito entristecidos, começaram um por um a perguntar-lhe:

—Por acaso seria eu, Senhor?

Jesus respondeu:

—O que comigo põe a mão no prato, esse vai me trair. O Filho do Homem vai, como está escrito a seu respeito; mas ai daquele por quem o Filho do Homem está sendo traído! Melhor seria para ele se nunca tivesse nascido!

Então Judas, que o traía, perguntou:

—Por acaso sou eu, Mestre?

Jesus respondeu:

—Você acabou de dizer isso.

Referências: Mateus 26:14-25

Textos relacionados: Salmo 41:9; Provérbios 11:13; Marcos 14:10-25; Lucas 22:3-23; João 13–17

AMIGOS SEM FÉ

E Jesus disse aos discípulos:

—Serei uma pedra de tropeço para todos vocês, porque está escrito: "**Ferirei o pastor, e as ovelhas ficarão dispersas**". Mas, depois da minha ressurreição, irei adiante de vocês para a Galileia.

Então Pedro disse a Jesus:

—Ainda que o senhor venha a ser um tropeço para todos, não o será para mim!

Mas Jesus lhe disse:

—Em verdade lhe digo que hoje, nesta noite, antes que o galo cante duas vezes, você me negará três vezes.

Mas Pedro insistia com mais veemência:

—Ainda que me seja necessário morrer com o senhor, de modo nenhum o negarei.

E todos os outros diziam a mesma coisa.

Então foram a um lugar chamado Getsêmani. Ali, Jesus disse aos seus discípulos:

—Sentem-se aqui, enquanto eu vou orar.

E, levando consigo Pedro, Tiago e João, começou a sentir-se tomado de pavor e de angústia. E lhes disse:

—A minha alma está profundamente triste até a morte; fiquem aqui e vigiem.

E, adiantando-se um pouco, prostrou-se em terra; e orava para que, se possível, lhe fosse poupada aquela hora. E dizia:

—Aba, Pai, tudo te é possível; passa de mim este cálice! Porém não seja o que eu quero, e sim o que tu queres.

E, voltando, achou-os dormindo. E disse a Pedro:

—Simão, você está dormindo? Não conseguiu vigiar nem uma hora? Vigiem e orem, para que não caiam em tentação; o espírito, na verdade, está pronto, mas a carne é fraca.

Referências: Marcos 14:27-38

Textos relacionados: Zacarias 13:7; Marcos 14:26-42; Lucas 22:31-46; João 13:36-38

TRAIÇÃO E NEGAÇÃO

Enquanto Jesus ainda falava, eis que chegou uma multidão. E um dos doze, que se chamava Judas, vinha à frente deles e se aproximou de Jesus para o beijar. Jesus, porém, lhe disse:

—Judas, com um beijo você trai o Filho do Homem?

Então, prendendo Jesus, levaram-no e o introduziram na casa do sumo sacerdote. Pedro seguia de longe. Quando acenderam um fogo no meio do pátio e se assentaram juntos, Pedro tomou lugar entre eles. Uma empregada, vendo-o sentado perto do fogo, fixou os olhos nele e disse:

—Este também estava com ele.

Mas Pedro negou, dizendo:

—Mulher, não o conheço.

Pouco depois, outro homem, ao ver Pedro, disse:

—Você também é um deles.

Mas Pedro disse:

—Homem, eu não sou um deles.

E, tendo passado cerca de uma hora, outro afirmou, dizendo:

—Com certeza este também estava com ele, porque também é galileu.

Mas Pedro insistiu:

—Homem, não sei do que você está falando.

E logo, enquanto Pedro ainda falava, o galo cantou. Então, o Senhor voltou-se e fixou os olhos em Pedro. E Pedro se lembrou da palavra do Senhor, como lhe tinha dito: "Hoje, antes que o galo cante, você me negará três vezes". E Pedro, saindo dali, chorou amargamente.

Referências: Lucas 22:47-48,54-62

Textos relacionados: Salmo 42; Mateus 26:47-56,69-75; Marcos 14:43-53,66-72; João 18:2-12,25-27

JESUS É CONDENADO À MORTE

E os principais sacerdotes e todo o Sinédrio procuravam algum testemunho contra Jesus para o condenar à morte, mas não achavam nada. Pois muitos testemunhavam falsamente contra Jesus, mas os depoimentos não eram coerentes. E, levantando-se alguns, testemunhavam falsamente, dizendo:

—Nós o ouvimos declarar: "Eu destruirei este santuário edificado por mãos humanas e, em três dias, construirei outro, não por mãos humanas".

Nem assim o testemunho deles era coerente. E, levantando-se o sumo sacerdote, no meio, perguntou a Jesus:

—Você não diz nada em resposta ao que estes depõem contra você?

Jesus, porém, guardou silêncio e nada respondeu. O sumo sacerdote tornou a interrogá-lo:

—Você é o Cristo, o Filho do Deus Bendito?

Jesus respondeu:

—**Eu sou, e vocês verão o Filho do Homem sentado à direita do Todo-Poderoso e vindo com as nuvens do céu**.

O sumo sacerdote, rasgando as suas vestes, disse:

—Por que ainda precisamos de testemunhas? Vocês ouviram a blasfêmia. Qual é o parecer de vocês?

E todos o julgaram réu de morte. Alguns começaram a cuspir nele, a cobrir-lhe o rosto, a bater nele e a dizer-lhe:

—Profetize!

E os guardas davam-lhe bofetadas.

Referências: Marcos 14:55-65

Textos relacionados: Êxodo 20:16; Daniel 7:13-14; Mateus 26:59-67; Lucas 23:63-71; João 18:19-24

JESUS É CRUCIFICADO

Quando chegaram ao lugar chamado Calvário, ali o crucificaram, bem como aos malfeitores, um à sua direita, outro à sua esquerda. Mas Jesus dizia:

—Pai, perdoa-lhes, porque não sabem o que fazem.

Então, para repartir as roupas dele, lançaram sortes. O povo estava ali e observava tudo. Também as autoridades zombavam e diziam:

—Salvou os outros. Que salve a si mesmo, se é, de fato, o Cristo de Deus, o escolhido.

Um dos malfeitores crucificados blasfemava contra Jesus, dizendo:

—Você não é o Cristo? Salve a si mesmo e a nós também.

Porém o outro malfeitor o repreendeu, dizendo:

—Você nem ao menos teme a Deus, estando sob igual sentença? A nossa punição é justa, porque estamos recebendo o castigo que os nossos atos merecem; mas este não fez mal nenhum.

E acrescentou:

—Jesus, lembre-se de mim quando você vier no seu Reino.

Jesus lhe respondeu:

—Em verdade lhe digo que hoje você estará comigo no paraíso.

Já era quase meio-dia, e, escurecendo-se o sol, houve trevas sobre toda a terra até as três horas da tarde. E o véu do santuário se rasgou pelo meio. Então Jesus clamou em alta voz:

—**Pai, nas tuas mãos entrego o meu espírito!**

E, dito isto, expirou.

O centurião, vendo o que tinha acontecido, deu glória a Deus, dizendo:

—Verdadeiramente este homem era justo.

Referências: Lucas 23:33-35,39-47

Textos relacionados: Salmo 22; Mateus 27; Marcos 15; Lucas 23; João 18:28–19:42

A RESSURREIÇÃO

No primeiro dia da semana, de madrugada, quando ainda estava escuro, Maria Madalena foi ao túmulo e viu que a pedra da entrada tinha sido removida. Então correu e foi até onde estavam Simão Pedro e o outro discípulo, a quem Jesus amava, e disse-lhes:

—Tiraram o Senhor do túmulo, e não sabemos onde o colocaram.

Com isso, Pedro e o outro discípulo saíram e foram até o túmulo. Ambos corriam juntos, mas o outro discípulo correu mais depressa do que Pedro e chegou primeiro ao túmulo. E, abaixando-se, viu os lençóis de linho, mas não entrou. Simão Pedro, seguindo-o, chegou e entrou no túmulo. Ele também viu os lençóis e o lenço que tinha estado sobre a cabeça de Jesus, e que não estava com os lençóis, mas enrolado num lugar à parte. Então o outro discípulo, que havia chegado primeiro ao túmulo, também entrou. Ele viu e creu. Pois ainda não tinham compreendido a Escritura, que era necessário que ele ressuscitasse dentre os mortos.

Ao cair da tarde daquele dia, o primeiro da semana, estando trancadas as portas da casa onde estavam os discípulos, com medo dos judeus, Jesus veio e se pôs no meio deles, dizendo:

—Que a paz esteja com vocês!

E, dizendo isso, lhes mostrou as mãos e o lado. Então os discípulos se alegraram ao ver o Senhor.

Referências: João 20:1-9,19-20

Textos relacionados: Salmo 16:9-11; Isaías 53:9-12; Mateus 28; Marcos 16; Lucas 24; João 20–21

VIVOS EM CRISTO

Tenham cuidado para que ninguém venha a enredá-los com sua filosofia e vãs sutilezas, conforme a tradição dos homens, conforme os rudimentos do mundo e não segundo Cristo. Porque nele habita corporalmente toda a plenitude da divindade. Também, nele, vocês receberam a plenitude. Ele é o cabeça de todo principado e potestade. Nele também vocês foram circuncidados, não com uma circuncisão feita por mãos humanas, mas pela remoção do corpo da carne, que é a circuncisão de Cristo, tendo sido sepultados juntamente com ele no batismo, no qual vocês também foram ressuscitados por meio da fé no poder de Deus que o ressuscitou dentre os mortos. E quando vocês estavam mortos nos seus pecados e na incircuncisão da carne, ele lhes deu vida juntamente com Cristo, perdoando todos os nossos pecados. Cancelando o escrito de dívida que era contra nós e que constava de ordenanças, o qual nos era prejudicial, removeu-o inteiramente, cravando-o na cruz. E, despojando os principados e as potestades, publicamente os expôs ao desprezo, triunfando sobre eles na cruz.

Portanto, que ninguém julgue vocês por causa de comida e bebida, ou dia de festa, ou lua nova, ou sábados, porque tudo isso tem sido sombra das coisas que haviam de vir; porém o corpo é de Cristo.

Referências: Colossenses 2:8-17

Textos relacionados: Isaías 1:11-14; Atos 2:22-36; Romanos 6:1-11; 1 Coríntios 15:12-58

JESUS RETORNA AO PAI

Escrevi o primeiro livro, ó Teófilo, relatando todas as coisas que Jesus começou a fazer e a ensinar até o dia em que foi elevado às alturas, depois de haver dado mandamentos por meio do Espírito Santo aos apóstolos que tinha escolhido. Depois de ter padecido, Jesus se apresentou vivo a seus apóstolos, com muitas provas incontestáveis, aparecendo-lhes durante quarenta dias e falando das coisas relacionadas com o Reino de Deus. E, comendo com eles, deu-lhes esta ordem:

—Não se afastem de Jerusalém, mas esperem a promessa do Pai, a qual vocês ouviram de mim. Porque João, na verdade, batizou com água, mas vocês serão batizados com o Espírito Santo, dentro de poucos dias.

Então os que estavam reunidos com Jesus lhe perguntaram:

—Será este o tempo em que o Senhor irá restaurar o reino a Israel?

Jesus respondeu:

—Não cabe a vocês conhecer tempos ou épocas que o Pai fixou pela sua própria autoridade. Mas vocês receberão poder, ao descer sobre vocês o Espírito Santo, e serão minhas testemunhas tanto em Jerusalém como em toda a Judeia e Samaria e até os confins da terra.

Depois de ter dito isso, Jesus foi elevado às alturas, à vista deles, e uma nuvem o encobriu dos seus olhos. E, estando eles com os olhos fixos no céu, enquanto Jesus subia, eis que dois homens vestidos de branco se puseram ao lado deles e lhes disseram:

—Homens da Galileia, por que vocês estão olhando para as alturas? Esse Jesus que foi levado do meio de vocês para o céu virá do modo como vocês o viram subir.

Referências: Atos 1:1-11

Textos relacionados: 1 Crônicas 16:8,23-31; Salmos 67; 72; Isaías 45:22-23; 49:6; Lucas 24:50-53

O DOM DO ESPÍRITO SANTO

Ao cumprir-se o dia de Pentecostes, estavam todos reunidos no mesmo lugar. De repente, veio do céu um som, como de um vento impetuoso, e encheu toda a casa onde estavam sentados. E apareceram, distribuídas entre eles, línguas, como de fogo, as quais pousaram sobre cada um deles. Todos ficaram cheios do Espírito Santo e começaram a falar em outras línguas, segundo o Espírito lhes concedia que falassem.

Estavam morando em Jerusalém judeus, homens piedosos, vindos de todas as nações debaixo do céu. Assim, quando se fez ouvir aquela voz, afluiu a multidão, que foi tomada de perplexidade, porque cada um os ouvia falar na sua própria língua. Estavam atônitos e se admiravam, dizendo:

— Vejam! Não são galileus todos esses que aí estão falando? Então como os ouvimos falar, cada um em nossa própria língua materna? Somos partos, medos, elamitas e os naturais da Mesopotâmia, Judeia, Capadócia, Ponto e Ásia, da Frígia, da Panfília, do Egito e das regiões da Líbia, nas imediações de Cirene, e romanos que aqui residem, tanto judeus como prosélitos, cretenses e árabes. Como os ouvimos falar sobre as grandezas de Deus em nossas próprias línguas?

Todos, atônitos e perplexos, perguntavam uns aos outros:

—O que será que isso quer dizer?

Outros, porém, zombando, diziam:

—Estão bêbados!

Referências: Atos 2:1-13

Textos relacionados: Levítico 23:4-16; Mateus 3:1-12; João 14:15-26; 16:12-15

O PRIMEIRO SERMÃO DE PEDRO

Então Pedro se levantou, junto com os onze, e, erguendo a voz, dirigiu-se à multidão nestes termos:

—Homens da Judeia e todos vocês que moram em Jerusalém, tomem conhecimento disto e prestem atenção no que vou dizer. Estes homens não estão bêbados, como vocês estão pensando, porque são apenas nove horas da manhã. Mas o que está acontecendo é o que foi dito por meio do profeta Joel:

"E acontecerá nos últimos dias, diz Deus,
que derramarei o meu Espírito
sobre toda a humanidade.
Os filhos e as filhas de vocês profetizarão,
os seus jovens terão visões, e os seus velhos sonharão.
Até sobre os meus servos e sobre as minhas servas
derramarei o meu Espírito naqueles dias, e profetizarão".

"E acontecerá que todo aquele
que invocar o nome do Senhor será salvo."

Israelitas, escutem o que vou dizer: Jesus, o Nazareno, homem aprovado por Deus diante de vocês com milagres, prodígios e sinais, os quais o próprio Deus realizou entre vocês por meio dele, como vocês mesmos sabem, a este, entregue conforme o plano determinado e a presciência de Deus, vocês mataram, crucificando-o por meio de homens maus. Porém Deus o ressuscitou, livrando-o da agonia da morte, porque não era possível que fosse retido por ela.

Pedro respondeu:

—Arrependam-se, e cada um de vocês seja batizado em nome de Jesus Cristo para remissão dos seus pecados, e vocês receberão o dom do Espírito Santo.

Referências: Atos 2:14-18,21-24,38

Textos relacionados: Ezequiel 36:16-28; 39:21-29; Joel 2:28-32; Romanos 10:1-13

PEDRO CURA UM MENDIGO COXO

Pedro e João estavam se dirigindo ao templo para a oração das três horas da tarde. Estava sendo levado um homem, coxo de nascença, que diariamente era colocado à porta do templo chamada Formosa, para pedir esmolas aos que entravam. Quando ele viu Pedro e João, que iam entrar no templo, pediu que lhe dessem uma esmola. Pedro, fitando-o, juntamente com João, disse:

—Olhe para nós!

Ele os olhava atentamente, esperando receber alguma coisa. Pedro, porém, lhe disse:

—Não possuo nem prata nem ouro, mas o que tenho, isso lhe dou: em nome de Jesus Cristo, o Nazareno, levante-se e ande!

E, pegando na mão direita do homem, ajudou-o a se levantar. Imediatamente os seus pés e tornozelos se firmaram; e, dando um salto, ficou em pé, começou a andar e entrou com eles no templo, pulando e louvando a Deus. Todo o povo viu o homem andando e louvando a Deus, e reconheceram que ele era o mesmo que pedia esmolas, assentado à Porta Formosa do templo; e ficaram muito admirados e espantados com o que lhe tinha acontecido.

Enquanto Pedro e João ainda falavam ao povo, chegaram os sacerdotes, o capitão do templo e os saduceus, ressentidos porque os apóstolos estavam ensinando o povo e anunciando, em Jesus, a ressurreição dentre os mortos. Prenderam Pedro e João e os recolheram ao cárcere até o dia seguinte, pois já era tarde. Porém muitos dos que ouviram a palavra creram, subindo o número desses homens a quase cinco mil.

Referências: Atos 3:1-10; 4:1-4

Textos relacionados: Jeremias 37:15; 38:6; Mateus 15:29-31; 21:1-16; João 5; 14:12-14

OBEDEÇA A DEUS EM PRIMEIRO LUGAR

Ao verem a ousadia de Pedro e João, sabendo que eram homens iletrados e incultos, ficaram admirados; e reconheceram que eles haviam estado com Jesus. Vendo que o homem que havia sido curado estava com eles, nada tinham a dizer em contrário. E, mandando-os sair do Sinédrio, discutiam entre si, dizendo:

—Que faremos com estes homens? Pois todos os moradores de Jerusalém sabem que um sinal notório foi feito por eles, e não o podemos negar. Mas, para que não haja maior divulgação entre o povo, vamos ameaçá-los para não falarem mais neste nome a quem quer que seja.

Chamando-os, ordenaram-lhes que de modo nenhum falassem nem ensinassem no nome de Jesus. Mas Pedro e João responderam:

—Os senhores mesmos julguem se é justo diante de Deus ouvirmos antes aos senhores do que a Deus; pois nós não podemos deixar de falar das coisas que vimos e ouvimos.

Depois, ameaçando-os mais ainda, os soltaram, não tendo achado como os castigar, por causa do povo, porque todos glorificavam a Deus pelo que tinha acontecido. Ora, o homem em quem tinha sido operado esse milagre de cura tinha mais de quarenta anos de idade.

Uma vez soltos, Pedro e João procuraram os irmãos e lhes contaram tudo o que os principais sacerdotes e os anciãos lhes tinham falado.

Referências: Atos 4:13-23

Textos relacionados: Jeremias 20:9; Mateus 5:10-12; Atos 5:17-42

ESTÊVÃO É MARTIRIZADO

A palavra de Deus crescia e, em Jerusalém, o número dos discípulos aumentava. Também um grande grupo de sacerdotes obedecia à fé.

Estêvão, cheio de graça e de poder, fazia prodígios e grandes sinais entre o povo. Então alguns dos que eram da sinagoga chamada dos Libertos, dos cireneus, dos alexandrinos e dos da Cilícia e da província da Ásia se levantaram e discutiam com Estêvão. Mas eles não podiam resistir à sabedoria e ao Espírito, pelo qual ele falava. Então subornaram alguns homens para que dissessem:

—Ouvimos este homem proferir blasfêmias contra Moisés e contra Deus.

Atiçaram o povo, os anciãos e os escribas e, investindo contra Estêvão, o agarraram e levaram ao Sinédrio.

Mas Estêvão, cheio do Espírito Santo, fitou os olhos no céu e viu a glória de Deus e Jesus, que estava à direita de Deus. Então disse:

—Eis que vejo os céus abertos e o Filho do Homem, em pé à direita de Deus.

Eles, porém, gritando bem alto, taparam os ouvidos e, unânimes, avançaram contra ele. E, expulsando-o da cidade, o apedrejaram. As testemunhas deixaram as capas deles aos pés de um jovem chamado Saulo. E enquanto o apedrejavam, Estêvão orava, dizendo:

—Senhor Jesus, recebe o meu espírito!

Então, ajoelhando-se, gritou bem alto:

—Senhor, não os condenes por causa deste pecado!

E, depois que ele disse isso, morreu.

E Saulo consentia na morte de Estêvão.

Referências: Atos 6:7-12; 7:55–8:1

Textos relacionados: Levítico 24:10-16; Marcos 13:9-13; João 16:1-4; Atos 7:1-54; 8:1-4

SAULO CONHECE JESUS

Naquele dia, teve início uma grande perseguição contra a igreja em Jerusalém. Todos, exceto os apóstolos, foram dispersos pelas regiões da Judeia e da Samaria. Alguns homens piedosos sepultaram Estêvão e fizeram grande lamentação por ele. Saulo, porém, queria destruir a igreja. Indo de casa em casa, arrastava homens e mulheres, lançando-os na prisão.

Enquanto isso, os que foram dispersos iam por toda parte pregando a palavra.

Saulo, respirando ainda ameaças e morte contra os discípulos do Senhor, dirigiu-se ao sumo sacerdote e lhe pediu cartas para as sinagogas de Damasco, a fim de que, caso achasse alguns que eram do Caminho, tanto homens como mulheres, os levasse presos para Jerusalém. Enquanto seguia pelo caminho, ao aproximar-se de Damasco, subitamente uma luz do céu brilhou ao seu redor. Ele caiu por terra e ouviu uma voz que lhe dizia:

—Saulo, Saulo, por que você me persegue?

Ele perguntou:

—Senhor, quem é você?

E a resposta foi:

—Eu sou Jesus, a quem você persegue. Mas levante-se e entre na cidade, onde lhe dirão o que você deve fazer.

Os homens que viajavam com Saulo pararam emudecidos, ouvindo a voz, mas não vendo ninguém. Então Saulo se levantou do chão e, abrindo os olhos, nada podia ver. E, guiando-o pela mão, levaram-no para Damasco. Esteve três dias sem ver, durante os quais nada comeu, nem bebeu.

Referências: Atos 8:1-4; 9:1-9

Textos relacionados: Daniel 8:26-27; Lucas 1:18-20; Atos 22:1-21; 26:1-29

SAULO COMEÇA PROCLAMAR JESUS

Havia em Damasco um discípulo chamado Ananias. O Senhor lhe apareceu numa visão e disse:

—Ananias!

Ao que ele respondeu:

—Eis-me aqui, Senhor!

Então o Senhor lhe disse:

—Levante-se e vá à rua que se chama Direita e, na casa de Judas, procure um homem de Tarso chamado Saulo. Ele está orando e, numa visão, viu entrar um homem, chamado Ananias, e impor-lhe as mãos, para que recuperasse a vista.

Ananias, porém, respondeu:

—Senhor, de muitos tenho ouvido a respeito desse homem, quanto mal tem feito aos teus santos em Jerusalém. E aqui em Damasco ele tem autorização dos principais sacerdotes para prender todos os que invocam o teu nome.

Mas o Senhor disse a Ananias:

—Vá, porque este é para mim um instrumento escolhido para levar o meu nome diante dos gentios e reis, bem como diante dos filhos de Israel.

Então Ananias foi e, entrando na casa, impôs as mãos sobre Saulo, dizendo:

—Saulo, irmão, o Senhor Jesus, que apareceu a você no caminho para cá, me enviou para que você volte a ver e fique cheio do Espírito Santo.

Imediatamente caíram dos olhos de Saulo umas coisas parecidas com escamas, e ele voltou a ver. A seguir, levantou-se e foi batizado. E, depois de comer, sentiu-se fortalecido.

Saulo permaneceu alguns dias com os discípulos em Damasco. E logo, nas sinagogas, proclamava Jesus, afirmando que ele é o Filho de Deus.

Referências: Atos 9:10-15,17-20

Textos relacionados: Gênesis 20; Números 12; 1 Coríntios 15:1-11; Gálatas 1:11-24

A PRIMEIRA VIAGEM MISSIONÁRIA

Havia na igreja de Antioquia profetas e mestres: Barnabé; Simeão, chamado Níger; Lúcio, de Cirene; Manaém, que tinha sido criado com Herodes, o tetrarca; e Saulo. Enquanto eles estavam adorando o Senhor e jejuando, o Espírito Santo disse:

—Separem-me, agora, Barnabé e Saulo para a obra a que os tenho chamado.

Então, jejuando e orando, e impondo as mãos sobre eles, os despediram.

Barnabé e Saulo, enviados pelo Espírito Santo, foram até Selêucia e dali navegaram para Chipre. Quando chegaram a Salamina, começaram a anunciar a palavra de Deus nas sinagogas judaicas. Tinham também João como auxiliar. Havendo atravessado toda a ilha até Pafos, encontraram certo judeu, de nome Barjesus, que praticava magia e era falso profeta. Ele estava com o procônsul Sérgio Paulo, que era um homem inteligente. O procônsul, tendo chamado Barnabé e Saulo, desejava ouvir a palavra de Deus. Porém o mago Elimas — e é assim que se traduz o nome dele — se opunha a eles, procurando afastar da fé o procônsul. Mas Saulo, também chamado Paulo, cheio do Espírito Santo, olhando firmemente para Elimas, disse:

—Ó filho do diabo, cheio de todo o engano e de toda a maldade, inimigo de toda a justiça, por que você não deixa de perverter os retos caminhos do Senhor? Eis que, agora, a mão do Senhor está contra você, e você ficará cego, não vendo o sol por algum tempo.

No mesmo instante, caiu sobre ele névoa e escuridão, e, andando em círculos, procurava quem o guiasse pela mão. Então o procônsul, vendo o que havia acontecido, creu, maravilhado com a doutrina do Senhor.

Referências: Atos 13:1-12

Textos relacionados: Números 27:22-23; Mateus 19:13-15; Lucas 4:40; Atos 6:1-6; 8:5-25; 1 Timóteo 4:11-14

PAULO E BARNABÉ ENTRE OS GENTIOS

Em Listra, costumava estar sentado certo homem aleijado, paralítico desde o seu nascimento, e que nunca tinha conseguido andar. Esse homem ouviu Paulo falar. Quando Paulo fixou nele os olhos e viu que ele tinha fé para ser curado, disse a ele em voz alta:

—Levante-se direito sobre os pés!

O homem saltou e começou a andar.

Entretanto, chegaram judeus de Antioquia e Icônio e, instigando as multidões, apedrejaram Paulo e o arrastaram para fora da cidade, dando-o por morto. Mas, quando os discípulos o rodearam, ele se levantou e entrou na cidade. No dia seguinte, foi com Barnabé para Derbe.

E, tendo anunciado o evangelho naquela cidade e feito muitos discípulos, Paulo e Barnabé voltaram para Listra, Icônio e Antioquia, fortalecendo o ânimo dos discípulos, exortando-os a permanecerem firmes na fé e mostrando que, através de muitas tribulações, nos importa entrar no Reino de Deus. E, promovendo-lhes, em cada igreja, a eleição de presbíteros, depois de orar com jejuns, os encomendaram ao Senhor, em quem haviam crido.

Dali navegaram para Antioquia, onde tinham sido recomendados à graça de Deus para a obra que agora tinham terminado. Quando chegaram a Antioquia, reuniram a igreja e relataram tudo o que Deus havia feito com eles e como tinha aberto aos gentios a porta da fé. E permaneceram muito tempo com os discípulos.

Referências: Atos 14:8-10,19-23,26-28

Textos relacionados: Êxodo 17:1-4; Números 14:1-10; João 8:31-59; Atos 7:52-60; 14:1-7; Romanos 1:1-17; Efésios 2:11-22

DÊ GRAÇAS EM TUDO

Deem graças ao SENHOR, invoquem o seu nome;
tornem conhecidos entre os povos os seus feitos.
Cantem a Deus, cantem louvores a ele;
falem de todas as suas maravilhas.

Venham, cantemos ao SENHOR com júbilo,
celebremos o Rochedo da nossa salvação.
Saiamos ao seu encontro com ações de graças,
vitoriemo-lo com salmos.
Porque o SENHOR é o Deus supremo
e o grande Rei acima de todos os deuses.
Nas suas mãos estão as profundezas da terra,
e as alturas dos montes lhe pertencem.
Dele é o mar, pois ele o fez;
obra de suas mãos, os continentes.
Venham, adoremos e prostremo-nos;
ajoelhemos diante do SENHOR, que nos criou.
Ele é o nosso Deus, e nós somos povo do seu pasto
e ovelhas de sua mão.

Estejam sempre alegres. Orem sem cessar. Em tudo, deem graças, porque esta é a vontade de Deus para vocês em Cristo Jesus.

Referências: 1 Crônicas 16:8-9; Salmo 95:1-7; 1 Tessalonicenses 5:16-18

Textos relacionados: Neemias 12:27-43; Salmos 77; 135:1-7; 148; Lucas 22:14-19

DÊ GRAÇAS PELA PROVISÃO DIVINA

Deem graças ao SENHOR, porque ele é bom,
e a sua misericórdia dura para sempre.
Digam-no os remidos do SENHOR,
os que ele resgatou da mão do inimigo
e congregou dentre as terras,
do Oriente e do Ocidente, do Norte e do Sul.
Andaram errantes pelo deserto, por lugares áridos,
sem achar cidade em que pudessem morar.
Famintos e sedentos, desfalecia neles a alma.
Então, na sua angústia, clamaram ao SENHOR,
e ele os livrou das suas tribulações.
Conduziu-os pelo caminho direito,
para que fossem à cidade em que pudessem morar.
Que eles deem graças ao SENHOR
por sua bondade e por suas maravilhas
para com os filhos dos homens!
Pois saciou a alma sedenta
e encheu de bens a alma faminta.

Que eles deem graças ao SENHOR
por sua bondade e por suas maravilhas
para com os filhos dos homens!
Que ofereçam sacrifícios de ações de graças
e proclamem com júbilo as suas obras!

Referências: Salmo 107:1-9,21-22

Textos relacionados: 2 Crônicas 20:14-26; Salmos 104; 118; 145; Mateus 6:25-34

DÊ GRAÇAS A DEUS ENTRE O SEU POVO

Celebrem com júbilo ao Senhor,
todas as terras.
Sirvam ao SENHOR com alegria,
apresentem-se diante dele com cântico.
Saibam que o SENHOR é Deus;
foi ele quem nos fez, e dele somos;
somos o seu povo e rebanho do seu pastoreio.
Entrem por suas portas com ações de graças
e nos seus átrios, com hinos de louvor;
rendam-lhe graças e bendigam o seu nome.
Porque o SENHOR é bom, a sua misericórdia
dura para sempre, e, de geração em geração,
a sua fidelidade.

Que a paz de Cristo seja o árbitro no coração de vocês, pois foi para essa paz que vocês foram chamados em um só corpo. E sejam agradecidos. Que a palavra de Cristo habite ricamente em vocês. Instruam e aconselhem-se mutuamente em toda a sabedoria, louvando a Deus com salmos, hinos e cânticos espirituais, com gratidão no coração. E tudo o que fizerem, seja em palavra, seja em ação, façam em nome do Senhor Jesus, dando por ele graças a Deus Pai.

Referências: Salmo 100; Colossenses 3:15-17

Textos relacionados: 2 Crônicas 6:41; Salmos 65; 84; 96; Efésios 5:18-20; 3 João 1:11

DÊ GRAÇAS A DEUS POR SEU AMOR

Deem graças ao SENHOR, porque ele é bom,
porque a sua misericórdia dura para sempre.
Deem graças ao Deus dos deuses,
porque a sua misericórdia dura para sempre.
Deem graças ao Senhor dos senhores,
porque a sua misericórdia dura para sempre.

Damos sempre graças a Deus, Pai de nosso Senhor Jesus Cristo, quando oramos por vocês, desde que ouvimos da fé que vocês têm em Cristo Jesus e do amor que vocês têm por todos os santos, por causa da esperança que está guardada para vocês nos céus. Desta esperança vocês ouviram falar anteriormente por meio da palavra da verdade do evangelho, que chegou até vocês. Esse evangelho está produzindo fruto e crescendo em todo o mundo, assim como acontece entre vocês, desde o dia em que ouviram e entenderam a graça de Deus na verdade.

Dou graças ao meu Deus, lembrando sempre de você nas minhas orações, porque tenho ouvido falar da fé que você tem no Senhor Jesus e do seu amor por todos os santos. Oro para que a comunhão da sua fé se torne eficaz no pleno conhecimento de todo o bem que há em nós, para com Cristo. Pois, irmão, o seu amor me trouxe grande alegria e consolo, visto que o coração dos santos tem sido reanimado por você.

Referências: Salmo 136:1-3; Colossenses 1:3-6; Filemom 1:4-7

Textos relacionados: 1 Crônicas 16:34-36; 2 Crônicas 5-7; Salmos 118:1-4; 136:4-26; 2 Coríntios 9:10-15

RECEBA AS DÁDIVAS DE DEUS COM GRATIDÃO

Ora, o Espírito afirma expressamente que, nos últimos tempos, alguns apostatarão da fé, por obedecerem a espíritos enganadores e a ensinos de demônios, pela hipocrisia dos que falam mentiras e que têm a consciência cauterizada, que proíbem o casamento e exigem abstinência de alimentos que Deus criou para serem recebidos com gratidão pelos que creem e conhecem a verdade. Pois tudo o que Deus criou é bom, e, se recebido com gratidão, nada é recusável, porque é santificado pela palavra de Deus e pela oração.

Expondo estas coisas aos irmãos, você será um bom ministro de Cristo Jesus, alimentado com as palavras da fé e da boa doutrina que você tem seguido. Mas rejeite as fábulas profanas e de velhas caducas. Exercite-se, pessoalmente, na piedade. Pois o exercício físico tem algum valor, mas a piedade tem valor para tudo, porque tem a promessa da vida que agora é e da que há de vir. Fiel é esta palavra e digna de inteira aceitação. Pois é para esse fim que trabalhamos e nos esforçamos, porque temos posto a nossa esperança no Deus vivo, Salvador de todos, especialmente dos que creem. Ordene estas coisas e ensine-as.

Referências: 1 Timóteo 4:1-11

Textos relacionados: 1 Crônicas 16:4-14; Romanos 8:18-28; 14; 1 Coríntios 10

AGRADEÇA A DEUS NOS CÉUS

Imediatamente eu me achei no Espírito, e eis que havia um trono armado no céu, e alguém estava sentado no trono. E esse que estava sentado era semelhante, no aspecto, à pedra de jaspe e ao sardônio, e ao redor do trono havia um arco-íris semelhante, no aspecto, à esmeralda. Ao redor do trono havia também vinte e quatro tronos, e neles estavam sentados vinte e quatro anciãos, vestidos de branco e com coroas de ouro na cabeça. Do trono saíam relâmpagos, vozes e trovões, e, diante do trono, estavam acesas sete tochas de fogo, que são os sete espíritos de Deus. Diante do trono havia algo como um mar de vidro, semelhante ao cristal.

No meio do trono e à volta do trono havia também quatro seres viventes cheios de olhos por diante e por detrás.

"Santo, santo, santo é o Senhor Deus,
o Todo-Poderoso, aquele que era, que é
e que há de vir."

Sempre que esses seres viventes davam glória, honra e ações de graças ao que está sentado no trono, ao que vive para todo o sempre, os vinte e quatro anciãos se prostravam diante daquele que está sentado no trono, adoravam o que vive para todo o sempre e depositavam as suas coroas diante do trono, proclamando:

"Tu és digno,
Senhor e Deus nosso,
de receber a glória,
a honra e o poder,
porque criaste todas as coisas
e por tua vontade
elas vieram a existir
e foram criadas".

Referências: Apocalipse 4:2-6,8-11

Textos relacionados: Êxodo 24:1-11; Salmos 103:20-22; 148; Isaías 6; Marcos 10:17-18

TODAS AS COISAS LOUVEM O SENHOR!

Aleluia!
Louvem a Deus no seu santuário;
louvem a Deus no firmamento,
obra do seu poder.
Louvem-no pelos seus poderosos feitos;
louvem-no segundo a sua imensa grandeza.
Louvem-no ao som da trombeta;
louvem-no com harpas e liras.
Louvem-no com tamborins e danças;
louvem-no com instrumentos
de cordas e com flautas.
Louvem-no com címbalos sonoros;
louvem-no com címbalos retumbantes.
Todo ser que respira louve o SENHOR.
Aleluia!

E não se embriaguem com vinho, pois isso leva à devassidão, mas deixem-se encher do Espírito, falando entre vocês com salmos, hinos e cânticos espirituais, cantando e louvando com o coração ao Senhor, dando sempre graças por tudo a nosso Deus e Pai, em nome de nosso Senhor Jesus Cristo.

Referências: Salmo 150; Efésios 5:18-20

Textos relacionados: Êxodo 15:1-21; 1 Crônicas 15–16; Colossenses 3:16-17

JUDEUS E GENTIOS SÃO UM EM CRISTO

Se é que vocês ouviram falar a respeito da dispensação da graça de Deus a mim confiada em favor de vocês, pois, segundo uma revelação, me foi dado a conhecer o mistério, conforme escrevi há pouco, resumidamente. Ao lerem o que escrevi, poderão entender a minha compreensão do mistério de Cristo, o qual, em outras gerações, não foi dado a conhecer aos filhos dos homens, como agora foi revelado aos seus santos apóstolos e profetas, pelo Espírito.

O mistério é que os gentios são coerdeiros, membros do mesmo corpo e coparticipantes da promessa em Cristo Jesus por meio do evangelho, do qual fui constituído ministro conforme o dom da graça de Deus a mim concedida segundo a força operante do seu poder. A mim, o menor de todos os santos, foi dada esta graça de pregar aos gentios o evangelho das insondáveis riquezas de Cristo e manifestar a todos qual é a dispensação do mistério que, durante tempos passados, esteve oculto em Deus, que criou todas as coisas. E isso para que agora, pela igreja, a multiforme sabedoria de Deus se torne conhecida dos principados e das potestades nas regiões celestiais, segundo o eterno propósito que Deus estabeleceu em Cristo Jesus, nosso Senhor. Em Cristo, temos ousadia e acesso a Deus com confiança, mediante a fé nele.

Referências: Efésios 3:2-12

Textos relacionados: Isaías 49:1-6; Atos 15; Gálatas 3:25-29; Efésios 2:11-22

DONS ESPIRITUAIS

Irmãos, não quero que vocês estejam desinformados a respeito dos dons espirituais. Vocês sabem que, quando eram gentios, se deixavam conduzir aos ídolos mudos, conforme vocês eram guiados. Por isso, quero que entendam que ninguém que fala pelo Espírito de Deus afirma: "Anátema, Jesus!" Por outro lado, ninguém pode dizer: "Senhor Jesus!", senão pelo Espírito Santo.

Ora, os dons são diversos, mas o Espírito é o mesmo. E também há diversidade nos serviços, mas o Senhor é o mesmo. E há diversidade nas realizações, mas o mesmo Deus é quem opera tudo em todos. A manifestação do Espírito é concedida a cada um visando um fim proveitoso. Porque a um é dada, mediante o Espírito, a palavra da sabedoria; a outro, segundo o mesmo Espírito, a palavra do conhecimento. A um é dada, no mesmo Espírito, a fé; a outro, no mesmo Espírito, dons de curar; a outro, operações de milagres; a outro, profecia; a outro, discernimento de espíritos. A um é dada a variedade de línguas e a outro, capacidade para interpretá-las. Mas um só e o mesmo Espírito realiza todas essas coisas, distribuindo-as a cada um, individualmente, conforme ele quer.

Porque, assim como o corpo é um e tem muitos membros, e todos os membros, mesmo sendo muitos, constituem um só corpo, assim também é com respeito a Cristo. Pois, em um só Espírito, todos nós fomos batizados em um só corpo, quer judeus, quer gregos, quer escravos, quer livres. E a todos nós foi dado beber de um só Espírito.

Referências: 1 Coríntios 12:1-13

Textos relacionados: Romanos 12:1-8; 1 Coríntios 13-14; Efésios 4:1-16; Hebreus 2:1-4; 1 Pedro 4:7-11

DEZEMBRO

Creio que a intenção das Sagradas Escrituras era convencer os homens quanto as verdades necessárias à salvação; verdades essas que nem a ciência nem outros meios poderiam tornar críveis, mas apenas a voz do Espírito Santo.

Galileu Galilei (1564–1642)

Astrônomo italiano

Considero que um estudo aprofundado da Bíblia é uma educação abrangente para qualquer pessoa. Quase todos os grandes homens do nosso país foram bem versados nos ensinamentos da Bíblia.

Franklin D. Roosevelt (1882–1945)

Presidente norte-americano

Na Bíblia, encontrei palavras para os meus pensamentos mais íntimos, canções para a minha alegria; palavras para as minhas dores escondidas e súplicas para a minha vergonha e fraqueza.

Samuel Taylor Coleridge (1772–1834)

Poeta inglês

ESPERANÇA FUTURA, RECOMPENSA FUTURA

Pois sabemos que, se a nossa casa terrestre deste tabernáculo se desfizer, temos da parte de Deus um edifício, uma casa não feita por mãos humanas, eterna, nos céus. E, por isso, neste tabernáculo gememos, desejando muito ser revestidos da nossa habitação celestial; se, de fato, formos encontrados vestidos e não nus. Pois nós, os que estamos neste tabernáculo, gememos angustiados, não por querermos ser despidos, mas revestidos, para que o mortal seja absorvido pela vida. Ora, foi o próprio Deus quem nos preparou para isto, dando-nos o penhor do Espírito.

Por isso, temos sempre confiança e sabemos que, enquanto no corpo, estamos ausentes do Senhor. Porque andamos por fé e não pelo que vemos. Sim, temos tal confiança e preferimos deixar o corpo e habitar com o Senhor. É por isso que também nos esforçamos para ser agradáveis a ele, quer presentes, quer ausentes. Porque é necessário que todos nós compareçamos diante do tribunal de Cristo, para que cada um receba segundo o bem ou o mal que tiver feito por meio do corpo.

Referências: 2 Coríntios 5:1-10

Textos relacionados: Eclesiastes 12; João 11:20-27; Romanos 14:1-13; 1 Coríntios 15:35-54; Filipenses 1:20-26

SELADO PARA A SALVAÇÃO

Bendito seja o Deus e Pai de nosso Senhor Jesus Cristo, que nos abençoou com todas as bênçãos espirituais nas regiões celestiais em Cristo. Antes da fundação do mundo, Deus nos escolheu, nele, para sermos santos e irrepreensíveis diante dele. Em amor nos predestinou para ele, para sermos adotados como seus filhos, por meio de Jesus Cristo, segundo o propósito de sua vontade, para louvor da glória de sua graça, que ele nos concedeu gratuitamente no Amado. Nele temos a redenção, pelo seu sangue, a remissão dos pecados, segundo a riqueza da sua graça, que Deus derramou abundantemente sobre nós em toda a sabedoria e entendimento. Ele nos revelou o mistério da sua vontade, segundo o seu propósito, que ele apresentou em Cristo, de fazer convergir nele, na dispensação da plenitude dos tempos, todas as coisas, tanto as do céu como as da terra. Em Cristo fomos também feitos herança, predestinados segundo o propósito daquele que faz todas as coisas conforme o conselho da sua vontade, a fim de sermos para louvor da sua glória, nós, os que de antemão esperamos em Cristo. Nele também vocês, depois que ouviram a palavra da verdade, o evangelho da salvação, tendo nele também crido, receberam o selo do Espírito Santo da promessa. O Espírito é o penhor da nossa herança, até o resgate da sua propriedade, em louvor da sua glória.

Referências: Efésios 1:3-14

Textos relacionados: Salmo 113; Romanos 8:29-39; Efésios 2:4-10; Apocalipse 3:5; 13:8; 17:8; 20:15

HUMILDADE E GLÓRIA

Portanto, se existe alguma exortação em Cristo, alguma consolação de amor, alguma comunhão do Espírito, se há profundo afeto e sentimento de compaixão, então completem a minha alegria, tendo o mesmo modo de pensar, tendo o mesmo amor e sendo unidos de alma e mente. Não façam nada por interesse pessoal ou vaidade, mas por humildade, cada um considerando os outros superiores a si mesmo, não tendo em vista somente os seus próprios interesses, mas também os dos outros.

Tenham entre vocês o mesmo modo de pensar de Cristo Jesus, que, mesmo existindo na forma de Deus, não considerou o ser igual a Deus algo que deveria ser retido a qualquer custo. Pelo contrário, ele se esvaziou, assumindo a forma de servo, tornando-se semelhante aos seres humanos. E, reconhecido em figura humana, ele se humilhou, tornando-se obediente até a morte, e morte de cruz. Por isso também Deus o exaltou sobremaneira e lhe deu o nome que está acima de todo nome, para que ao nome de Jesus se dobre todo joelho, nos céus, na terra e debaixo da terra, e toda língua confesse que Jesus Cristo é Senhor, para glória de Deus Pai.

Referências: Filipenses 2:1-11

Textos relacionados: Isaías 45:22-25; João 13:1-15; Romanos 14:11-12; 1 Coríntios 15:20-28; Filipenses 2:19-21; 1 Pedro 5:5-6

CONHECER A CRISTO

Se alguém pensa que pode confiar na carne, eu ainda mais: fui circuncidado no oitavo dia, sou da linhagem de Israel, da tribo de Benjamim, hebreu de hebreus; quanto à lei, eu era fariseu; quanto ao zelo, perseguidor da igreja; quanto à justiça que há na lei, irrepreensível.

Mas o que para mim era lucro, isto considerei perda por causa de Cristo. Na verdade, considero tudo como perda, por causa da sublimidade do conhecimento de Cristo Jesus, meu Senhor. Por causa dele perdi todas as coisas e as considero como lixo, para ganhar a Cristo e ser achado nele, não tendo justiça própria, que procede de lei, mas aquela que é mediante a fé em Cristo, a justiça que procede de Deus, baseada na fé. O que eu quero é conhecer Cristo e o poder da sua ressurreição, tomar parte nos seus sofrimentos e me tornar como ele na sua morte, para, de algum modo, alcançar a ressurreição dentre os mortos.

Não que eu já tenha recebido isso ou já tenha obtido a perfeição, mas prossigo para conquistar aquilo para o que também fui conquistado por Cristo Jesus. Irmãos, quanto a mim, não julgo havê-lo alcançado, mas uma coisa faço: esquecendo-me das coisas que ficam para trás e avançando para as que estão diante de mim, prossigo para o alvo, para o prêmio da soberana vocação de Deus em Cristo Jesus.

Referências: Filipenses 3:4-14

Textos relacionados: Salmo 18:30-33; Mateus 5:43-48; Marcos 8:34-37; Atos 22:1-21; Colossenses 1:24; Hebreus 12:1-3

A SUPREMACIA DE CRISTO

Ele é a imagem do Deus invisível, o primogênito de toda a criação. Pois nele foram criadas todas as coisas, nos céus e sobre a terra, as visíveis e as invisíveis, sejam tronos, sejam soberanias, quer principados, quer potestades. Tudo foi criado por meio dele e para ele. Ele é antes de todas as coisas. Nele tudo subsiste. Ele é a cabeça do corpo, que é a igreja. Ele é o princípio, o primogênito dentre os mortos, para ter a primazia em todas as coisas. Porque Deus achou por bem que, nele, residisse toda a plenitude e que, havendo feito a paz pelo sangue da sua cruz, por meio dele, reconciliasse consigo mesmo todas as coisas, quer sobre a terra, quer nos céus.

E vocês que, no passado, eram estranhos e inimigos no entendimento pelas obras más que praticavam, agora, porém, ele os reconciliou no corpo da sua carne, mediante a sua morte, para apresentá-los diante dele santos, inculpáveis e irrepreensíveis, se é que vocês permanecem na fé, alicerçados e firmes, não se deixando afastar da esperança do evangelho que vocês ouviram e que foi pregado a toda criatura debaixo do céu, e do qual eu, Paulo, me tornei ministro.

Referências: Colossenses 1:15-23

Textos relacionados: Gênesis 1:26; João 1:1-18; Romanos 5:9-11; 2 Coríntios 5:17-21; Colossenses 2:9-10; Hebreus 1:1-3

ENCONTRO COM O SENHOR NOS ARES

Irmãos, não queremos que vocês ignorem a verdade a respeito dos que dormem, para que não fiquem tristes como os demais, que não têm esperança. Pois, se cremos que Jesus morreu e ressuscitou, assim também Deus, mediante Jesus, trará, na companhia dele, os que dormem.

E, pela palavra do Senhor, ainda lhes declaramos o seguinte: nós, os vivos, os que ficarmos até a vinda do Senhor, de modo nenhum precederemos os que dormem. Porque o Senhor mesmo, dada a sua palavra de ordem, ouvida a voz do arcanjo e ressoada a trombeta de Deus, descerá dos céus, e os mortos em Cristo ressuscitarão primeiro; depois, nós, os vivos, os que ficarmos, seremos arrebatados juntamente com eles, entre nuvens, para o encontro com o Senhor nos ares, e, assim, estaremos para sempre com o Senhor. Portanto, consolem uns aos outros com estas palavras.

Irmãos, no que se refere aos tempos e às épocas, não há necessidade de que eu lhes escreva. Porque vocês sabem perfeitamente que o Dia do Senhor vem como ladrão à noite. Quando andarem dizendo: "Paz e segurança", eis que lhes sobrevirá repentina destruição, como vêm as dores de parto à mulher que está para dar à luz; e de modo nenhum escaparão.

Mas vocês, irmãos, não estão em trevas, para que esse Dia os apanhe de surpresa como ladrão.

Referências: 1 Tessalonicenses 4:13–5:4

Textos relacionados: Daniel 12:1-3; Mateus 24; 2 Pedro 3; Apocalipse 3:1-6

É BOM TRABALHAR

Irmãos, em nome do nosso Senhor Jesus Cristo, ordenamos a vocês que se afastem de todo irmão que vive de forma desordenada e não segundo a tradição que vocês receberam de nós. Porque vocês mesmos sabem como devem nos imitar, visto que nunca vivemos de forma desordenada quando estivemos entre vocês, nem jamais comemos pão à custa dos outros. Pelo contrário, trabalhamos com esforço e fadiga, de noite e de dia, a fim de não sermos pesados a nenhum de vocês. Não que não tivéssemos o direito de receber algo, mas porque tínhamos em vista apresentar a nós mesmos como exemplo, para que vocês nos imitassem. Porque, quando ainda estávamos com vocês, ordenamos isto: "Se alguém não quer trabalhar, também não coma".

Pois, de fato, ouvimos que há entre vocês algumas pessoas que vivem de forma desordenada. Não trabalham, mas se intrometem na vida dos outros. A essas pessoas determinamos e exortamos, no Senhor Jesus Cristo, que, trabalhando tranquilamente, comam o seu próprio pão. Quanto a vocês, irmãos, não se cansem de fazer o bem.

Caso alguém não obedeça à nossa palavra dada por esta carta, vejam de quem se trata e não se associem com ele, para que fique envergonhado. Contudo, não o tratem como inimigo, mas admoestem-no como irmão.

Referências: 2 Tessalonicenses 3:6-15

Textos Relacionados: Gênesis 1:26-30; 2:15; 1 Coríntios 9; 2 Coríntios 12:12-18; 1 Tessalonicenses 2:1-12

PIEDADE E CONTENTAMENTO

Se alguém ensina outra doutrina e não concorda com as sãs palavras de nosso Senhor Jesus Cristo e com o ensino segundo a piedade, esse é orgulhoso e não entende nada, mas tem um desejo doentio por discussões e brigas a respeito de palavras. É daí que nascem a inveja, a provocação, as difamações, as suspeitas malignas e as polêmicas sem fim da parte de pessoas cuja mente é pervertida e que estão privadas da verdade, supondo que a piedade é fonte de lucro.

De fato, grande fonte de lucro é a piedade com o contentamento. Porque nada trouxemos para o mundo, nem coisa alguma podemos levar dele. Tendo sustento e com que nos vestir, estejamos contentes. Mas os que querem ficar ricos caem em tentação, em armadilhas e em muitos desejos insensatos e nocivos, que levam as pessoas a se afundar na ruína e na perdição. Porque o amor ao dinheiro é a raiz de todos os males; e alguns, nessa cobiça, se desviaram da fé e atormentaram a si mesmos com muitas dores.

Exorte os ricos deste mundo a que não sejam orgulhosos, nem depositem a sua esperança na instabilidade da riqueza, mas em Deus, que tudo nos proporciona ricamente para o nosso prazer. Que eles façam o bem, sejam ricos em boas obras, generosos em dar e prontos a repartir; ajuntando para si mesmos um tesouro que é sólido fundamento para o futuro, a fim de tomarem posse da verdadeira vida.

Referências: 1 Timóteo 6:3-10,17-19

Textos relacionados: Salmo 112:4; Provérbios11:24-26; 14:31; 19:17; 22:9; 28:8; Lucas 12:13-34; 16:1-15; Filipenses 4:10-14

O BENEFÍCIO DAS ESCRITURAS

Mas você precisa saber disto: nos últimos dias sobrevirão tempos difíceis. Pois os seres humanos serão egoístas, avarentos, orgulhosos, arrogantes, blasfemadores, desobedientes aos pais, ingratos, ímpios, sem afeição natural, implacáveis, caluniadores, sem domínio de si, cruéis, inimigos do bem, traidores, atrevidos, convencidos, mais amigos dos prazeres do que amigos de Deus, tendo forma de piedade, mas negando o poder dela. Fique longe também destes.

Mas você tem seguido de perto o meu ensino, a minha conduta, o meu propósito, a minha fé, a minha paciência, o meu amor, a minha perseverança, as minhas perseguições e os meus sofrimentos, os quais tive de enfrentar em Antioquia, Icônio e Listra. Quantas perseguições sofri! Porém o Senhor me livrou de todas elas. Na verdade, todos os que querem viver piedosamente em Cristo Jesus serão perseguidos. Mas os perversos e impostores irão de mal a pior, enganando e sendo enganados.

Quanto a você, permaneça naquilo que aprendeu e em que acredita firmemente, sabendo de quem você o aprendeu e que, desde a infância, você conhece as sagradas letras, que podem torná-lo sábio para a salvação pela fé em Cristo Jesus. Toda a Escritura é inspirada por Deus e útil para o ensino, para a repreensão, para a correção, para a educação na justiça, a fim de que o servo de Deus seja perfeito e perfeitamente habilitado para toda boa obra.

Referências: 2 Timóteo 3:1-5,10-17

Textos relacionados: Isaías 40:6-8; Mateus 5:10-12; Atos 14; 2 Coríntios 4; 12:1-10; 1 Pedro 1:23–2:3

JESUS: NOSSO SUMO SACERDOTE

Tendo, pois, Jesus, o Filho de Deus, como grande sumo sacerdote que adentrou os céus, conservemos firmes a nossa confissão. Porque não temos sumo sacerdote que não possa se compadecer das nossas fraquezas; pelo contrário, ele foi tentado em todas as coisas, à nossa semelhança, mas sem pecado. Portanto, aproximemo-nos do trono da graça com confiança, a fim de recebermos misericórdia e encontrarmos graça para ajuda em momento oportuno.

Ele, Jesus, nos dias da sua carne, tendo oferecido, com forte clamor e lágrimas, orações e súplicas a quem o podia livrar da morte, foi ouvido por causa da sua reverência. Embora fosse Filho, aprendeu a obediência pelas coisas que sofreu e, tendo sido aperfeiçoado, tornou-se o Autor da salvação eterna para todos os que lhe obedecem. E Deus o nomeou sumo sacerdote, segundo a ordem de Melquisedeque.

Por isso mesmo, era necessário que, em todas as coisas, ele se tornasse semelhante aos irmãos, para ser misericordioso e fiel sumo sacerdote nas coisas referentes a Deus e para fazer propiciação pelos pecados do povo. Pois, naquilo que ele mesmo sofreu, quando foi tentado, é poderoso para socorrer os que são tentados.

Referências: Hebreus 4:14-16; 5:7-10; 2:17-18

Textos relacionados: Gênesis 14:18-20; Salmo 110; Mateus 4:1-11

HERÓIS DA FÉ: PARTE 1

Ora, a fé é a certeza de coisas que se esperam, a convicção de fatos que não se veem. Pois, pela fé, os antigos obtiveram bom testemunho. Pela fé, entendemos que o universo foi formado pela palavra de Deus, de maneira que o visível veio a existir das coisas que não são visíveis.

Pela fé, Abel ofereceu a Deus um sacrifício mais excelente do que Caim, pelo qual obteve testemunho de ser justo, tendo a aprovação de Deus quanto às suas ofertas. Por meio da fé, mesmo depois de morto, ainda fala.

Pela fé, Enoque foi levado a fim de não passar pela morte; **não foi achado, porque Deus o havia levado**. Pois, antes de ser levado, obteve testemunho de que havia agradado a Deus. De fato, sem fé é impossível agradar a Deus, porque é necessário que aquele que se aproxima de Deus creia que ele existe e que recompensa os que o buscam.

Pela fé, Noé, divinamente instruído a respeito de acontecimentos que ainda não se viam e sendo temente a Deus, construiu uma arca para a salvação de sua família. Assim, ele condenou o mundo e se tornou herdeiro da justiça que vem da fé.

Pela fé, Abraão, quando chamado, obedeceu, a fim de ir para um lugar que devia receber como herança; e partiu sem saber para onde ia.

Referências: Hebreus 11:1-8

Textos relacionados: Gênesis 1; 4:1-16; 5:23-24; 6–8; 12; Judas 1:14-15

HERÓIS DA FÉ: PARTE 2

Pela fé, também, a própria Sara, apesar de não poder ter filhos e já ser idosa, recebeu poder para ser mãe, pois considerou fiel aquele que lhe havia feito a promessa. Por isso, também de um só homem, praticamente morto, saiu uma posteridade tão numerosa como as estrelas do céu e inumerável como a areia que está na praia do mar.

Pela fé, Abraão, quando posto à prova, ofereceu Isaque. Aquele que acolheu as promessas de Deus estava a ponto de sacrificar o seu único filho, do qual havia sido dito: "A sua descendência virá por meio de Isaque". Abraão considerou que Deus era poderoso até para ressuscitar Isaque dentre os mortos, de onde também figuradamente o recebeu de volta.

Pela fé, Moisés, sendo homem feito, recusou ser chamado filho da filha de Faraó, preferindo ser maltratado junto com o povo de Deus a usufruir prazeres transitórios do pecado. Ele entendeu que ser desprezado por causa de Cristo era uma riqueza maior do que os tesouros do Egito, porque contemplava a recompensa.

Pela fé, Moisés abandonou o Egito, não ficando amedrontado com a ira do rei, pois permaneceu firme como quem vê aquele que é invisível.

Todos estes, mesmo tendo obtido bom testemunho por meio da fé, não obtiveram a concretização da promessa, porque Deus tinha previsto algo melhor para nós, para que eles, sem nós, não fossem aperfeiçoados.

Referências: Hebreus 11:11-12,17-19,24-27,39-40

Textos relacionados: Gênesis 21–22; Êxodo 2–3; Hebreus 10:36-39

SABEDORIA NAS PROVAÇÕES

Meus irmãos, tenham por motivo de grande alegria o fato de passarem por várias provações, sabendo que a provação da fé que vocês têm produz perseverança. Ora, a perseverança deve ter ação completa, para que vocês sejam perfeitos e íntegros, sem que lhes falte nada.

Se, porém, algum de vocês necessita de sabedoria, peça a Deus, que a todos dá com generosidade e sem reprovações, e ela lhe será concedida. Peça-a, porém, com fé, em nada duvidando, pois o que duvida é semelhante à onda do mar, impelida e agitada pelo vento. Que uma pessoa dessas não pense que alcançará do Senhor alguma coisa, sendo indecisa e inconstante em todos os seus caminhos.

Bem-aventurado é aquele que suporta com perseverança a provação. Porque, depois de ter sido aprovado, receberá a coroa da vida, a qual o Senhor prometeu aos que o amam. Ninguém, ao ser tentado, diga: "Sou tentado por Deus". Porque Deus não pode ser tentado pelo mal e ele mesmo não tenta ninguém. Ao contrário, cada um é tentado pela sua própria cobiça, quando esta o atrai e seduz. Então a cobiça, depois de haver concebido, dá à luz o pecado; e o pecado, uma vez consumado, gera a morte.

Referências: Tiago 1:2-8,12-15

Textos relacionados: Jó 1–42; Mateus 6:9-13; 21:18-22; 1 Coríntios 10:12-13

CONTROLAR A LÍNGUA

Meus irmãos, não sejam, muitos de vocês, mestres, sabendo que seremos julgados com mais rigor. Porque todos tropeçamos em muitas coisas. Se alguém não tropeça no falar, é um indivíduo perfeito, capaz de refrear também todo o corpo. Ora, se colocamos um freio na boca dos cavalos, para que nos obedeçam, também lhes dirigimos o corpo inteiro. Observem, igualmente, os navios que, sendo tão grandes e impelidos por fortes ventos, são dirigidos por um pequeníssimo leme, e levados para onde o piloto quer. Assim, também a língua, pequeno órgão, se gaba de grandes coisas. Vejam como uma fagulha incendeia uma grande floresta! Ora, a língua é um fogo; é um mundo de maldade. A língua está situada entre os membros do nosso corpo e contamina o corpo inteiro, e não só põe em chamas toda a carreira da existência humana, como também ela mesma é posta em chamas pelo inferno. Pois toda espécie de animais, de aves, de répteis e de seres marinhos se doma e tem sido domada pelo gênero humano, mas a língua ninguém é capaz de domar; é mal incontido, cheio de veneno mortal. Com ela, bendizemos o Senhor e Pai; também, com ela, amaldiçoamos as pessoas, criadas à semelhança de Deus. De uma só boca procede bênção e maldição. Meus irmãos, isso não deveria ser assim. Por acaso pode a fonte jorrar do mesmo lugar água doce e água amarga? Meus irmãos, será que a figueira pode produzir azeitonas ou a videira, figos? Assim, também, uma fonte de água salgada não pode dar água doce.

Referências: Tiago 3:1-12

Textos relacionados: Salmo 12; Provérbios 6:16-19; 10:18-21,31-32; 12:17-19,22

A PROMESSA DE SALVAÇÃO

Bendito seja o Deus e Pai de nosso Senhor Jesus Cristo, que, segundo a sua grande misericórdia, nos regenerou para uma viva esperança, mediante a ressurreição de Jesus Cristo dentre os mortos, para uma herança que não pode ser destruída, que não fica manchada, que não murcha e que está reservada nos céus para vocês, que são guardados pelo poder de Deus, mediante a fé, para a salvação preparada para ser revelada no último tempo. Nisso vocês exultam, embora, no presente, por breve tempo, se necessário, sejam contristados por várias provações, para que, uma vez confirmado o valor da fé que vocês têm, muito mais preciosa do que o ouro perecível, mesmo apurado pelo fogo, resulte em louvor, glória e honra na revelação de Jesus Cristo. Mesmo sem tê-lo visto vocês o amam. Mesmo não o vendo agora, mas crendo nele, exultam com uma alegria indescritível e cheia de glória, obtendo o alvo dessa fé: a salvação da alma.

Foi a respeito desta salvação que os profetas indagaram e investigaram. Eles profetizaram a respeito da graça destinada a vocês, investigando qual a ocasião ou quais as circunstâncias oportunas que eram indicadas pelo Espírito de Cristo, que neles estava, ao predizer os sofrimentos que Cristo teria de suportar e as glórias que viriam depois desses sofrimentos. A eles foi revelado que, não para si mesmos, mas para vocês, ministravam as coisas que, agora, foram anunciadas a vocês por aqueles que, pelo Espírito Santo enviado do céu, lhes pregaram o evangelho, coisas essas que anjos desejam contemplar.

Referências: 1 Pedro 1:3-12

Textos relacionados: Isaías 52:13–53:12; Zacarias 13:7-9; Hebreus 1–2; Tiago 1

PEDRAS VIVAS E A PEDRA ANGULAR

Portanto, abandonem toda maldade, todo engano, hipocrisia e inveja, bem como todo tipo de maledicência. Como crianças recém-nascidas, desejem o genuíno leite espiritual, para que, por ele, lhes seja dado crescimento para a salvação, se é que vocês já têm a experiência de que o Senhor é bondoso.

Chegando-se a ele, a pedra que vive, rejeitada, sim, pelos homens, mas para com Deus eleita e preciosa, também vocês, como pedras que vivem, são edificados casa espiritual para serem sacerdócio santo, a fim de oferecerem sacrifícios espirituais agradáveis a Deus por meio de Jesus Cristo. Pois isso está na Escritura:

"Eis que ponho em Sião uma pedra angular,
eleita e preciosa; e quem nela crer
não será envergonhado".

Portanto, para vocês, os que creem, esta pedra é preciosa. Mas, para os descrentes,

"A pedra que os construtores rejeitaram,
essa veio a ser a pedra angular".
E:
"Pedra de tropeço e rocha de ofensa".

São estes os que tropeçam na palavra, sendo desobedientes, para o que também foram destinados.

Vocês, porém, **são geração eleita, sacerdócio real, nação santa, povo de propriedade exclusiva de Deus, a fim de proclamar as virtudes** daquele que os chamou das trevas para a sua maravilhosa luz. Antes, vocês nem eram povo, mas agora são povo de Deus; antes, não tinham alcançado misericórdia, mas agora alcançaram misericórdia.

Referências: 1 Pedro 2:1-10

Textos relacionados: Salmos 34; 118:22-29; Isaías 28:16-17; Mateus 16:13-19; Lucas 20:9-19; Hebreus 5:11-14

A ESTRELA DA MANHÃ

Porque não lhes demos a conhecer o poder e a vinda do nosso Senhor Jesus Cristo seguindo fábulas engenhosamente inventadas, mas nós mesmos fomos testemunhas oculares da sua majestade. Porque ele recebeu honra e glória da parte de Deus Pai, quando, pela Suprema Glória, lhe foi enviada a seguinte voz: "Este é o meu Filho amado, em quem me agrado". Ora, nós ouvimos esta voz vinda do céu quando estávamos com ele no monte santo. Assim, temos ainda mais segura a palavra profética, e vocês fazem bem em dar atenção a ela, como a uma luz que brilha em lugar escuro, até que o dia clareie e a estrela da alva nasça no coração de vocês. Primeiramente, porém, saibam que nenhuma profecia da Escritura provém de interpretação pessoal; porque nunca jamais qualquer profecia foi dada por vontade humana; entretanto, homens falaram da parte de Deus, movidos pelo Espírito Santo.

Lâmpada para os meus pés
é a tua palavra;
ela é luz para os meus caminhos.

Eu, Jesus, enviei o meu anjo para dar testemunho destas coisas a vocês nas igrejas. Eu sou a Raiz e a Geração de Davi, a brilhante Estrela da Manhã.

Referências: 2 Pedro 1:16-21; Salmo 119:105; Apocalipse 22:16

Textos relacionados: Isaías 61; Jeremias 26; Amós 3:1-8; Marcos 9:2-9; Lucas 1:1-4

AMEM UNS AOS OUTROS

Meus filhinhos, escrevo-lhes estas coisas para que vocês não pequem. Mas, se alguém pecar, temos Advogado junto ao Pai, Jesus Cristo, o Justo. E ele é a propiciação pelos nossos pecados — e não somente pelos nossos próprios, mas também pelos do mundo inteiro. E nisto sabemos que o temos conhecido: se guardamos os seus mandamentos. Aquele que diz: "Eu o conheço", mas não guarda os seus mandamentos, esse é mentiroso, e a verdade não está nele. Mas quem guarda a sua palavra, nele verdadeiramente tem sido aperfeiçoado o amor de Deus. Nisto sabemos que estamos nele: quem diz que permanece nele, esse deve também andar assim como ele andou.

Amados, não lhes escrevo um mandamento novo, mas um mandamento antigo, que vocês tiveram desde o princípio. Esse mandamento antigo é a palavra que vocês ouviram. Por outro lado, o que lhes escrevo é um mandamento novo, aquilo que é verdadeiro nele e em vocês, porque as trevas vão se dissipando, e a verdadeira luz já brilha.

Eu lhes dou um novo mandamento: que vocês amem uns aos outros. Assim como eu os amei, que também vocês amem uns aos outros. Nisto todos conhecerão que vocês são meus discípulos: se tiverem amor uns aos outros.

Referências: 1 João 2:1-8; João 13:34-35

Textos relacionados: 1 Reis 8:46-51; Salmo 119:9-11; João 14:15; Hebreus 2:17-18; 4:14-16; 1 João 3:11-24

O AMOR DO PAI

Não amem o mundo nem as coisas que há no mundo. Se alguém amar o mundo, o amor do Pai não está nele. Porque tudo o que há no mundo — os desejos da carne, os desejos dos olhos e a soberba da vida — não procede do Pai, mas procede do mundo. Ora, o mundo passa, bem como os seus desejos; mas aquele que faz a vontade de Deus permanece para sempre.

Vejam que grande amor o Pai nos tem concedido, a ponto de sermos chamados filhos de Deus; e, de fato, somos filhos de Deus. Por essa razão, o mundo não nos conhece, porque não o conheceu.

Todo aquele que crê que Jesus é o Cristo é nascido de Deus, e quem ama aquele que o gerou ama também o que dele é nascido. Nisto sabemos que amamos os filhos de Deus: quando amamos a Deus e praticamos os seus mandamentos. Porque este é o amor de Deus: que guardemos os seus mandamentos. E os seus mandamentos não são difíceis de guardar. Porque todo o que é nascido de Deus vence o mundo. E esta é a vitória que vence o mundo: a nossa fé. Quem é o que vence o mundo, senão aquele que crê que Jesus é o Filho de Deus?

Referências: 1 João 2:15-17; 3:1; 5:1-5

Textos relacionados: Deuteronômio 30:11-16; João 15:17-25; 1 João 4:7-21

ANTICRISTOS

Filhinhos, esta é a última hora. E, como vocês ouviram que o anticristo vem, também agora muitos anticristos têm surgido; por isso sabemos que é a última hora. Eles saíram do nosso meio, mas não eram dos nossos. Porque, se tivessem sido dos nossos, teriam permanecido conosco. Mas eles se foram para que ficasse manifesto que nenhum deles é dos nossos.

Mas vocês têm a unção que vem do Santo e todos têm conhecimento. Não escrevi a vocês porque não conhecem a verdade, mas porque vocês a conhecem, e porque nenhuma mentira procede da verdade. Quem é o mentiroso, senão aquele que nega que Jesus é o Cristo? Este é o anticristo, o que nega o Pai e o Filho. Todo aquele que nega o Filho, esse não tem o Pai; e aquele que confessa o Filho tem igualmente o Pai.

Porque muitos enganadores têm saído mundo afora, os quais não confessam que Jesus Cristo veio em carne; este é o enganador e o anticristo. Tenham cuidado para que não percam aquilo que temos realizado com esforço, mas recebam plena recompensa.

Todo aquele que vai além da doutrina de Cristo e nela não permanece não tem Deus; o que permanece na doutrina, esse tem tanto o Pai como o Filho. Se alguém for até vocês e não levar esta doutrina, não o recebam em casa, nem lhe deem as boas-vindas. Porque aquele que lhe dá boas-vindas se faz cúmplice das suas obras más.

Referências: 1 João 2:18-23; 2 João 1:7-11

Textos relacionados: Provérbios13:5; Isaías 44:24-25; Jeremias 14:14-15; 2 Timóteo 3; 2 Pedro 2–3

SALVAÇÃO COMPARTILHADA

Amados, quando eu me empenhava para escrever-lhes a respeito da salvação que temos em comum, senti que era necessário corresponder-me com vocês, para exortá-los a lutar pela fé que uma vez por todas foi entregue aos santos. Pois certos indivíduos, cuja sentença de condenação foi promulgada há muito tempo, se infiltraram no meio de vocês sem serem notados. São pessoas ímpias, que transformam em libertinagem a graça do nosso Deus e negam o nosso único Soberano e Senhor, Jesus Cristo.

Mas vocês, meus amados, lembrem-se das palavras anteriormente proferidas pelos apóstolos de nosso Senhor Jesus Cristo. Eles diziam a vocês: "Nos últimos tempos, haverá zombadores, andando segundo suas ímpias paixões". São estes os que promovem divisões, seguem os seus próprios instintos e não têm o Espírito.

Mas vocês, meus amados, edificando-se na fé santíssima que vocês têm, orando no Espírito Santo, mantenham-se no amor de Deus, esperando a misericórdia do nosso Senhor Jesus Cristo, que conduz para a vida eterna. E tenham compaixão de alguns que estão em dúvida; salvem outros, arrebatando-os do fogo; quanto a outros, sejam também compassivos, mas com temor, detestando até a roupa contaminada pela carne.

E ao Deus que é poderoso para evitar que vocês tropecem e que pode apresentá-los irrepreensíveis diante da sua glória, com grande alegria, a este que é o único Deus, nosso Salvador, mediante Jesus Cristo, Senhor nosso, sejam a glória, a majestade, o poder e a autoridade, antes de todas as eras, agora, e por toda a eternidade. Amém!

Referências: Judas 1:3-4,17-25

Textos relacionados: Amós 4:11; Zacarias 3; Atos 20:28-31; 1 Timóteo 4:1-6; 2 Pedro 1:3

O UNGIDO REI DO SENHOR

Por que se enfurecem as nações e os povos imaginam coisas vãs?
Os reis da terra se levantam, e as autoridades conspiram
contra o SENHOR e contra o seu Ungido, dizendo:
"Vamos romper os seus laços
e sacudir de nós as suas algemas".
Aquele que habita nos céus dá risada;
o Senhor zomba deles.
Na sua ira, a seu tempo, lhes falará
e no seu furor os deixará apavorados, dizendo:
"Eu constituí o meu Rei sobre o meu santo monte Sião".
O rei diz: "Proclamarei o decreto do SENHOR.
Ele me disse: 'Você é meu Filho, hoje eu gerei você.
Peça, e eu lhe darei as nações por herança
e as extremidades da terra por sua possessão.
Com uma vara de ferro você as quebrará
e as despedaçará como um vaso de oleiro'".
Agora, pois, ó reis, sejam prudentes;
deixem-se advertir, juízes da terra.
Sirvam o SENHOR com temor
e alegrem-se nele com tremor.
Beijem o Filho para que não se irrite,
e não pereçam no caminho;
porque em breve se acenderá a sua ira.
Bem-aventurados todos os que nele se refugiam.

Referências: Salmo 2

Textos relacionados: 2 Samuel 7; 1 Crônicas 17; Marcos 1:1-11; Apocalipse 2:18-29

FILHO DE DAVI E SENHOR

Disse o SENHOR ao meu senhor:
"Sente-se à minha direita,
até que eu ponha os seus inimigos
por estrado dos seus pés".
O SENHOR lhe enviará de Sião
o cetro do poder, dizendo: "Domine
entre os seus inimigos".
O seu povo se apresentará
voluntariamente,
no dia em que você manifestar
o seu poder; com santos ornamentos,
como o orvalho do alvorecer,
virão os seus jovens.
O SENHOR jurou e não voltará atrás:
"Você é sacerdote para sempre,
segundo a ordem de Melquisedeque".
O Senhor, à sua direita,
no dia em que se irar, esmagará os reis.
Ele julgará entre as nações,
enchendo-as de cadáveres;
esmagará cabeças por toda a terra.
No caminho, beberá água na torrente
e passará de cabeça erguida.

Ora, os outros são feitos sacerdotes em maior número, porque a morte os impede de continuar; Jesus, no entanto, porque continua para sempre, tem o seu sacerdócio imutável. Por isso, também pode salvar totalmente os que por ele se aproximam de Deus, vivendo sempre para interceder por eles.

Porque nos convinha um sumo sacerdote como este, santo, inculpável, sem mácula, separado dos pecadores e exaltado acima dos céus.

Referências: Salmo 110; Hebreus 7:23-26

Textos relacionados: Gênesis 14:18-20; Mateus 22:41-46; Hebreus 5:1-10; 7

CRISTO NASCEU

José também saiu da Galileia, da cidade de Nazaré, e foi para a Judeia, até a cidade de Davi, chamada Belém, por ser ele da casa e família de Davi, a fim de alistar-se com Maria, sua esposa, que estava grávida. E aconteceu que, estando eles ali, chegou o tempo de ela ter a criança. Então Maria deu à luz o seu filho primogênito, enfaixou o menino e o deitou numa manjedoura, porque não havia lugar para eles na hospedaria.

Havia, naquela mesma região, pastores que viviam nos campos e guardavam os seus rebanhos durante as vigílias da noite. E um anjo do Senhor desceu aonde eles estavam, e a glória do Senhor brilhou ao redor deles; e ficaram tomados de grande temor. O anjo, porém, lhes disse:

—Não tenham medo! Estou aqui para lhes trazer boa-nova de grande alegria, que será para todo o povo: é que hoje, na cidade de Davi, lhes nasceu o Salvador, que é Cristo, o Senhor. E isto servirá a vocês de sinal: vocês encontrarão uma criança envolta em faixas e deitada em manjedoura.

E, de repente, apareceu com o anjo uma multidão do exército celestial, louvando a Deus e dizendo:

"Glória a Deus
nas maiores alturas,
e paz na terra entre os homens,
a quem ele quer bem".

Referências: Lucas 2:4-14

Textos relacionados: 2 Samuel 7:8-17; Salmo 89:20-37; Isaías 9:6-7; Mateus 1:18-25; Lucas 1–2

OS PRESENTES DOS MAGOS

Tendo Jesus nascido em Belém da Judeia, nos dias do rei Herodes, eis que vieram uns magos do Oriente a Jerusalém. E perguntavam:

—Onde está o recém-nascido Rei dos judeus? Porque vimos a sua estrela no Oriente e viemos para adorá-lo.

Ao ouvir isso, o rei Herodes ficou alarmado, e, com ele, toda a Jerusalém. Então Herodes convocou todos os principais sacerdotes e escribas do povo e lhes perguntou onde o Cristo deveria nascer. Eles responderam:

—Em Belém da Judeia, porque assim está escrito por meio do profeta:

"E você, Belém, terra de Judá,
de modo nenhum é a menor
entre as principais de Judá;
porque de você sairá o Guia
que apascentará
o meu povo, Israel".

Com isto, Herodes, tendo chamado os magos para uma reunião secreta, perguntou-lhes sobre o tempo exato em que a estrela havia aparecido. E, enviando-os a Belém, disse-lhes:

—Vão e busquem informações precisas a respeito do menino; e, quando o tiverem encontrado, avisem-me, para eu também ir adorá-lo.

Depois de ouvirem o rei, os magos partiram; e eis que a estrela que viram no Oriente ia adiante deles, até que, chegando, parou sobre onde o menino estava. E, vendo eles a estrela, alegraram-se com grande e intenso júbilo. Entrando na casa, viram o menino com Maria, sua mãe. Prostrando-se, o adoraram; e, abrindo os seus tesouros, entregaram-lhe suas ofertas: ouro, incenso e mirra.

E, tendo sido avisados por Deus em sonho para não voltarem à presença de Herodes, os magos seguiram por outro caminho para a sua terra.

Referências: Mateus 2:1-12

Textos relacionados: Êxodo 30:22-33; Miqueias 5:2-5; Marcos 15:16-24; Lucas 1–2; João 12:1-7; Hebreus 13:15-21

NOVO CÉU E NOVA TERRA

"Pois eis que eu crio novos céus e nova terra;
e não haverá lembrança das coisas passadas,
jamais haverá memória delas.
Exultem e alegrem-se para sempre no que eu crio;
porque eis que crio para Jerusalém alegria
e para o seu povo, exultação.
Eu me alegrarei por causa de Jerusalém
e exultarei no meu povo, e nunca mais se ouvirá nela
nem voz de choro nem de clamor.
Não haverá mais nela criança que viva somente alguns dias,
nem velho que não complete os seus dias.
Porque morrer aos cem anos será morrer ainda jovem,
e quem pecar só aos cem anos será amaldiçoado."

Não farão o seu trabalho em vão,
nem irão gerar filhos para a calamidade,
porque são a descendência
dos benditos do SENHOR,
e os seus filhos estarão com eles.
Antes mesmo que clamem,
eu responderei;
estando eles ainda falando,
eu os ouvirei.
O lobo e o cordeiro pastarão juntos,
e o leão comerá palha como o boi;
pó será a comida da serpente.
Não se fará mal nem dano algum
em todo o meu santo monte", diz o SENHOR.

Referências: Isaías 65:17-20,23-25

Textos relacionados: Gênesis 3:1-14; Isaías 66:22-24; 2 Pedro 3:1-14; Apocalipse 21:1-5

A GLÓRIA DIVINA RETORNA A JERUSALÉM

Então o homem me levou ao portão, ao portão que dá para o leste. E eis que, do lado leste, vinha a glória do Deus de Israel. A sua voz era como o som de muitas águas, e a terra resplandeceu por causa da sua glória. O aspecto da visão era como o da visão que eu tive quando vim destruir a cidade e como as visões que tive junto ao rio Quebar. Então caí com o rosto em terra. A glória do SENHOR entrou no templo pelo portão que dá para o leste.

O Espírito me levantou e me levou ao átrio interior, e eis que a glória do SENHOR enchia o templo. Enquanto o homem estava em pé ao meu lado, ouvi uma voz que me foi dirigida do interior do templo. O SENHOR me disse:

—Filho do homem, este é o lugar do meu trono e o lugar das plantas dos meus pés, onde habitarei no meio dos filhos de Israel para sempre. Nunca mais a casa de Israel contaminará o meu santo nome, nem eles nem os seus reis, com as suas prostituições e com o cadáver dos seus reis, nos seus lugares altos. Quando puseram o seu limiar junto ao meu limiar e os seus batentes junto aos meus batentes, havendo apenas uma parede entre mim e eles, contaminaram o meu santo nome com as abominações que cometeram; por isso, eu os consumi na minha ira. Agora, que eles lancem para longe de mim a sua prostituição e o cadáver dos seus reis, e habitarei no meio deles para sempre.

Referências: Ezequiel 43:1-9

Textos relacionados: Ezequiel 1; 3; 8–11; Zacarias 14; Apocalipse 21:1-4

O SEU ROSTO ERA COMO O SOL

Eu, João, irmão e companheiro de vocês na tribulação, no reino e na perseverança em Jesus, estava na ilha chamada Patmos, por causa da palavra de Deus e do testemunho de Jesus. Achei-me no Espírito, no dia do Senhor, e ouvi atrás de mim uma voz forte, como de trombeta, dizendo:

—Escreva num livro o que você vê e mande-o às sete igrejas: Éfeso, Esmirna, Pérgamo, Tiatira, Sardes, Filadélfia e Laodiceia.

Voltei-me para ver quem falava comigo e, ao me voltar, vi sete candelabros de ouro e, no meio dos candelabros, um semelhante a um filho de homem, com vestes talares e cingido, à altura do peito, com um cinto de ouro. A cabeça e os cabelos dele eram brancos como alva lã, como neve. Os olhos eram como chama de fogo. Os seus pés eram semelhantes ao bronze polido, como que refinado numa fornalha. A voz era como som de muitas águas. Na mão direita ele tinha sete estrelas, e da sua boca saía uma afiada espada de dois gumes. O seu rosto brilhava como o sol na sua força.

Ao vê-lo, caí aos seus pés como morto. Porém ele pôs sobre mim a mão direita, dizendo:

—Não tenha medo. Eu sou o primeiro e o último e aquele que vive. Estive morto, mas eis que estou vivo para todo o sempre e tenho as chaves da morte e do inferno. Escreva, pois, as coisas que você viu, as que são e as que hão de acontecer depois destas.

Referências: Apocalipse 1:9-19

Textos relacionados: Salmo 149; Daniel 7; 2 Timóteo 3; Hebreus 4:12-13; Apocalipse 2–11; 19:11-21

OS SANTOS E A SERPENTE

Então vi descer do céu um anjo que tinha na mão a chave do abismo e uma grande corrente. Ele segurou o dragão, a antiga serpente, que é o diabo, Satanás, e o prendeu por mil anos. Lançou-o no abismo, fechou-o e pôs selo sobre ele, para que não mais enganasse as nações até se completarem os mil anos. Depois disso, é necessário que ele seja solto por um pouco de tempo.

Vi também tronos, e nestes sentaram-se aqueles aos quais foi dada autoridade para julgar. Vi ainda as almas dos que foram decapitados por terem dado testemunho de Jesus e proclamado a palavra de Deus. Estes são os que não adoraram a besta nem a sua imagem, e não receberam a sua marca na testa e na mão; e viveram e reinaram com Cristo durante mil anos. Os restantes dos mortos não reviveram até que se completassem os mil anos. Esta é a primeira ressurreição. Bem-aventurado e santo é aquele que tem parte na primeira ressurreição. Sobre esses a segunda morte não tem poder; pelo contrário, serão sacerdotes de Deus e de Cristo e reinarão com ele os mil anos.

Quando, porém, se completarem os mil anos, Satanás será solto da sua prisão e sairá para enganar as nações que estão nos quatro cantos da terra, Gogue e Magogue, a fim de reuni-las para a batalha. O número dessas é como a areia do mar.

Marcharam, então, pela superfície da terra e cercaram o acampamento dos santos e a cidade amada. Porém, desceu fogo do céu e os consumiu. O diabo, que os tinha enganado, foi lançado no lago de fogo e enxofre, onde já se encontram a besta e o falso profeta; e serão atormentados de dia e de noite, para todo o sempre.

Referências: Apocalipse 20:1-10

Textos relacionados: Gênesis 3:1-15; Ezequiel 38–39; 1 Coríntios 6:1-3; Apocalipse 12–13; 17–19

DIA DO JULGAMENTO

Vi um grande trono branco e aquele que está sentado nele. A terra e o céu fugiram da presença dele, e não se achou lugar para eles. Vi também os mortos, os grandes e os pequenos, que estavam em pé diante do trono. Então foram abertos livros. Ainda outro livro, o Livro da Vida, foi aberto. E os mortos foram julgados, segundo as suas obras, conforme o que estava escrito nos livros. O mar entregou os mortos que nele estavam. A morte e o inferno entregaram os mortos que neles havia. E foram julgados, um por um, segundo as suas obras. Então a morte e o inferno foram lançados no lago de fogo. Esta é a segunda morte, o lago de fogo. E, se alguém não foi achado inscrito no Livro da Vida, esse foi lançado no lago de fogo.

E vi novo céu e nova terra, pois o primeiro céu e a primeira terra passaram, e o mar já não existe. Vi também a cidade santa, a nova Jerusalém, que descia do céu, da parte de Deus, preparada como uma noiva enfeitada para o seu noivo. Então ouvi uma voz forte que vinha do trono e dizia:

—Eis o tabernáculo de Deus com os seres humanos. Deus habitará com eles. Eles serão povos de Deus, e Deus mesmo estará com eles e será o Deus deles. E lhes enxugará dos olhos toda lágrima. E já não existirá mais morte, já não haverá luto, nem pranto, nem dor, porque as primeiras coisas passaram.

Referências: Apocalipse 20:11–21:4

Textos relacionados: Isaías 65:17-25; 66:22-24; Daniel 12:1-3; João 1:14-18; 2 Pedro 3:1-14

JESUS ESTÁ VOLTANDO!

Eis que venho sem demora. Bem-aventurado aquele que guarda as palavras da profecia deste livro.

Eis que venho sem demora, e comigo está a recompensa que tenho para dar a cada um segundo as suas obras. Eu sou o Alfa e o Ômega, o Primeiro e o Último, o Princípio e o Fim.

Bem-aventurados aqueles que lavam as suas vestes, para que tenham direito à árvore da vida e entrem na cidade pelos portões. Fora ficam os cães, os feiticeiros, os impuros, os assassinos, os idólatras e todo aquele que ama e pratica a mentira.

Eu, Jesus, enviei o meu anjo para dar testemunho destas coisas a vocês nas igrejas. Eu sou a Raiz e a Geração de Davi, a brilhante Estrela da Manhã.

O Espírito e a noiva dizem:

—Vem!

Aquele que ouve, diga:

—Vem!

Aquele que tem sede venha, e quem quiser receba de graça a água da vida.

Aquele que dá testemunho destas coisas diz:

—Certamente venho sem demora.

Amém! Vem, Senhor Jesus!

A graça do Senhor Jesus esteja com todos.

Referências: Apocalipse 22:7,12-17,20-21

Textos relacionados: Salmos 1; 37; Mateus 16:24-27; Lucas 12:35-40; 1 Tessalonicenses 4:13–5:11; Apocalipse 1:1-3

ÍNDICE DE REFERÊNCIAS BÍBLICAS

PROVÉRBIOS

ÍNDICE TEMÁTICO

O

P

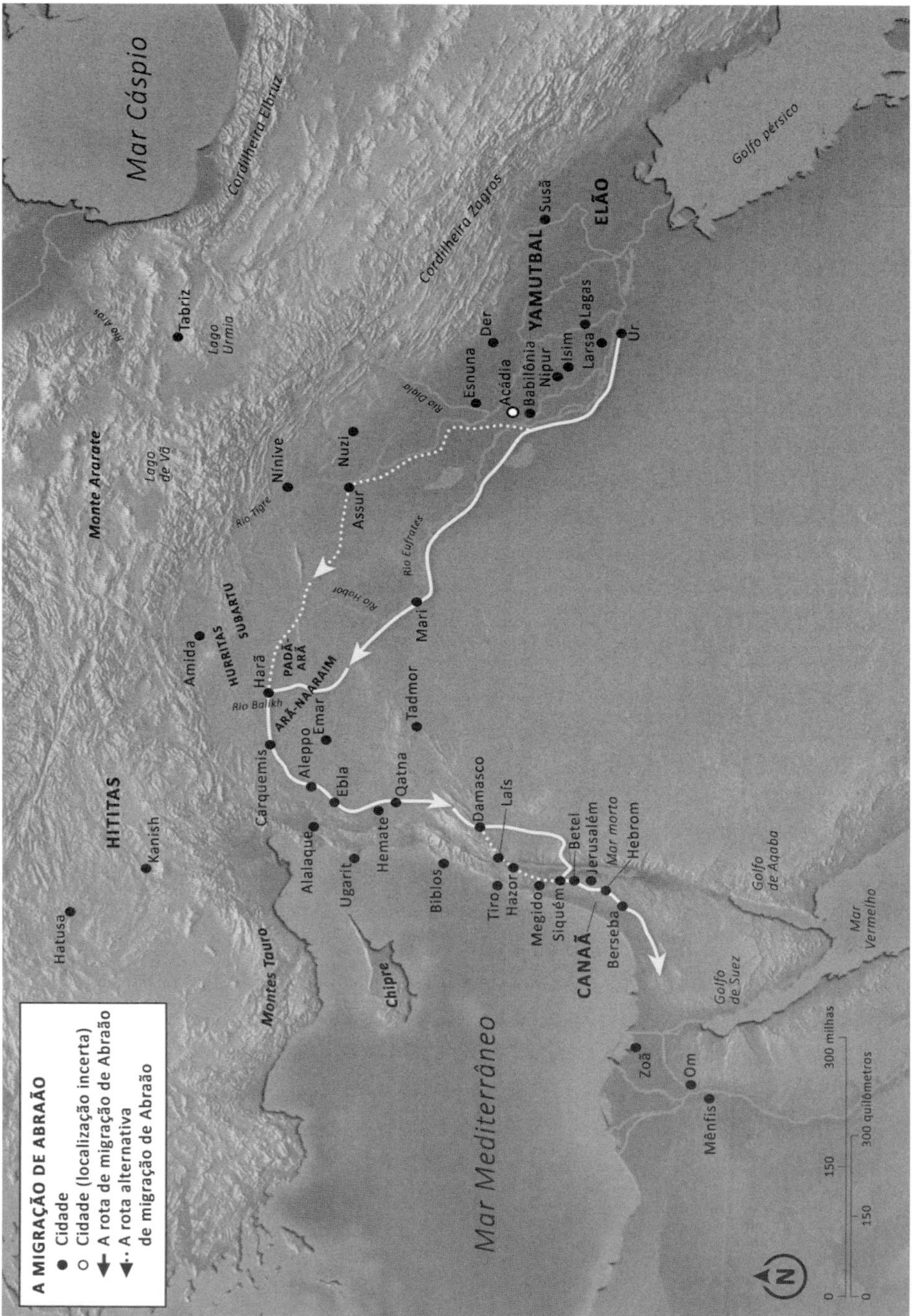
A MIGRAÇÃO DE ABRAÃO
Cidade
Cidade (localização incerta)
A rota de migração de Abraão
A rota alternativa de migração de Abraão
Mar Cáspio
Cordilheira Elbruz
Cordilheira Zagros
Golfo pérsico
ELÃO
Susã
YAMUTBAL
Lagas
Ur
Larsa
Isim
Nipur
Babilônia
Acádia
Der
Esnuna
Rio Diala
Tabriz
Lago Urmia
Rio Araxes
Monte Ararate
Lago de Vã
Nínive
Nuzi
Assur
Rio Tigre
Rio Eufrates
Rio Habor
Mari
HURRITAS
SUBARTU
Amida
Harã
PADÃ-ARÃ
ARÃ-NAARAIM
Rio Balikh
Emar
Tadmor
Carquemis
Aleppo
Ebla
Qatna
HITITAS
Kanish
Hatusa
Alalaque
Ugarit
Hemate
Biblos
Damasco
Laís
Tiro
Hazor
Megido
Siquém
Betel
Jerusalém
Mar morto
Hebrom
Berseba
CANAÃ
Golfo de Ácaba
Mar Vermelho
Golfo de Suez
Montes Tauro
Chipre
Mar Mediterrâneo
Zoã
Om
Mênfis
0 150 300 milhas
0 150 300 quilômetros
N

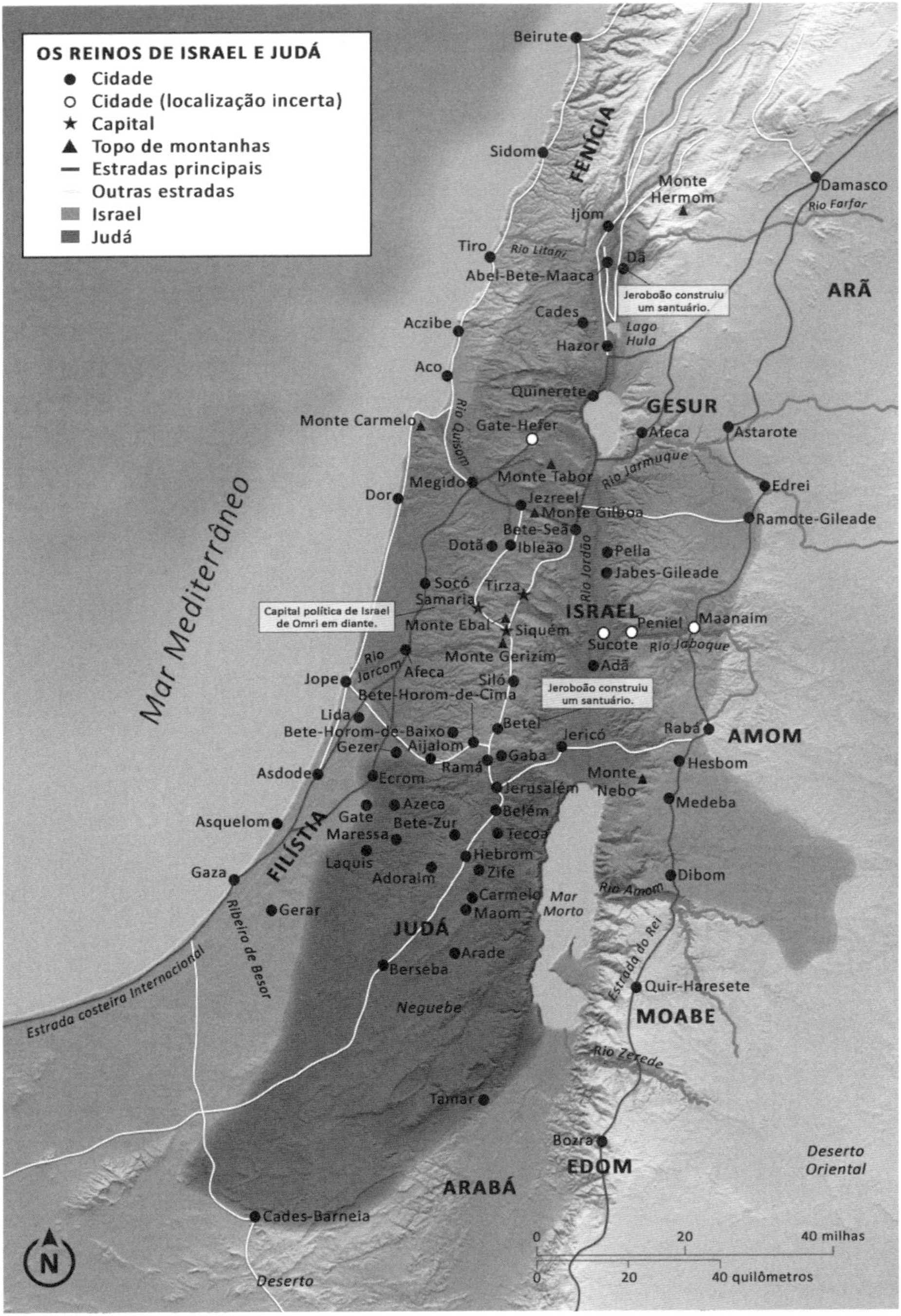
OS REINOS DE ISRAEL E JUDÁ
Cidade
Cidade (localização incerta)
Capital
Topo de montanhas
Estradas principais
Outras estradas
Israel
Judá
Beirute
Sidom
FENÍCIA
Monte Hermom
Damasco
Rio Farfar
Ijom
Tiro
Rio Litani
Dã
Abel-Bete-Maaca
Jeroboão construiu um santuário.
ARÃ
Cades
Aczibe
Lago Hula
Hazor
Aco
Quinerete
GESUR
Monte Carmelo
Rio Quisom
Gate-Hefer
Afeca
Astarote
Rio Jarmuque
Megido
Monte Tabor
Edrei
Dor
Jezreel
Monte Gilboa
Ramote-Gileade
Mar Mediterrâneo
Bete-Seã
Dotã
Ibleão
Rio Jordão
Pella
Jabes-Gileade
Socó
Tirza
Samaria
Capital política de Israel de Omri em diante.
ISRAEL
Monte Ebal
Siquém
Peniel
Maanaim
Sucote
Rio Jaboque
Rio Jarcom
Monte Gerizim
Afeca
Adã
Jope
Siló
Jeroboão construiu um santuário.
Bete-Horom-de-Cima
Lida
Betel
Bete-Horom-de-Baixo
Jericó
Rabá
AMOM
Gezer
Aijalom
Gaba
Ramá
Asdode
Ecrom
Monte Nebo
Hesbom
Jerusalém
Azeca
Belém
Medeba
Asquelom
Gate
Bete-Zur
FILÍSTIA
Maressa
Tecoa
Laquis
Hebrom
Gaza
Adoraim
Zife
Dibom
Rio Amom
Carmelo
Mar Morto
Ribeiro de Besor
Gerar
Maom
JUDÁ
Arade
Estrada do Rei
Berseba
Estrada costeira Internacional
Quir-Haresete
Neguebe
MOABE
Rio Zerede
Tamar
Bozra
Deserto Oriental
EDOM
ARABÁ
Cades-Barneia
N
0 20 40 milhas
0 20 40 quilômetros
Deserto

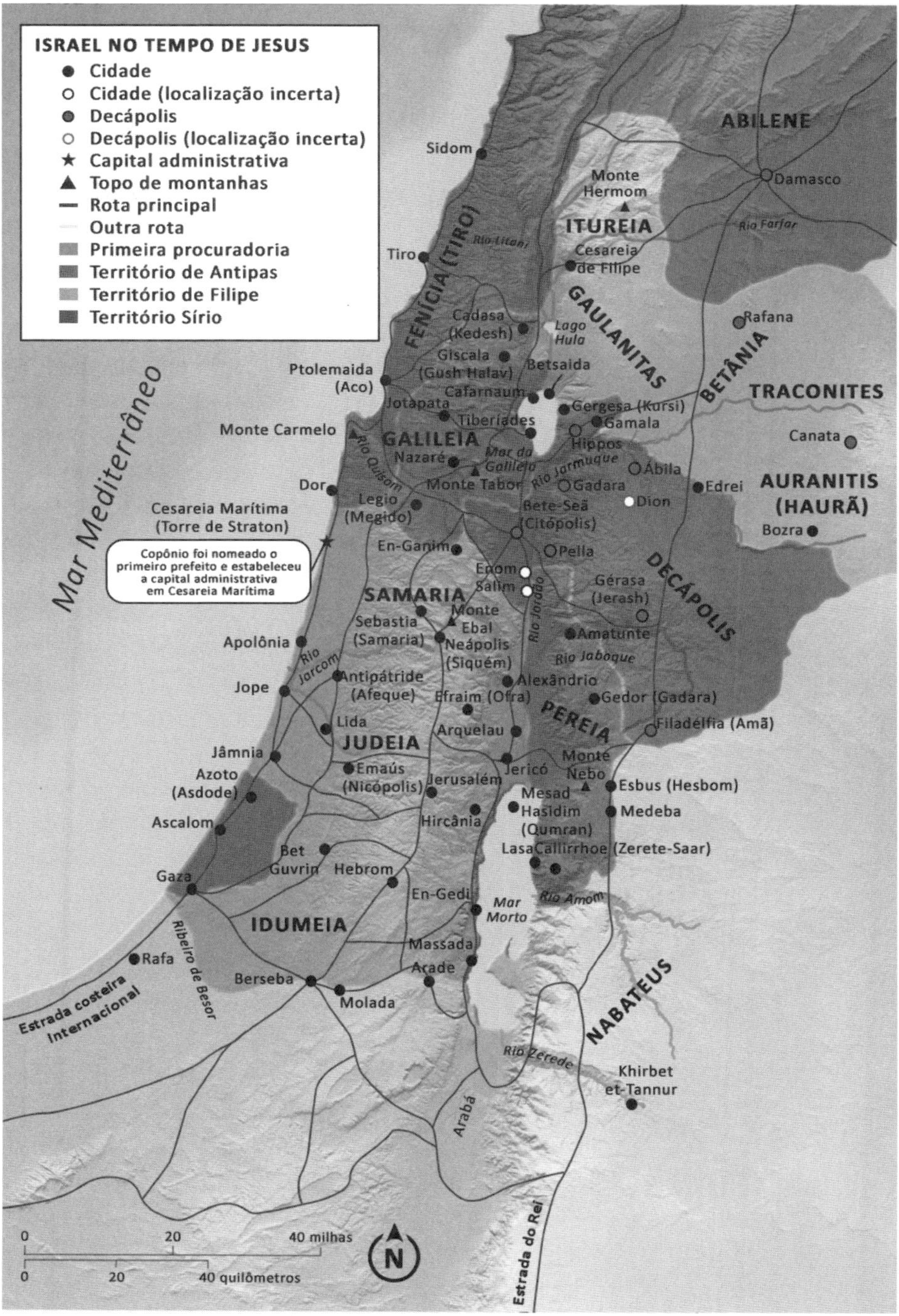
ISRAEL NO TEMPO DE JESUS
Cidade
Cidade (localização incerta)
Decápolis
Decápolis (localização incerta)
Capital administrativa
Topo de montanhas
Rota principal
Outra rota
Primeira procuradoria
Território de Antipas
Território de Filipe
Território Sírio
Mar Mediterrâneo
Copônio foi nomeado o primeiro prefeito e estabeleceu a capital administrativa em Cesareia Marítima
ABILENE
ITUREIA
FENÍCIA (TIRO)
GAULANITAS
BETÂNIA
TRACONITES
GALILEIA
AURANITIS (HAURÃ)
DECÁPOLIS
SAMARIA
PEREIA
JUDEIA
IDUMEIA
NABATEUS
Sidom
Tiro
Monte Hermom
Damasco
Rio Farfar
Rio Litani
Cesareia de Filipe
Rafana
Cadasa (Kedesh)
Lago Hula
Giscala (Gush Halav)
Betsaida
Ptolemaida (Aco)
Cafarnaum
Jotapata
Gergesa (Kursi)
Gamala
Tiberíades
Hippos
Canata
Monte Carmelo
Rio Quisom
Nazaré
Mar da Galileia
Rio Jarmuque
Ábila
Monte Tabor
Gadara
Edrei
Dor
Legio (Megido)
Dion
Cesareia Marítima (Torre de Straton)
Bete-Seã (Citópolis)
Bozra
En-Ganim
Pella
Enom
Salim
Gérasa (Jerash)
Sebastia (Samaria)
Monte Ebal
Rio Jordão
Amatunte
Apolônia
Neápolis (Siquém)
Rio Jaboque
Rio Jarcom
Antipátride (Afeque)
Alexândrio
Jope
Efraim (Ofra)
Gedor (Gadara)
Lida
Arquelau
Filadélfia (Amã)
Jâmnia
Jericó
Monte Nebo
Emaús (Nicópolis)
Azoto (Asdode)
Jerusalém
Esbus (Hesbom)
Mesad Hasidim (Qumran)
Medeba
Ascalom
Hircânia
Lasa
Callirrhoe (Zerete-Saar)
Bet Guvrin
Hebrom
Gaza
En-Gedi
Mar Morto
Rio Amom
Ribeiro de Besor
Massada
Rafa
Arade
Berseba
Molada
Estrada costeira internacional
Rio Zerede
Khirbet et-Tannur
Arabá
Estrada do Rei
0
20
40 milhas
0
20
40 quilômetros
N

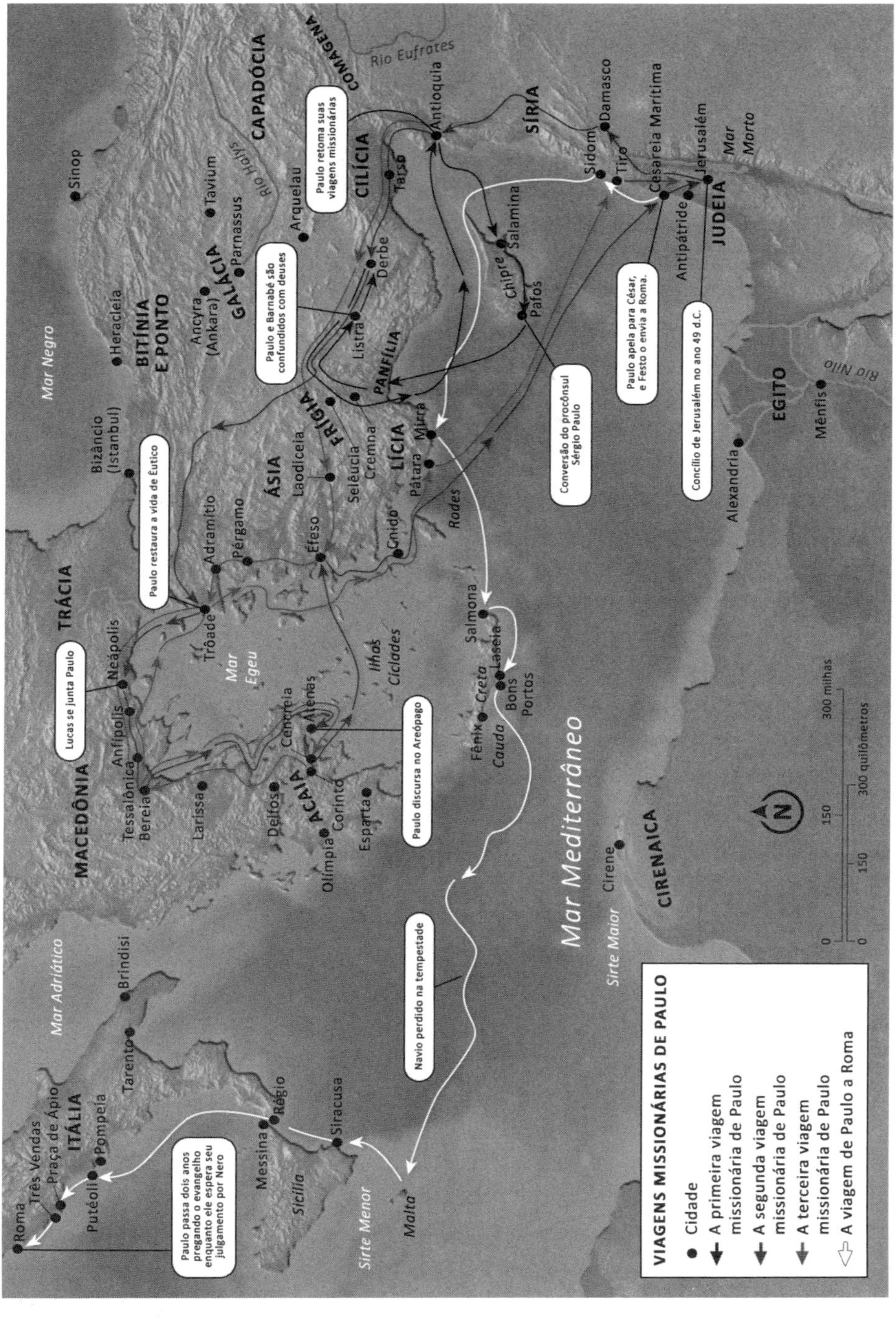

VIAGENS MISSIONÁRIAS DE PAULO
Cidade
A primeira viagem missionária de Paulo
A segunda viagem missionária de Paulo
A terceira viagem missionária de Paulo
A viagem de Paulo a Roma
Paulo passa dois anos pregando o evangelho enquanto ele espera seu julgamento por Nero
Navio perdido na tempestade
Paulo discursa no Areópago
Lucas se junta Paulo
Paulo restaura a vida de Êutico
Paulo e Barnabé são confundidos com deuses
Paulo retoma suas viagens missionárias
Conversão do procônsul Sérgio Paulo
Paulo apela para César, e Festo o envia a Roma.
Concílio de Jerusalém no ano 49 d.C.
Mar Negro
Mar Adriático
Mar Egeu
Mar Mediterrâneo
Mar Morto
Rio Eufrates
Rio Halys
Rio Nilo
Ilhas Cíclades
Sirte Maior
Sirte Menor
MACEDÔNIA
TRÁCIA
ACAIA
ÁSIA
FRÍGIA
LÍCIA
PANFÍLIA
CILÍCIA
GALÁCIA
BITÍNIA E PONTO
CAPADÓCIA
COMAGENA
SÍRIA
JUDEIA
EGITO
CIRENAICA
ITÁLIA
Roma
Três Vendas
Praça de Ápio
Putéoli
Pompeia
Tarento
Brindisi
Régio
Messina
Siracusa
Sicília
Malta
Tessalônica
Bereia
Anfípolis
Neápolis
Larissa
Delfos
Olímpia
Corinto
Cencreia
Atenas
Esparta
Trôade
Adramítio
Pérgamo
Éfeso
Bizâncio (Istambul)
Laodiceia
Selêucia
Cremna
Cnido
Rodes
Pátara
Mirra
Listra
Derbe
Ancyra (Ankara)
Parnassus
Heracleia
Sinop
Tavium
Arquelau
Tarso
Antioquia
Salamina
Chipre
Pafos
Creta
Salmona
Laseia
Bons Portos
Fênix
Cauda
Cirene
Sidom
Tiro
Damasco
Cesareia Marítima
Antipátride
Jerusalém
Alexandria
Mênfis
0 150 300 milhas
0 150 300 quilômetros
N